『十三五』国家重点图书出版规划项目
国家出版基金资助项目
湖北省农委重点项目『湖北农民群体研究』[WHZCZB201631611(04)]研究成果

扶贫对象主体性与组织化

中国扶贫攻坚前沿问题研究丛书

ZHONGGUO FUPIN GONGJIAN QIANYAN WENTI YANJIU CONGSHU

丛书主编◇黄承伟
本册著者◇林　曾　梅　红

湖南人民出版社

总序

加强中国新时代脱贫攻坚的理论创新和实践创新研究

习近平总书记在2018年新年贺词中指出：“到2020年我国现行标准下农村贫困人口实现脱贫，是我们的庄严承诺。一诺千金。到2020年只有3年的时间，全社会要行动起来，尽锐出战，精准施策，不断夺取新胜利。3年后如期打赢脱贫攻坚战，这在中华民族几千年历史发展上将是首次整体消除绝对贫困现象，让我们一起来完成这项对中华民族、对整个人类都具有重大意义的伟业。”这既是打赢脱贫攻坚战的动员令，也为加强脱贫攻坚实践总结、理论研究指明了方向。

一

中国改革开放以来的扶贫开发取得了举世瞩目的减贫成就，新时代脱贫攻坚取得决定性进展，创造了人类发展史上的奇迹。

中国曾是世界上贫困人口最多的国家，也是世界上最早进行国家救助的国家之一。几千年来，在中华民族发展史上，扶危济困、改善民生始终是中国传统文化的内在追求。从先秦诸子百家倡导的“仁爱”“民本”“兼爱”“大同”等思想理念，到中国共产党消除贫困、改善民生的使命追求，消除贫困始终是华夏民族孜孜不倦的向往追求。中国共产党成立至今97年来，一直把为人民谋幸福、为中华民族谋复兴作为使命。中华人民共和国成立以后，更是把全心全意为人民服务作为执政理念和根本宗旨，建立了社会主义制度，为消除贫困奠定了制度基础。改革开放以来，特别是从20世纪80年代中期开始，我国开始实施有组织、有计划、大规模的扶贫开发，先后制定实施了《国家八七扶贫攻坚计划（1994—2000年）》《中国农村扶贫开发纲要（2001—2010年）》，2011年颁布实施《中国农村扶贫开发纲要（2011—2020年）》。改革开放以来的中国扶贫开发取得了举世瞩目的成就，7亿多贫困人口脱贫，对全球减贫贡献率超过70%。

2012年11月，中国共产党召开第十八次全国代表大会。此后，以习近平同志为核心的党中央把扶贫开发纳入“五位一体”总体布局和“四个全面”战略布局进行部署，把贫困人口脱贫作为全面建成小康社会、实现第一个百年目标的底线任务和标志性指标，在全国范围全面打响了脱贫攻坚战，中国扶贫开发进入新时代脱贫攻坚阶段。经过全党全国全社会的共同努力，中国新时代脱贫攻坚战取得决定性进展。截至2017年末，全国农村贫困人口从2012年末的9899万人减少至3046万人，减贫幅度达到70%；贫困发生率从2012年末的10.2%下降至3.1%，累计下降7.1个百分点；年均脱贫人数1370万人，是1994—2010年间年均减贫人数的两倍多，取得了中国减贫历史上最好的成绩。脱贫攻坚明显改善了贫困地区的生态环境，促进了贫困地区农村基础条件的明显改善和公共服务水平的明显提升，明显提高了贫困地区基层治理能力和管理水平；脱贫攻坚激发了贫困地区贫困群众的内生动力，为建立稳定脱贫长效机制奠定了基础；脱贫攻坚还培养锤炼了一大批干部和人才，营造了良好的社会氛围。

联合国秘书长古特雷斯在致“2017减贫与发展高层论坛”的贺信中，高度评价中国的精准扶贫成就，称赞“精准减贫方略是帮助贫困人口、实现2030年可持续发展议程宏伟目标的唯一途径。中国已实现数亿人脱贫，中国的经验可以为其他发展中国家提供有益借鉴”。脱贫攻坚不仅成为中国特色道路自信、理论自信、制度自信、文化自信的生动写照，而且也成为全球反贫困事业的亮丽风景。

二

习近平扶贫思想为新时代脱贫攻坚理论创新和实践创新研究提供了指导思想。根据党的十九大关于脱贫攻坚的新部署新要求，新时代脱贫攻坚进入了决战决胜阶段，形成了新时代脱贫攻坚理论创新和实践创新研究的宏观背景。

习近平扶贫思想成为新时代中国特色社会主义思想的伟大创新，为新时代脱贫攻坚理论创新和实践创新研究提供了根本遵循。第一，习近平扶贫思想是马克思主义反贫困理论的继承和发展。习近平运用马克思主义立场、观点、方法，深刻思考中国贫困问题演变规律，基于长期担任地方领导的实践积淀，深刻阐述了中国扶贫开发在治国理政中的战略地位作用，科学提出了精准扶贫精准脱贫方略，鲜明指出了深化国际减贫合作、共建人类命运共同体的前进方向，是马克思主义反贫困理论中国化的最新成果。第二，习近平扶贫思想体现了中国传统优秀文化继承及与现代的结合。习近平创新性地提出文化自信，作为“四个自信”的重要内容。显然，中国几千年的优秀传统文化滋养和涵养着习近平扶贫开发思想。第三，习近平扶贫思想具有丰富内涵。坚持党对脱贫攻坚的领导，是政治基础；实施精准扶贫精准脱贫，是思想内核；构建大扶贫格局，是动力保障；激发内生动力，是目标导向；实行最严格考核制度，是根本要求；携手共建人类命运共同体，是价值取向。六个方面的重要思想逻辑严密、自成体系，具有长远性、普遍性，是中国特色社会主义的重要理论创新和实践创新。第四，习近平扶贫思想具有鲜明的理论品格。集中体现在人民性、实践性、科学性、开放性、国际性等方面，这些理论品格和新时代中国特色社会主义思想所贯穿的精神实质完全一致，为我们解决贫困问题、制定更好的扶贫政策提供了思想方法和指导原则。第五，习近平扶贫思想的核心——精准扶贫精准脱贫方略，不仅为打赢脱贫攻坚战提供了理论武装和思想动力，而且对推进国家治理体系和治理能力现代化具有方法论的意义。第六，习近平扶贫思想呈现出巨大的国际价值。这种价值体现在习近平扶贫思想回应了其他发展中国家在解决贫困问题中的世界难题，比如：如何在经济下行、经济复苏缓慢进程中发挥政府在减贫中的主导作用，更好地动员更多力量、构建更完善有效的贫困治理体系？如何通过由上到下、由下到上的互动，形成一个更精准的识别机制，把大规模的贫困人口识别出来？如何采用更综合性、更体系化的机制应对综合性贫困、多维贫困的治理挑战？等等。伟大的思想引领伟大的实践。习近平扶贫思想的中国实践既是扶贫理论实践研究的动力，更为新时代脱贫攻坚理论创新提供了广阔的发展空间。

新时代脱贫攻坚的艰巨性、复杂性进一步凸显，对新时代脱贫攻坚理论创新和实践创新研究提出了新挑战、新需求。习近平总书记指出，脱贫攻坚不是敲锣打鼓一下子就能够完成的。随着攻坚进入深水区、决胜期，其艰巨性、复杂性在多个方面呈现。第一，在最贫困的地方按照最精准的要求开展扶贫工作，各种不精准问题的必然性就是其中的重要挑战。这些挑战在实践中贯穿精准扶贫真正生根落地的全过程。如何通过深入总结不同的实践，总结各种成功做法，从而促进精准扶贫真正落地生根，成为需要研究的重要议题。第二，党的十九大把精准脱贫作为三大攻坚战之一，而且有明确的时限、明确的目标，是中国共产党对人民、对全球的庄严承诺，必须兑现。打好精准脱贫攻坚战，攻克深度贫困地区脱贫任务是关键的关键。深度贫困问题，包括深度贫困区域、深度贫困群体以及深度贫困中的深度贫困。所谓深度贫困中的深度贫困，是指老人、留守妇女、残疾人等深度贫困群体中的特殊贫困群体，解决这类特殊贫困群体难度更大、更复杂，是“坚”中之“坚”。第三，激发内生动力的问题。习近平总书记高度重视扶贫同扶志扶智相结合，多次对此做出重要论述、重要批示。贫困人口内生动力的激发培育是一个世界难题，不少拉美国家陷入福利陷阱，形成“养懒汉”现象，根本原因就是没有把内生动力的建立、提高作为扶贫的根本目标。对于我国脱贫攻坚实践中出现的各种对政府过于依赖的思想、行为，必须予以高度关注和切实解决。同时，内生动力的建立需要以社会整体发展、整体提升为支撑。如果整个社会风气没有在脱贫攻坚战中得到相应的改善，全社会互助互爱的社会氛围没有在高强度的脱贫攻坚投入中形成，都是脱贫攻坚战没能打好的表现。这也体现了脱贫攻坚战的艰巨性和复杂性。上述三个方面的问题，是目前最突出的，需要持续、深入地研究，寻找问题演变规律，形成破解难题对策。

新时代脱贫攻坚的战略性、长期性特征逐步呈现，要求新时代脱贫攻坚理论创新和实践创新研究立足当前、面向长远。脱贫攻坚的战略性和长期性集中体现在习近平总书记在党的十九大报告中提出的“脱真贫、真脱贫”要求上。这六个字富含哲理，意味着脱贫攻坚既是短时间内要实现的目标，更是长远治理要实现的目标。“脱真贫”，要求各种资源一定要瞄准贫困人口，一定要保证经济社会发展中落在后面的区域和群体能够通过精准扶持，赶上主流发展的水平。这是解决不平衡、不充分发展的前提，是实现共同富裕的基础。如何把脱真贫落到实处，不仅是短期问题，更是长期问题。还应该看到，脱贫攻坚建立的治理体系，不是到2020年就结束了，而是将在2020年后的扶贫工作中继续发挥作用，确保始终实现脱真贫。“真脱贫”，富含一系列精准脱贫体系。从政策资源的整合投入、大扶贫格局的完善、东西部扶贫协作、攻克深度贫困地区脱贫任务、扶贫同扶志扶智结合，到实行最严格的考核评估制度，都是围绕真脱贫而逐步形成的精准脱贫体系。同样，这套治理体系也不应随着2020年脱贫攻坚战的结束而结束，而是要在新征程的发展中继续发挥真脱贫的作用。由此，扶贫理论实践的研究，不仅要总结研究经验的有效性，更需要从制度、机制、理念等层面研究脱贫攻坚制度体系对于国家更平衡发展、更充分发展，为我们实现共同富裕的进程奠定基础的角度，进行总结和判断、提炼。

脱贫攻坚取得决定性进展所呈现的多重意义及深远影响，为新时代脱贫攻坚理论创新和实践创新研究提供了新视角新议题。就一般性的总结来说，脱贫攻坚成效明显，贫困人口大幅度减少，贫困地区基础设施明显改善，公共服务水平不断提高，同时锻炼了干部，促进了大扶贫格局的完善，营造了更好的社会氛围。除此之外，脱贫攻坚的意义和影响还体现在以下方面：第一，打赢脱贫攻坚战是中国2020年前发展的底线任务。实际上，从人类发展史看，任何的发展阶段，减贫都是必须面对的底线任务。如何分析其中蕴含的规律，需要深入研究。第二，脱贫攻坚中形成的理论和实践启示，对于农村治理、乡村振兴、新发展理念的落实，都具有重要价值，这些价值需要总结、提炼和转化。第三，在脱贫攻坚中体现出的“短板意识”“底线思维”，是国家治理的宝贵经验。“短板意识”不仅重视在现实发展进程中促进均衡发展，促进不平等状况的改善，更重要的是提供了科学的思维方法，这对完善政策，提升社会经济发展的包容性有重要启示。第四，从价值观层面看，脱贫攻坚是以人民为中心的发展思想的生动体现和实践。以人民为中心是中国共产党最重要的发展理念，是初心和使命。脱贫攻坚正是最能呈现共产党执政理念、呈现初心的最生动实践。如何理解和体现习近平扶贫思想的价值观及其影响，是需要加强研究的重要内容。第五，脱贫攻坚成就成为坚定“四个自信”的重要载体。有效解决最底层、最贫困人群的脱贫和发展问题，体现发展尊严，这是中国特色社会主义制度优越性的呈现，这就是制度自信、道路自信、理论自信和文化自信的底气。第六，脱贫攻坚是国家治理体系和治理能力现代化的呈现。习近平扶贫思想引领下的脱贫攻坚，逐步建立中国特色扶贫制度体系，是国家治理体系的重要组成部分。打赢脱贫攻坚战的过程，实际上就是国家治理能力现代化的过程。可见，新时代脱贫攻坚理论实践研究，不仅需要从直接影响效果层面进行全面总结，而且需要从更高、更理性层面，从治国理政层面，从中国共产党执政新思想新理念层面进行深入系统的理论凝练。

三

习近平扶贫思想指引下的新时代脱贫攻坚的理论创新和实践创新，产生了一系列总结研究新议题，这些研究将为打赢脱贫攻坚战提供理论支撑，将推进中国特色扶贫开发理论的丰富发展以及为全球减贫治理提供中国智慧、中国方案。

新时代脱贫攻坚理论创新和实践创新研究，是习近平扶贫思想引领中国扶贫理论丰富发展的需要。很显然，中国最终要为全球、为全人类的进步做出更大的贡献，扶贫是不可或缺的重要领域。扶贫的贡献不仅仅体现在贫困人口的减少，更体现出支撑减贫成效的理论体系具有普遍价值，而这套中国特色扶贫理论正是在习近平扶贫思想的引领下得到了不断丰富和发展。基于实践创新提炼理论创新成果，既是习近平扶贫思想价值的体现，也是在习近平扶贫思想引领下推动实践创新取得的重要成效。只有经过足够的理性思考和理论提炼，中国的扶贫经验才能形成新的理念，才能既可用于指导脱贫攻坚进程，也可为2020年后扶贫工作提供理性层面的指导。新时代脱贫攻坚理论创新和实践创新的目的，正是适应国家扶贫战略转型、新贫困治理体系构建奠定理论基础的需要。

新时代脱贫攻坚理论创新和实践创新研究，是完善脱贫攻坚顶层设计及其政策体系的需要。脱贫攻坚战打响以来，中央致力于脱贫攻坚的顶层设计，创新建立了责任、政策、投入、动员、考核、督查等六大制度体系，出台了两百多项政策，全党、全国、全社会都动员起来了。从顶层设计到基层落实，各种政策与实际的适应以及产生的综合效应需要评估，以为部分政策的完善提供依据。当然，这里的总结不仅是一般性的经验总结，而更应该是从理性层面进行深入思考的普遍性、规律性总结。这样的总结，才能够为进一步完善顶层设计、完善政策措施提供有力支撑。

新时代脱贫攻坚理论创新和实践创新研究，是深化精准扶贫、不断提高脱贫攻坚管理水平的需要。习近平总书记2017年提出了深化精准扶贫的重要思想。深化精准扶贫，需要对实践进行梳理总结，需要明确深化方向，需要把深化落到实处。只有在深化精准扶贫精准脱贫过程中，不断解决现存问题，才能实现从以顶层设计为主向完善顶层设计和促进政策落实并重转变，促进脱贫攻坚管理水平的不断提高。而只有脱贫攻坚管理水平不断提高，精准扶贫、精准脱贫工作中所产生的问题和风险才能够得到及时的化解和防范。由此证明习近平扶贫思想的科学性和正确性。

新时代脱贫攻坚理论创新和实践创新研究，是充分发挥典型引领作用、有力有效地推进工作的需要。从全国看，各地涌现出各种各样的脱贫攻坚典型。总结、推广一批立得住、叫得响、可复制的好典型，对于引领扶贫工作可以起到提高效果、减少成本、培养队伍、激发理念、推动创新的作用。需要从丰富的成功实践中总结、提炼经验，加以理性地总结运用，充分发挥典型的示范引领作用。

新时代脱贫攻坚理论创新和实践创新研究，是营造良好社会氛围、广泛动员社会参与脱贫攻坚的需要。通过总结研究，其成果一方面用于促进顶层设计、政策措施的不断完善，另一方面通过总结推出一系列生动案例和成功实践，可以让更多人在更大范围形成共识，这对于社会良好氛围的形成无疑具有重要推动作用。比如，2017 年有一位残疾人通过办电商平台，自强自立并带动邻里脱贫，这看起来只是一件小事，但是，它所产生的社会正能量却是不可估量的。其中的精神就需要总结、需要研究。再比如，一些革命老区，在脱贫攻坚中，把老区精神、优秀传统文化结合起来，探索出各种文化扶贫、精神扶贫模式。这既是中国共产党精神财富的传承，更是夯实党的执政基础的重要途径。加强这方面的实践总结和理论研究，其重要性不言而喻。

新时代脱贫攻坚理论创新和实践创新研究，是讲好中国扶贫故事、增强中国软实力和参与全球治理话语权的需要。中国扶贫实践特别是脱贫攻坚波澜壮阔的伟大实践，需要总结，需要研究，需要凝练。通过丰富的中国扶贫故事、科学的中国扶贫理论，可以以理性的方式让国际社会更深入地了解、理解中国的减贫事业。讲好中国扶贫故事，需要对实践的生动呈现，需要用更生动的方式、国际化的语言和视野，促进中国扶贫经验的国际分享。

四

湖南人民出版社组织的“中国扶贫攻坚前沿问题研究”丛书，是新时代脱贫攻坚理论创新和实践创新研究的尝试和探索，也是至今关于新时代脱贫攻坚最为全面的理论读物。

该丛书被列入“十三五”国家重点图书出版规划，并获得2018年国家出版基金资助，这表明这套丛书得到了国家层面的认可，体现了丛书出版的价值。丛书共10卷。1卷1个主题，10个方面的选题都是扶贫攻坚的前沿问题。所谓前沿问题，是指在扶贫实践中呈现出趋势，但在理论研究上尚未深入开展，而且很可能对扶贫政策产生影响的问题集合。

第1卷《减贫目标与减贫手段》，在分析以人民的幸福感作为扶贫目标的背景和意义的基础上，阐释了党和国家与时俱进调整减贫的手段和任务。全书围绕扶贫手段的变与扶贫脱贫目标的不变这一矛盾统一体的对立统一关系展开。

第2卷《多维贫困与贫困治理》，通过总结贫困测量的国际国内理论与实践发展进程及趋势，分析多维贫困的特征及测量方法，探讨当前贫困类型的精准识别问题和未来的发展趋势，阐释了各种贫困治理模式的理论成果和实践效果。

第3卷《三维资本协同反贫困机制》，总结了扶贫从物质资本范式到人力资本范式再到社会资本范式的历程及模式，对扶贫理论框架中涉及的基础概念及物质资本、人力资本、社会资本等三维资本结构做了原创性的界定和内涵延伸，构建了三维资本结构的扶贫理论框架及作用机制，阐述了三维资本协同激发内生动力的机理及对策。

第4卷《社会保障与减贫发展》，从贫困、减贫与社会保障概念出发，阐述了社会保障减贫发展的机理，深入分析社会保障视角下的贫困和贫困人口特征以及社会福利、社会保险、社会救助与减贫发展的关系，总结论证了社会保障与扶贫开发的衔接与协作，对社会保障减贫发展进行了展望。

第 5 卷《新型城镇化与减贫发展》，围绕新型城镇化快速进程中如何脱贫发展这一主题，深刻地阐述了如何通过建机制、转方式，在城乡统筹发展的框架下实现工业化与农业现代化相协调，人口、经济、资源与环境相协调，大中小城市与小城镇相协调，人口积聚、“市民化”与基本公共服务相协调，按照产城融合、节约集约、生态宜居的路子走下去等诸多重大理论和实践问题。

第 6 卷《扶贫对象主体性与组织化》，从扶贫对象的组织化定义、内涵、意义出发，对扶贫对象主体性建构过程进行了回顾总结，分析了扶贫对象主体性的现状，阐述了扶贫对象主体性建构动力，从组织化视角分析了扶贫对象主体性的实践，对扶贫对象组织化进行了反思，就社会工作参与扶贫对象组织化提出了相关建议。

第 7 卷《扶贫机制创新的理论与实践》，系统回顾了中国农村扶贫开发的历程，系统分析新时代脱贫攻坚面临的新形势以及新战略定位，全面阐述扶贫攻坚机制创新的目标任务、农村扶贫开发模式创新发展重点，指出扶贫机制模式创新的发展趋势和规律，阐释了扶贫机制的理论创新和实践创新。

第 8 卷《政府市场社会大扶贫格局》，针对扶贫工作“政府热、社会弱、市场冷”的局面，阐述构建政府、市场和社会三者之间各司其职、协调发展、共同作用的和谐互动模式和符合国情、政情的“政府主导、市场能动、社会参与”的中国特色大扶贫格局，总结提炼了国内外引导并鼓励社会力量和市场力量参与扶贫工作的经验及模式。

第 9 卷《政治制度优势与贫困治理》，以中国减贫发展的政治制度承诺为导论，回顾了中国减贫发展的政治逻辑，对深化贫困治理面临的制度挑战进行分析，阐述了精准扶贫与中国政治制度的立体嵌构关系，总结了贫困治理与社会建设的关系和以党建促扶贫的政治定力，通过地方探索的成功案例，呈现了政治制度优势与贫困治理关系，最后以从贫困治理到建设人类命运共同体的大国担当作为结论。

第10卷《精准扶贫精准脱贫方略》，系统地分析和阐释了精准扶贫精准脱贫方略提出与形成的国际国内背景、基本内涵、重要内容、实施体系和重大意义，总结评估了精准扶贫精准脱贫从顶层设计到基层落实的实践现状、主要做法、经验和模式。以习近平精准扶贫思想为指导，论证了精准扶贫精准脱贫方略的创新发展方向。

丛书体现了以下特点：一是始终坚持以习近平扶贫思想为指导，二是始终坚持问题导向，三是坚持规范性与实证性相结合，四是坚持理论性和前瞻性并重。

五

党的十九大把打好精准脱贫攻坚战作为决胜全面小康社会的三大攻坚战之一，再次展现了中国共产党决战决胜贫困的信心和决心。2018年5月31日，习近平总书记主持召开中央政治局会议，审议《关于打赢脱贫攻坚战三年行动的指导意见》，对未来三年打赢脱贫攻坚战做出全面部署，新时代脱贫攻坚的理论创新和实践创新研究的重要性将进一步凸显。

到2020年，中国将在人类历史上第一次消灭绝对贫困问题，这注定会载入人类发展的史册。但消灭绝对贫困现象，并不意味着中国与贫困做斗争的事业终结。随着经济社会的快速转型，相对贫困问题的有效治理将成为推动乡村振兴战略、城乡一体化发展和社会主义现代化建设中的重大议题。

2020年后中国将继续加强扶贫工作。首先，这是由中国共产党的性质决定的。中国共产党的初心和使命，就是为中国人民谋幸福，为中华民族谋复兴。扶贫开发，最能体现中国共产党的初心和使命，最能体现中国共产党以人民为中心的发展思想，最能体现中国共产党的宗旨和社会主义的本质要求。其次，理论和国际发展实践表明，任何社会，即使是发达国家，总会存在一定比例的相对贫困人口。扶贫开发，是中国解决新时代不平衡不充分发展主要矛盾的重要举措，是实施乡村振兴战略的重要基础，是逐步实现共同富裕的重要途径。再次，从国内外减贫历史看，扶贫工作往往会进入“扶贫—脱贫—返贫”的恶性循环，要打破这一循环，就必须始终保持对扶贫工作的重视，避免贫富差距越拉越大，增加工作成本及难度。最后，我国是全球最大的发展中国家，人口众多，不管采取什么标准，相对贫困人口规模都不会小，短期内很难像西方国家那样主要通过福利救济兜底解决贫困问题，必须坚持开发式扶贫和保障性扶贫结合，不仅要减贫，而且要通过开发增强贫困人口的劳动技能，提升民族的整体素质。

今后三年，中国政府在全力打赢打好脱贫攻坚战的同时，将同时研究2020年后扶贫战略，这既是建立稳定脱贫机制的需要，更是实现脱贫攻坚战和战后扶贫工作无缝衔接的需要；既是中国共产党向第二个百年奋斗目标进军的需要，也是在提前10年完成联合国2030年发展议程减贫目标的基础上继续引领全球减贫事业、为全人类做出更大贡献的需要。

立足当前三年，面向新征程的长远，加强新时代脱贫攻坚理论创新和实践创新研究，更显得紧迫而重要。一方面，需要加强精准扶贫精准脱贫前沿问题研究，为完善相关政策、确保打赢脱贫攻坚战提供参考。另一方面，需要加强2020年后扶贫工作的相关研究。可以预期，中国在2020年后将瞄准相对贫困问题，需要在扶贫标准、目标任务、工作范围、基本方略、体制机制、政策体系、保障措施等方面开展深入研究，同时有力、有效地向国际社会推介习近平扶贫思想和中国减贫方案，为全球减贫贡献中国智慧。

但愿本丛书的出版，能够为推动中国新时代脱贫攻坚理论创新和实践创新研究贡献一份微薄力量。

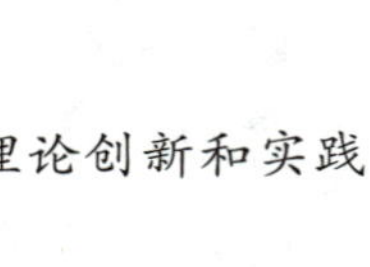

2018年6月

目录

第一章· 概述

一、扶贫对象主体性问题研究背景 /003

二、扶贫对象主体性概要 /017

三、扶贫对象的组织化概要 /023

第二章· 扶贫对象主体建构历程

一、国际反贫困的政治叙事 /029

二、中国话语中扶贫对象的主体建构 /044

第三章· 扶贫对象主体性问题

一、扶贫对象主体性缺失的研究 /72

二、扶贫场域中主体性缺失：被遮蔽 /78

三、贫困文化“发现”主体性：内向化 /98

第四章· 扶贫对象主体性建构的动力

一、内在改变 /110

二、外部推动 /119

第五章 · 扶贫对象主体性实践：组织化

一、对资本减贫和村庄非农化的反思 /140

二、扶贫对象组织化的背景 /149

三、组织化方法 /159

第六章 · 扶贫对象组织化的反思

一、扶贫对象组织化优势 /180

二、扶贫对象组织化困境 /191

三、扶贫对象组织化应注意的问题 /207

第七章 · 社会工作参与扶贫对象组织化

一、社会工作介入的合理性 /218

二、社会工作促进扶贫对象组织化的优势 /222

三、社会工作增促组织化的手段 /229

四、可持续性生计发展：社工参与组织化案例 /238

五、扶贫社会工作应注意的问题 /242

第八章 · 塑造扶贫新主体

一、塑造新型农民 /251

二、重建乡村关系 /263

参考文献 /277

后　记 /312

·第一章·

概述

在中国共产党的领导下，经过几十年艰苦卓绝的努力，中华人民共和国从一贫如洗的传统农业国家跃居为世界第二大经济体。国家的长治久安和繁荣富强，保证了人民安居乐业，并为世界减贫史贡献了最辉煌的篇章。然而，我们必须看到，2017 年末中国仍然还有 3046 万人口处于贫困状态，而且其中绝大部分又分布在自然条件差、偏远的革命老区或少数民族聚居的地区。因此，消除这最后的贫困，不仅是国家实现小康社会的根本需要，更是一个关系到实现地区间、民族间平等发展，促进人民共同繁荣、共同享有社会经济发展成果的重大议题。

中华人民共和国成立伊始，毛泽东同志提出“全体中国人民尤其是农民群众是反贫困的主导力量”，从而确立了贫困者在反贫困中的主体地位。这一地位随着国家反贫困进程的深入，得到进一步肯定和强调。《中国农村扶贫开发纲要（2011—2020 年）》在其基本原则部分指出，“尊重扶贫对象的主体地位，提高其自我管理水平和发展能力，立足自身实现脱贫致富”；2014 年《国务院办公厅关于进一步动员社会各方面力量参与扶贫开发的意见》重申，坚持多元主体，创新完善人人皆愿为、人人皆可为、人人皆能为的社会扶贫参与机制。

回顾中国反贫困的历史，通过政府主导发展地区经济以提升民众生活水平是主要手段。在扶贫攻坚新时期，在社会治理语境下，如何创新扶贫思维和手段是我们不能回避的问题。从重视外部的“输血式”扶贫到强调提升内生性“造血”能力消除贫困，这一角度转换表明，比起财富再分配机制，更为重要的是考虑如何推动贫困者投身地方社会、政治、经济发展进程，也就是重新思考贫困者在反贫困，解决自身问题时的主体地位问题。

为什么贫困者（惯常被界定为扶贫对象）是反贫困的主体？有什么机制来保障他们的主体地位？在长期的扶贫历史上，贫困者被遮蔽或缺失、消失的主体性应该如何建构或重构？在政府权力下放以及经济市场化的大背景下，贫困者主体性如何实现？或者说，作为反贫困主体，他们该以什么形式来承接这个权力？又将以何种形式来抵抗市场侵蚀呢？

一、扶贫对象主体性问题研究背景

（一）扶贫实践中的困惑

1. 扶贫对象污名化。

案例

热烈祝贺新邵县成功纳入“特困地区”

2011 年 11 月 29 日新邵县政府网站发表了一篇题为《新邵成功纳入国家集中连片特殊困难地区》的文章，报道新邵县被正式纳入国家集中连片特殊困难地区。该文主要内容后转为 LED 宣传语：“热烈祝贺新邵县成功纳入国家集中连片特困地区，成为新时期国家扶贫攻坚的主战场——中共新邵县委、新邵人民政府宣。”

为了能够获取国家的扶贫资金，争创国定贫困县竟然成为一些不发达地区地方政府的工作目标和业绩考量的重要尺度。因此消息传开后自然遭到众人和媒体的批评。地方官员对待批评的回应却是“不图个人升迁，只想百姓实惠”。那么，作为贫困县的百姓，国家扶贫政策的扶持对象，能够真正因此获得实惠吗？

（1）强化传统文化对贫困的负面认同。中国传统文化对于贫困的评价并非正面，很多人不齿于提到并承认自己是“穷人”。

在儒家思想统治的历朝历代，没有形成中国国家贫困救助制度，往往只是王朝通过设立常平仓、义仓等应对不测的灾难之需。“不患寡而患不均”“救急不救贫”是传统文化对贫困态度的写照，同时暗示贫穷是一个无底洞，一个长期难以克服的问题。

那么，面对类似新邵县政府这样努力经营并维持“贫困县”称号的事实，抛开公众对官员的指责，从官员声称的角度考察，实是好事办成了坏事，让贫困地区的百姓以贫困为荣。从而一方面肯定了传统文化关于贫困的认同，又从另一方面产生了对贫困地区人民改变贫困的能力的怀疑。地方政府的“炫贫”似乎在宣告贫困地区贫困者主体性消亡。

另外，还需要警惕的是，媒体报道往往引起公众的情感迁移，并且放大可能的风险：对同情到愤怒，对贫困地区的干群责任到扶贫对象的道德方面进行批判。而且，负向信息的破坏性远远大于正向信息的建设性，致使人们遗忘了事实：早在很多年前，兰考人为了丢掉贫困帽子，在县委书记焦裕禄同志的带领下，显示出贫困者的群体主体性，与天斗与地斗，积极摆脱贫困。

（2）肯定“穷人败德”的主张。从传统文化角度来看，贫困问题滋生于贫困者的道德问题，如宗教中所提到的罪孽因果说，中国的好吃懒做致贫说等。即使是社会政策中实践最久的亲济贫法式的救助，其道德预设也是贫困源于不劳动，所以有劳动能力的贫困者必须以接受国家无偿提供甚至国家支付津贴的技能培训为前提才能获得救助，其中有些培训项目是专门为那些享有救助的群体设计的，目的是促使他们早日就业上岗。

由于贫困通常被定义为一个经济术语，故而典型的消除贫困的方式是借助经济路径，关注个体或地区经济地位的改善，并期待通过再分配政策直接提高经济收入，抑或通过增加机会间接提高他们的收入。从而当简单的经济手段不能消除贫困现象时，就出现了贫困地区以及贫困人口长期依赖政府扶贫资金的局面。这就是“福利病”。对“福利病”的道德批判，在自由主义思潮全球盛行背景下达成了共识，以致生产出以“福利依赖”为典型特征的新型社会阶层：下层阶级或底层阶级。底层代表了这样一部分“穷人”，他们不仅经济上被剥夺，而且还显示出与社会主流不同的价值观、态度、信仰、规范以及诸如犯罪、福利依赖等一系列社会行为问题。

“底层社会”一词在多种意识形态中被使用。马克思用之界定诸如流氓无产者，即那些被经济和政治力量型塑和统治的并且缺乏生产性角色的群体；保守主义认为底层既不能照顾自己和家庭，还具有反社会的行为；而自由主义则用来定义那些与社会隔离或边缘化的人们，并将他们以此与工薪阶层和中产阶层相区分。彼得森（Paul E. Peterson）指出，下层阶级中的“下”意味着“卑微，被动和顺从，但同时又声名狼藉、危险、具有破坏性，是黑暗、邪恶，甚至恶魔般的”。在《美国底层阶级》一书中，肯·奥莱塔（Ken Auletta）认为“底层阶级”“普遍感到被排斥在社会之外，大多数人对于公认的价值准则都抱抵制态度，他们深受收入不足和行为之苦，不仅贫穷，其行为也被大多数美国人视为越轨”。

因而，盲目追求并一味依赖国家的扶贫资金缓和地区经济状况的政府行为，将“等靠要”作为形象设计并赋予贫困者，不啻将贫困者推向“不道德”“行为偏差”等负向评判，未顾及贫困者由此要面对的心理和社会压力，并严重忽视了他们诉诸行动以消除贫困的愿景。“贫困是由扶贫对象的能力和道德的衰败而造成的自身的困境”，这是一种典型的技术的、专家的话语逻辑。事实是，贫困是由多种原因造成的：个体的、社会的、政治的、经济的、环境的、道德的、认知的等等。如果将贫困者中的部分个体表现，如懒惰等道德原因无端放大，将混淆公众对贫困的认知，甚至在某种意义上放大公众对扶贫的不满，导致社会不和谐。

（3）反贫困政策实践对贫困者的批判。扶贫在中国是一种制度化的社会政策，一头是政府作为扶贫主体，一头是贫困者被界定为扶贫对象。通过不同的资源传递过程将政策主体、政策对象联结在一起，并呈现出不同的利益关系和权力格局。对政府扶贫资金的依赖，使政策对象依附于国家权力，失去自主性。

同其他所有政策一样，反贫困政策也是一种政治行动。认同贫困者败德与越轨行为的结果，就会在行动上产生对反贫困的各种政策实践的抵制。比如在研究底层社会的学者中，查尔斯·默里（Charles Murray）公开宣称，政府应该停止针对生活在贫困中的底层阶级进行支持的社会政策活动。

社会政策在应对绝对贫困的资本主义发展初期出现，并扩展到世界绝大多数国家，在弥补市场失灵和回应社会变迁中得以完善。从二次世界大战后福利国家建立以来，对福利制度化的批评不绝于耳，终于在 1970 年代借助“石油危机”，成就了道德评判者的政治主张。英国和美国，在自由主义意识形态主导下，极大限度地缩减了对贫困者的国家支持，国民福利从国家作为主要提供者转为福利多元，以至于在美国这样的发达国家，面对许多贫困者因缺乏医疗保险而力荐全民健康保险时，奥巴马政府阻力重重，共和党表示这“将破坏美国的价值观和生活方式”。更有甚者，有些舆论认为政府对贫困者扩大医保支持是效仿社会主义式的欧洲，美国将国之不国。

以英美为代表的反贫困政策的这种转向，不仅仅局限于贫困救助的范围缩小和水平降低，同时还导致了国家/政府的贫困政策从宏观领域抽身，全面转向微观，更多地去关注贫困的个体，而放弃贫困地区的宏观层次的改变。从其本质而言，社会政策的调整和改变这一事实表明，政策行动回应了社会和市场关于“贫困者”的各种负面观点，从而将反贫困政策目标直指对贫困者个体“败德”行为的改造。

作为提供公共善的社会政策，其实践的基本伦理是基于“不伤害原则”，在反贫困中必然也应该体现这一原则。新邵地方官员的单方行动不仅引发了民众对“不在场”的贫困者进行“污名化”处理，也从相反方向促使人们认识到，呼唤扶贫对象主体性是一种必然。

2. 扶贫主客体利益冲突。

案例

修这条路，受益的是你们

四川省凉山彝族自治州地处川滇黔三省交界处，地势险恶，交通不便，阻碍了不少村民与外界的交流。一座大凉山，几十年的扶贫工作，崎岖山路成为创造财富的最大瓶颈。大凉山深处的扶贫，交通是瓶颈，始终是当地政府无法解决的难题。

2016年2月，四川省烟草专卖公司与普格县签署协议，投资2385.5万元对普格县特补乃乌村进行精准扶贫，计划把该村建设为烤烟种植基地，并最终打造成“幸福美丽新村”。交通部门配合这一目标，出资200万元在特补乃乌村修建一条长4.4千米的农村村道公路，连接山上的三个村民小组和烟草种植基地。

但是，由于规划道路以村集体出地、政府出资方式完成，没有考虑对被占地农民的任何补偿，被占地村民贫苦的日子雪上加霜。因此施工过程遭遇被占地村民的阻断。

乡长多次找到被占地村民，进行劝说。“修这条路呢，主要解决的就是，你们铺子里头上头的这些人，栽烤烟也好，去赶场也好，生产生活都靠这条路。这条路修好了以后，享受受益的是你们，不是我们乡上，也不是我。”

体谅到村民的难处，乡长承诺到民政上争取低保名额。即使没有争取到，以后也会在产业发展上对该村民优先扶持（一个口头承诺）。最后村民勉强同意，道路施工得以继续进行。（内容来自 2016 年 5 月 27 日 CCTV-2《经济半小时》：《大凉山扶贫纪行》〔下〕）

（1）扶贫体现的父权主义。这里的“父权主义”泛指那些通过强制、隐瞒或欺骗的方式，将意愿或行动强加给他人，为他人谋福利的一种主张。

在许多扶贫案例中，这种父权主义频繁出现，并且得到理解。在专业助人中，父权主义只是在某些特定的情形下有条件地获得允许，而不是广泛提倡。这是因为，每一个有需求的人都被假定首先他是一个自主的人，他有能力知道并决定何种帮助是他所能接受或实践的。按照这种假设，被扶持的贫困者有能力和权利参与到扶贫中，成为减贫决策者和行动者。换言之，贫困者是贫困的载体，可以理解为扶贫对象，但首先更是改变贫困的主体，理应在扶贫过程中展现其主体性。

案例中，良好的道路状况将保证大凉山村民与外界互动的便利和畅通，是广大村民的普遍愿望和切身利益。但是在地方有关政府部门和基层政府的协商中，山村道路建设变为政府部门的包办行为，不仅没有将村民纳入建设决策过程之中，甚至没有拿出个体村民利益受损的具体补偿方案，而以修路受益的是村庄整体来作为道路必须尽快修建好的理由。正如湖北省巴东县委书记陈行甲曾发文声称，想让百姓父母幸福的儿女一定不会是不孝的儿女。以如此理由实施父权主义的威权式扶贫，造成贫困者在扶贫中主客体分离，主体性缺失。

（2）扶贫者与扶贫对象的利益分离。道路是为“你们修的”“受益的是你们，不是我们”。只言片语却明确地表达出政府与贫困者的隔离，如果不是对立，就是将贫困者定义为被扶持被帮助者。

隔离代表着一套中国反贫困传统中特定的话语体系：对政府而言，贫困的村民是群众，是扶贫对象；对百姓而言，扶贫者是官员，是政府。在中华民族复兴繁荣的进程中，消除贫困是党和国家工作的方向，是人民生活富裕兴旺的理想。共同的奋斗目标形成不同扶贫主体合作的基础。但是，“你们”“我们”清晰地划分出两个分离甚至对立的群体和阵线，看不到合作。其结果则是扶贫过程中责任与权利分离：为别人扶贫，被别人扶贫。消减贫困由此被错误地诠释为为了他人的利益。正因为都以为不是自己的事情，所以一方有人认为可以捏着对方玩，提出无理要求，另一方认为不知感恩，不知好歹，是扁石头扶不起。驻足于服务与被服务、施恩与报恩之间的对立，利益合作者分道扬镳。所以，“报告扶贫组，你们的猪死了”之类故事的发生绝非偶然。

（3）多数人对少数人的利益遮蔽。“修这条路呢，主要解决的就是，你们铺子里头上头的这些人，栽烤烟也好，去赶场也好，生产生活都靠这条路。”施工方也表示，停工将增加修路成本以及面临雨季山地易发泥石流的潜在风险。这样，整个事件中原本是政府与受损村民个体的利益冲突转化为该村民与其他同村村民的利益冲突，并将施工计划应考虑的可能风险归咎于村民的阻挠行为。如果村路不能修通，该村民不仅要面对村庄集体的愤怒，而且被置身于施工相关各方的对立面。在“熟人社会”，对个体而言，坚持补偿可能获得小利，但难以抵消巨大的社会压力。从理性角度出发，该村民选择了退让。

但是，以群体利益来压制个体利益，确保整体利益得以实现，其正当性仍然值得思考。

（4）扶贫对象利益表达受阻。一个依靠土地为生的贫困村民在土地被占用之后，除了阻挡施工、哭泣，没能找到任何其他途径来获得利益补偿，也提不出到底要何种补偿。当乡长妥协并提出以低保为协商条件时，该村民趁机要求给全家四口人申请低保，争取更多的自身利益。讨价还价的过程就是受损村民通过利益表达呈现个体主体性的过程；但另一方面，不难发现，该村民显然知道存在低保政策，但是对于自己在其中的权利并不清楚。

用一项社会政策带来的福利作为交换条件，换取另一政策的实施，这是基层工作者的智慧。姑且不论该村民有否资格，但交换意味着对社会政策实施的破坏，从而既否定了享有社会政策福利是一种权利，又进一步加深了政府机构代表的威权，从反方面干扰了村民对于社会政策的理解，阻断了正当的利益表达渠道。因此利益表达问题是贫困者主体性研究中一个无法回避的问题。

修路问题最后依靠村民与乡长个体面对面的协商获得解决，这里没有现实的利益交换，而是村民出于对乡长的个人信任，接受了他个人的口头承诺。这就是“公共表达的私人化、利益化”于传统的乡村社会再现。

扶贫中的主体和对象的分离，通常引致沟通不成功。在语言的主体建构中，不同的人称代词指向反贫困中不同的人际、群际关系。从故事来看，扶贫中显然不是“我们关系”的呈现，而是在直接、间接中突显的“你们关系”“他们关系”，反映出反贫困中主客体的分离和对抗。从而带来人们的怀疑：“他们/你们究竟想干什么？”

3. 扶贫对象客体化。

案例

牛变羊，羊变鸡，鸡变无

这只是一个坊间传说，并无文字记录，但却广为流传，许多人深信不疑。故事是这样的：在极端贫困的定西地区，扶贫工作者发现政府发给贫困户的耕牛不久就没有了。经过询问得知，原来贫困户把牛牵到集市上换回了几头羊。又过了些时日，贫困户家羊也不见了，这回是他们用羊换回一群鸡。一个冬天过去，干部发现贫困户家庭什么都不剩，一切照旧，一贫如洗，人们一如既往裹着衣物在阳光中懒洋洋的。

故事的讲述者很痛心，痛心国家的钱财又白费了，痛心一年的扶贫工作白做了，更加痛心贫困者不能“痛改前非”。

（1）扶贫情景缺失。地处黄土高原的定西，位于甘肃中部干旱区，处在农牧交界的生态脆弱带，山大沟深，植被稀少，水土流失严重，干旱、暴雨等灾害频繁，自然生态环境恶劣。自 1949 年到 1984 年，该地人口增长 121%，严重超过该地土地承载力的预测值。人口压力的增大一方面造成过度开垦、过度放牧，进一步加深“越穷越垦，越垦越穷”的恶性循环；另一方面为满足燃料需求而导致铲草皮、挖草根和烧畜粪，进而加剧土地肥料短缺，导致承载能力下降，农业生态环境难以恢复。

由于干旱缺水，当地农业主要靠天吃饭，收成好坏完全仰仗当年的降雨量。1955 年到 1985 年三十年间，包括定西在内的陇中地区 18 个贫困县共吃掉国家返销粮约 52.5 亿斤。不仅如此，大旱之年还需要送水送草。

“苦脊甲于天下”的陇中，曾被联合国专家评价为“不具备人类生存的基本条件”。因此，当出现食物燃料紧张时，人畜矛盾彰显，于是便出现了故事中的一幕。尽管政府一再拨发扶贫粮、款、物，民众也做出了巨大努力，但收效甚微。在如此恶劣的环境中，救助只能缓解贫困者面临的危机，而不能从根本上解决导致贫困的根源。

不同的情景是实施反贫困战略的客观制约因素。不考虑这些限制，单纯以父权主义方式进行贫困援助和支持，常常落得“好心不得好报”的结果。我国目前的扶贫攻坚战场主要是以农业为主的“老少边”地区，都面临生存空间中表现出的人地紧张关系。但是，每一个地区又存在着人地冲突的具体表达，以及具体的致贫原因。王曙光就曾将中国贫困的类型总结归纳为5类：制度供给不足型、区域发展障碍性、可行能力不足型、先天缺乏型和族群型。因此，扶贫手段必须应景而生，才能精准有效地达成目标。

（2）贫困者对象化。中华人民共和国成立以来，中国的贫困者主要是农村的农民，并且主导性观点认为其贫困的原因是收入不足。所以传统的反贫困以需求满足为主要手段，将贫困者预设为消费者。因此对于客体化的贫困者的主体性表现——反抗行动常常忽视，甚至误读为“无为”“好吃懒做”等社会行为偏差问题，客观上削弱了贫困者的主体地位。这种误读在随后的甘肃省两西移民政策中被进一步外显和放大。两西移民虽然改变了强制移民的历史，遵循自愿原则，但仍有一部分人口被禁止移除，其中之一就是被认定为“懒惰”的那个人口群体。

卖牛卖羊吃鸡，不对既定的规范逆来顺受，是贫困者用行动表达需求，是主体意识的觉醒和抗争。这些贫困者拥有丰富的本地知识，清醒地认识到在极端的生存空间，有限的粮食和自然资源不足以维持人畜共存：耕牛吃得多且不适合山地放养，不如养羊。养羊不久后就发现，草越来越少，羊要赶到越来越远的地方找草吃，费工费时。鸡可以在门前屋后散养，不过到了冬天，天寒地冻，鸡就得跟人争口粮。

每一个生存空间，蕴含着特定的人类生存哲学，展现出各有特色的文化。在具体的环境中，合理的行为一旦被“去情景化”，很容易被单调的、抽象的扶贫手段贴上缺乏理性和不道德的标签。只有行动者作为诠释者时才能理解所处的情景。困于能力不足和可能性缺失，贫困者未能做出进一步行动，低层次的主体性表达被主流话语用一种敌对的模式错误诠释，直至被遮蔽。

日常生活中合情理的话语脉络再梳理，正是要提醒我们反思扶贫手段可能存在的压迫现象，警惕贫困者在内形成“拒斥化认同”，自我隔离于主流社会之外，在关于依赖和败德的论述中，将贫困者从扶贫主体中剥离，单纯作为扶贫对象、扶贫的客体，被物化为物质救济的消费者。

“人是人的根本”，价值判断的基础首先在于人的主体地位，“以人为本”是价值和评价的标准。从价值的主体性角度而言，扶贫手段的好坏，适宜与否等评判，要按照扶贫对象自身的尺度来完成。

“穷则思变。”正是在定西这块土地上，中国掀起了有计划、有组织的大规模扶贫开发的反贫困新篇章。1982 年，党中央、国务院做出开展“三西”建设的重大决策，定西成为中国开发式扶贫的“发源地”。“三西移民”政策在国家投资创造基本生存条件的基础上，按照自愿迁出、回迁自由原则，充分考虑贫困者的主体性发挥，鼓励移民自力更生，发展多种经营，在开发中改善生存和生活条件，解决贫困问题。对甘肃“两西移民”意愿、心态和期望值，以及个人、家庭户的动机，决策行为等反映主体性的指标进行测量后，研究者证实，对于迁移者个体而言，移民政策、迁出迁入地差异只是外部条件，而最终迁移行为的发生与前述个体主观因素有关。笔者在河西安居地调查中也发现，乐于小商品经营的穆斯林、愿意利用滩涂红柳进行编织加工的移民比那些思想传统、固守土地种植庄稼的移民更可能致富。

可见，“土地本身并不是使人贫穷的关键，而人的能力和素质是决定贫富的关键”。积极有效的扶贫政策必须能调动贫困者主体性，动员他们主动地、创造性地参与到自身命运的改变进程中。

（二）社会治理中扶贫对象的角色期待

伴随着对福利国家的反思，以及法团主义在欧陆的复兴，政府-社会、政府-市场以及政府-公民的关系问题逐渐成为管理理论的关注焦点。自 20 世纪 80 年代以来，在有关国际组织和国家政府的推动下，以“多元参与与合作共治”为核心的社会治理理念广为传播。这一理念强调国家、公私部门以及公民个体作为多元行动主体的构成，基于主体间的信任构建“伙伴式关系”，平等地参与到社会治理过程中，通过协商、合作解决问题，以实现共同目标和利益。

关于社会社区自我管理、自我服务、自治的理念自十六届三中全会以来，在党的若干决议中逐渐明朗化。2013 年党的十八届三中全会召开，会议通过了《中共中央关于全面深化改革若干重大问题的决定》，要求进一步深化改革，实现从社会管理转向社会治理的创新。社会治理概念被正式提出。

社会治理是一种以国家与社会分权、以公民为中心的体制（周庆智）。按照学者对现代化国家治理秩序逻辑的研究，社会治理理想的社会结构应该是包含“他治”“自治”“互治”的“三治协同”，体现法治与德治的双向互动。这里的“他治”代表国家的威权，通过法律手段自上而下地规制治理中的多元主体；而“互治”则体现了主体间相互的权利和责任，表达行动主体间的伦理秩序。

开发式扶贫是对贫困的治理，本质上就是社会治理的一部分。在其中，直接或间接利益关联的各级政府组织、市场企业组织以及社会组织形成协同共治的多元化扶贫主体。社会治理的话语既强化了扶贫对象的主体地位，也是对扶贫对象在新的发展时期角色担当的挑战。根据中国反贫困的历史经验，并结合反贫困的各种理论成果，如何培育扶贫对象主体性，在反贫困进程中将抽象的治理概念具体化、实践化，是当下扶贫攻坚战的关键和难点。

1. 扶贫对象主体地位。

（1）人民主体。“人民主体性”思想是在马克思对唯心主义关于“绝对精神”创造世界这一主体性思想进行批判的过程中发展起来的。马克思的唯物史观科学地论证了人民主体地位，即人民是认识和实践的主体，是历史的真正创造者，人类社会发展最终目标是追求人的解放和自由全面的发展。

毛泽东同志继承并发展了马克思主义的人民主体论。他明确指出在社会主义建设时期："一切赞成、拥护和参加社会主义建设事业的阶级、阶层和社会集团，都属于人民的范围。"在中国化的人民主体论指导下，共产党人切实尊重人民的主体地位，有效发挥人民的主体作用，形成了具有特色的重视和依靠人民群众的群众路线。

在不断深化的社会政治和经济改革中，人民主体思想日益突显。党的十八大报告强调指出在新的历史条件下"必须坚持人民主体地位"。"人民主体"的思想始终贯穿于中国反贫困的运动之中。特别是近年来，在政府主导，扶贫对象参与的同时，国家进一步动员社会各力量参与扶贫，在开发式扶贫中积极引入市场机制，探索出一套适合中国国情的反贫困经验。

联系中国现实，马克思主义的人民主体论意味着，作为国家担当者的人民，其命运与中国社会治理体系的全面深化改革联系紧密。在贫困治理中，扶贫对象必然是自身的权利与责任担当的统一体，切实而充分地体现人民主体性。

（2）以人为本。发展为了谁？发展成果归于谁？"以人为本"的核心思想回答了人既作为实践的主体，又是价值主体，其实践的目的就是不断满足人民日益增长的经济、政治和文化的需要，推进人的自由全面发展。换言之，坚持人民主体观，要求以人为本，关注民生改善，以最广大的人民群众及其根本利益为本，为人民而发展、依靠人民发展、人民共享发展成果。

"以人为本"是人民主位地位的肯定，也是对所有社会成员平等权利的保护，同时还是对社会实践的人性化要求。将该理念应用于扶贫攻坚战，就是依靠扶贫对象作为反贫困主体，通过利益诉求表达，一方面以需求理论为导向建立自下而上的贫困治理结构；另一方面通过国家、市场、社会等外部力量支持，多方合力，以最大限度地满足和增进贫困人群的物质文化需要为目的，将减贫脱贫目标具体化精准化，在提升能力的基础上，实现可持续性减贫直至消除贫困。

2. 扶贫对象参与。实践观和主体观在马克思主义哲学中是统一的，不可分割的。离开实践的观点，就不可能真正理解人的主体性；同样，离开主体性的观点，也不可能真正理解实践。只有通过实践，人的主体地位才能真正确立。实践赋予人以主体性。

因此，在反贫困中的实践活动中，从人民主体性原则出发，应该高度重视和始终维护扶贫对象的主导地位，发挥其重大作用；同时，从实践原则角度，扶贫对象必须主动投身到自己生活世界的改造中才能实现主体性，真正成为反贫困主体。这就是贫困治理中的参与。

参与在减贫话语中占据显著位置，近 30 年来在治理语境中得到了进一步理解。政府希望在反贫困中下放权力，并与其他公私部门构建"伙伴式治理关系"，这必须通过这些部门在反贫困领域的参与才得以可能实现。

（1）参与的内涵。参与首先作为社区发展的载体，在联合国的推动下应用于二战后独立的亚非拉民族国家解决贫困问题上。参与不仅作为社区发展的必要手段，而且参与过程本身就是发展的制度化目的。20 世纪 80 年代联合国和国际发展组织在中国实施扶贫计划，参与的原则和理念被"嵌入"中国贫困实践。

就扶贫对象而言，参与就是指他们以平等的身份承担减贫的责任和义务，真正积极地投入，去界定他们关注的问题，在制定影响他们生活的政策和服务中进行决策，并采取行动，促成改变，从而实现扶贫对象主体性。

（2）参与的作用。第一，提升认知程度。如在减贫脱贫行动中，通过模仿、学习、批判，扶贫对象不仅可以掌握界定自身所面临的贫困问题与实际需求的相关知识、技巧，了解生活世界的各种抗争，还可以增强制定反贫困方案，选择合适并可行的应对策略的能力。第二，是一个赋权的过程。参与能帮助扶贫对象发现潜能，增长信心并激发热情；并在此基础之上，把握机会，创新扶贫思维和手段。第三，促进扶贫脱贫精准化。在参与视角下，贫困的评估将客观性测量方法与主观性手段综合考虑，在体现以人为本的宗旨上，加入贫困者参与需求评估，还能充分利用扶贫对象拥有的本地知识，从文化、能力和意愿而言，确定可以、能够、愿意的方案，保证反贫困方案的精准性和可行性，制定精准化、精细化扶贫脱贫瞄准机制。第四，精准化贫困治理的目标。作为主体性的行动，扶贫对象通过参与将加强他们与外部世界的交流和互动，并进而通过建立合作关系，在反贫困领域形成自治、他治和互治的治理结构。

二、扶贫对象主体性概要

（一）主体性界定

1. 主体性定义。主体性是作为主体的人，在与客体的相互作用中，凭借和发挥其本质力量，通过对象性活动，去把握客体所表现出来的特性，如能动性、创造性、自主性、为我性等。这里的主体是指那些现实社会实践活动过程中的社会实践者、作为者、改造者、控制者，他们以不同方式认识和改造世界与自我。所以，主体性“是人的生命自觉的一种哲学表达”。

2. 主体性研究的演进。

（1）近代西方关于主体性的研究。“主体性”构成近代西方哲学的核心，是在对人的存在及其意义进行讨论中兴起的。一般认为，它起始于笛卡尔关于“我思故我在”的命题以及对由此所展现的自我意识运动的研究。借由该命题，笛卡尔点明了“我思”或“自我意识”的地位，即“我在”的决定性地位。笛卡尔肯定了思考的价值，也就确立了人的认知主体地位，即人本有的价值尊严。在继承笛卡尔的基础之上，康德进一步通过真善美的规则，确立了人的主体性尊严的普遍性，尤其是个人的自主性。与康德的普遍性观点不同，黑格尔将集体精神、历史精神与个人意识综合考虑进来，提出认知主体只有在历史进程中才能获得绝对精神。

近代西方主体性哲学专注于思维方式，唯心主义色彩浓厚。正如胡塞尔所说："这种哲学实现了从素朴的客观主义向先验主观主义的彻底转变。"

在批判黑格尔的基础上，马克思历史观、唯物观形成。在马克思看来，主体不是精神、理性和作为思考者的"我"，而是有血有肉的、感性地与环境互动的人。他/她拥有自己的判断、情感和意志，在特定的社会历史背景下生活、工作、行动以及思考。马克思主义关于主体性的内容规定主要有以下四个方面。第一，主体能动性是主体的一个根本特性，其中主体的实践改造性是主体能动性的主要表现。第二，主体的创造性是主体能动性的最高表现和最高层次，主要包括思维的创造性和实践的创造性。创造性表现为对外在事物的超越和对自身的超越，在改造客观世界的同时也改造自身，使旧我蜕变为新我。主体的创造性内在于主体，但"作为承载个体单元体的外壳，主体的功能在于把壳中所载投射于外"。第三，为我性表现为主体的目的性，即人的主体性就是人的需要。主体是从满足自身的需要出发的，表现出主体活动的内在尺度和根据。其中的"自"或"我"并不仅是个人，也可以是集体、社会、国家乃至整个人类。第四，自主性是指主体"作为支配一切自然力的那种活动出现在生产过程中"，是主体发挥能动性、创造性、为我性的前提，意味着主体在自觉自愿遵守客观规律性和主体内在目的和使命的前提下，自主决定支配自己劳动成果的能力和权利。

（2）当代中国关于主体性的研究。20 世纪 70 年代末，伴随着对"文化大革命"的反思，知识界开始了解放思想、关于真理的大讨论。1979 年李泽厚出版了《批判哲学的批判——康德述评》，该书将讨论进一步引向"人的主体性"问题。通过该书，李泽厚一方面重新发掘出"实践观"在马克思主义哲学中的重要性，另一方面肯定了康德关于主体性的主观心理建构立场的现实意义。在对自己的研究进行总结时，李泽厚使用了“主体性实践哲学”一词，其要旨体现于外在主体性（工艺-社会结构）与内在主体性（文化心理结构）、群体主体性与个体主体性两组主体性概念中。实践哲学的主体性的概念具有人类群体（又可分为不同社会、时代、民族、阶级、阶层、集团等）的性质和个体身心的性质。它强调需要在结构之下理解主体性。因此主体性是限制性的、结构性的，不仅个体主体性受到结构的限制，而且群体主体性也受到这一结构束缚。

20世纪80年代中期，主体性研究浸透到除哲学之外的美学、文学、历史学及一些社会科学领域，并与中国儒家思想等传统文化结合，出现了“中国化”趋势。

刘森林这样总结20世纪80年代开始的“主体性”研究：是在呼唤“个人”尊严，通过批判僵化的制度对人性的遮蔽与攻击，高扬人的主体性。

近年来，学者在主体生成方面做了进一步的探讨。他们认为，主体及主体性是生成的、动态的。如段德智认为，原始社会的“氏族膜拜”和“集体表象”、奴隶社会的“团体意识”、封建社会的“宗教意识”都是人的自我意识和主体性的一种表现形式，在不同的主体意识的否定中，人的主体性得以升华。

3. 主体性原则。主体性原则是一种看待人的立场、方法。马克思主义的主体性原则可以从三个方面进行理解：第一，从主体出发的原则，即从主体角度来把握世界。就是要求在“为我关系”中去了解外部世界，在主体性实践中尊重客观事实，充分调动和发挥人的积极性、能动性和创造性。第二，实践改造的原则。这是马克思主义的主体性原则的核心，是指以人的方式来改造物的存在方式，使物按人的方式而存在。第三，符合人性发展的原则。主体性原则的最终目的是“社会化的人，联合起来的生产者，将合理地调节他们和自然界之间的物质转换……在最无愧于和最适合于他们的人类本性的条件下进行这种物质转换”。

主体性原则体现了“主体性”观念的价值内涵，体现了以人为目的的价值追求。贺来等认为在中国语境中，“主体性原则”表现为在社会、政治、经济、文化生活等方面如何看待现实的人的本质和地位、权利和责任的问题。这样的理解同样应该适用于扶贫中有关扶贫对象的身份认同。

还应注意到的是，主体性原则只是马克思主义哲学的重要原则之一，还有其他两个值得重视的原则：客观性和实践性原则。实践性原则以客观性原则为基础，包含着客观性原则的思想。同样，主体性原则是以实践性原则为基础的，主体性都是实践活动的主体性。因此，客观性、实践性和主体性原则之间相互依存，相互包含，相互渗透。

（二）扶贫对象主体性界定

1. 定义。

（1）关于扶贫对象的解释。在社会政策传统中，习惯性地将政策福利的直接享有者，即服务的接受者，看成政策的对象。基于这种传统，在减贫脱贫中，贫困者被作为扶贫对象。从主体性角度看，主客体关系因对象性活动而规定，在对象性活动中，发动者身份是主体，受动者则成为客体。很显然，从后一个角度来审视“扶贫对象”这个名称的话，是有问题的，有悖于本研究的中心主旨。但是为了与我国各种扶贫政策一致，以避免造成一些误会，研究中仍然因循惯例，继续使用“扶贫对象”以表示贫困者。

另外，还有一点需要说明的是扶贫对象认定问题，也就是说谁有资格被扶持呢？《中国农村扶贫开发纲要（2011—2020 年）》（以下简称《纲要》）第九条规定：“在扶贫标准以下具备劳动能力的农村人口为扶贫工作主要对象”，各省（自治区、直辖市）可根据当地实际制定高于国家扶贫标准的地区扶贫标准。根据《纲要》，农村扶贫对象不包含丧失劳动能力的贫困人口，因为他们一般都被“五保”“低保”救助政策涵盖，不重复享有扶贫政策资源。而本书所指称的扶贫对象则是指农村地区的贫困人口。

（2）关于扶贫对象主体性的解释。从主体性原则出发，扶贫对象应确立自身的主体地位，摆脱对国家、社会以及扶贫资源的依附性。在反贫困活动中，以及在与其他扶贫主体的相互作用过程中，发挥主体性作用，表现出能动性、自主性和创造性。在改变贫困的同时，发现自己、认识自己、改变自己，找到自信与自尊，成长为一个独立主体，享有权利的同时履行相应的责任和义务。关于如何在当下建构扶贫对象的主体性，沈红从政府-市场-民间社会的结构关系视角，提出了三个层面的主体性建构思路可以借鉴：第一，决策主体性。扶贫对象参与发展计划的制订、实施、管理、监督的全过程。第二，经营主体性。比如发展社区性合作经济，更有针对性地增强市场竞争能力。第三，文化主体性。积极认同自己的文化，争取权利，保护和发展地方性文化、民族文化。除此之外，主体性建构还要考虑社会和生态层面。从社会层面而言，主体性体现在社会交往和社会关系建设中；而生态层面则是要求主体重视反贫困中人与自然的关系。

2. 扶贫对象主体性研究意义。改变贫困是当代人类规划的具有重大意义的社会变迁。既然是一种有计划的设计，那么在不同的理念、不同的价值观以及不同的方法指引下，就可以有不同的反贫困方案出台。围绕着这些方案，一系列的问题要得到回答：谁来规划？怎样规划？谁来执行？怎样执行？规划目标是什么？是谁的目标？为什么？……在所有这些问题中，作为变迁最大的受影响者，扶贫对象担当行动的主体，还是被改变的客体？是以个体形式出现，还是以群体形式出现？个体和群体的关系怎样？作为群体的他们将以怎样的形态出现？他们可以获得权利吗？将与政府、企业组织、外来社会组织建立什么样的关系？有什么制度机制来保障他们行动的权利和利益呢？这些都决定了主体性问题是精准扶贫精准脱贫必须考虑的中心议题。

在漫长的人类历史的绝大部分时间内，人类将命运交由不可知的超自然力量主宰，人的主体性完全被神性所“遮蔽”。17 世纪以来，随着生产力的发展和科学的进步，人发现了自己，逐渐从自在的主体成为自为的主体。马克思哲学主体论充分肯定和高度弘扬人类对于客体（包括自然客体和社会客体）的这种主体性。而“主体性”对自由解放的旨趣、对人的潜能实现的关怀、对尊严和权利的肯定观念，实质组成了现代性的根基。由此看来，在反贫困中张扬主体性，也是农业现代化的要求。

对扶贫对象主体性的问题研究，是一种思维方式的转向，是想通过以生活者为中心，以其生活世界为基础，以其利益为目标，进行反贫困的实践。研究扶贫对象的主体地位，建构并实践扶贫对象主体性，有两方面的现实意义：一方面通过扶贫对象充分发挥积极性、能动性和创造性，确保精准扶贫精准脱贫，彻底改变地区与群体的贫困面貌；另一方面在反贫困中贯彻“以人为本”的人文精神，培育主体意识，促进扶贫对象参与社会治理，实现共建共享的富裕社会。

要真正体现上述意义，与主体意识的发展密切相关。因为作为发展的目的，人的主体地位就是化理想为现实，只有主体意识的提升才能保证主体性的生成。

根据李泽厚的研究，人的主体性存在个体和群体的两种形态。他总结道，主体性发展历程大体上是从外在主体性到内在主体性、从群体主体性到个体主体性。外在主体性和群体主体性是主体性实践哲学的基础和出发点，内在主体性和个体主体性是主体性实践哲学的归宿和着眼点。那么，扶贫对象的主体性据此该如何理解呢？

因此，在继续讨论扶贫对象的主体性之前，有必要澄清的是，李泽厚的研究是对人类主体性形成历史的总结，而不是说明目前扶贫对象的主体性建构要经历同样的从群体到个体的过程；同样这也不意味着，在当代，这两种形态必然会同时共存。相反，从社会现实来看，一方面活跃在市场的贫困人群充分展示了作为经济个体的主体性，但是群体身份认同却存在危机；另一方面，在治理语境中，个体可以成为主体，但就成本管理和效率而言，当代社会更提倡组织。也就是说，群体主体性的发现和实践在扶贫中更需要被关注。组织化议题就此被提上日程，在组织中个体主体性得以集体展示，而群体主体性将不断培育而成长的同时又促进个体主体性更加丰满和强大。

三、扶贫对象的组织化概要

（一）组织化的含义

1. 组织与组织化。组织是精心设计的以达到某种特定目标的社会群体。因此组织具有明显的目标导向。除此之外，每个组织还具有以下两个特点：通过建立组织规章、成员准入制度等保持着比较清晰的边界，区别于一般社会群体或其他组织；它是一个持续性的行动体系，使得成员的努力在时间上保持连续性，产生长期效力。

正是因为组织的上述特点是个体的单独行动不能达成的，所以，组织常常被认为是获得权力、实现持续改善的工具。组织作为厘清问题和确立问题解决方式的工作过程就称为组织化。Beckwith 等人这样定义组织化：组织化是指通过鼓励成员参与，共同定义他们面临的问题以及选择合乎他们意愿的问题解决办法来构建权力的过程。在这一过程中，注意厘清那些使前述解决方案成为可能的人口及其结构，并通过协商或必要时通过对抗和施压的方式形成一致的工作目标；进而建立一种民主的制度，以此发展进一步解决问题的能力和体现组织成员的意志和权力。

2. 组织化与权力。为什么通过组织路径能够达成改变呢？其关键在于组织化的过程就是权力建构的过程。首先，组织作为权力形式，对所有人开放。组织意味着一个个个体的集合，而这些个体同时在关注某些特定的议题。数量的积聚从政治的角度来讲，就是一种权力。其次，组织化是一个动态的过程，将不断拓展其组织目标。组织建立的最初虽然是基于成员们的一己之利，但并不只是为了获得某一利益的短期行为。在组织的发展过程中，随着一个目标的达成，其成员将被推向另一个高度，一个新的起点。在这个过程中，人们逐渐学会如何更加有效地一起工作，如何将组织目标向远离私利的方向推移。最后，组织的持续性提升成员的信心。组织记录了其成长史，其中的经验或教训可以作为一种间接的体验，用来指导组织成员当下的行动。

（二）扶贫对象组织化的意义

所谓扶贫对象的组织化，是指扶贫对象如何以各种经济、政治和文化组织的形式联合起来，实现、维护、促进自身权利和福祉。组织化能够体现扶贫对象的分工与协作程度。

扶贫对象的组织化是反贫困中的必要手段。换言之，只有通过加强扶贫对象的组织建设，集合扶贫对象的整体力量，整合农村社会利益，进行有组织、有力量的抵制，才能实现贫困的最终改变。在这一过程中，扶贫对象的个体主体性是基础，但目标却是扶贫对象的群体主体性如何得以实现。

1. 组织化是实践扶贫对象主体性的必要条件。马克思强调主体性的实践辩证法，是以实践行动着的人的主体性来解释的。也就是说，实践主体的实质体现在主客体的辩证关系之中。这种关系是物质世界普遍联系和相互作用的产物。不是所有的人类都具有主体性。在反贫困中，扶贫对象作为主体以及贫困问题作为客体的命题，只能在扶贫对象自主自立、开拓创新，能动地变革贫困的过程中成立。在这一过程中，实践生产出扶贫对象的主体性。人们在实践中被联系起来，并不断地拓展和加强这种联系。

精准扶贫，是为了使所有处于贫困中的人口摆脱贫困，并与社会其他成员一道进入小康社会。因此，扶贫对象应该是作为贫困群体或者该群体中的个体而出现，而非孤立的个体。现代实践以及诸如“公地悲剧”等理论也揭示，自由主义色彩浓厚的自发和自觉的个人合作都并不一定会产生对他人有利的社会后果。由此，向内挖掘理性的或朝向个人自我努力的个体主体性被否定。正如戈德曼（Lucien Goldman）所言，“几乎人的任何行动都不是以孤立的个人为主体的。即使现实的社会结构趋于通过物化现象遮盖‘我们’，把‘我们’变成几个彼此不同并且相互隔绝的个体的总和，但是行动的主体仍是一个群体，是‘我们’”。因此，实践哲学“用关于人人都平等有益的公正的共同生活的规则的道德政治问题取代了什么从总体上看对我有利的生存问题”。这里提到的共同生活的问题就指向群体合作。具体到精准扶贫工作，就是扶贫对象群体主体性如何在组织化实践中得以呈现。

2. 组织化是扶贫对象参与治理的合法形式。扶贫对象参与治理，可以以个体身份实现自己的权利，也可以是群体形式，依靠集体行动达成目标。组织是作为群体的扶贫对象参与贫困治理的重要表现形式。“社会不是由个人构成，而是表示这些个人彼此发生的那些联系和关系的总和。”马克思认为的生活共同体就是这种正式或非正式的非政治形式的联合。普特南主张用社会组织的多少来测量社会资本的存量大小，了解民众参与状况。而葛兰西（Antonio Gramsci）则认为各种社会组织的成长是公民社会形成的必要条件。

自20世纪90年代起，许多学者研究“三农问题”时，就已经将关注点放置在组织上。如闫威、夏振坤将组织农业利益集团作为改变农民弱势地位、解决“三农”问题的出路。崔大伟认为，中国农民群体人数庞大，要使他们的权益得到保护，就需要创设农民组织。于建嵘对湖南农民的研究也认为，农民的集体抗争表明了村民们为保护自身利益对“组织”的需要。总的来讲，就行动的合法性而言，组织可以保障参与的合法性。扶贫治理要求形成多元协同共治格局，这意味着政府与社会、市场之间实现“凝聚共识、分享权力、共担责任、良性互动以及深度合作”。以组织的形态承接政府外化的权力，承担相应职能是多元民主必然的选择。国家通过倡导大力培育社会组织来激发社会活力，保证了各类扶贫组织的生存空间；同时，政府作为相关利益方，通过分权从外部给予组织承认。故此，组织的合法化从制度条件和权力资源等方面保障了扶贫对象参与的合法性，成为进一步构建扶贫对象主体地位的基础，逐步形成减贫脱贫以贫困对象的目标为主，政府、市场以及其他社会组织参与帮助的贫困治理格局。

3. 组织化有益于维护贫困群体利益。程同顺认为中国农民利益表达上呈现个体化、分散化的特征，致使农民的利益表达效果缺乏力度，影响农民整体利益的体现。组织化利益表达最重要的作用就在于增强那些缺乏政治资源和政治影响渠道的贫困群体的力量。通过成立组织，扶贫对象各种不同的利益要求可以得到统一，进而反馈给相关各方，并影响政策决策。

4. 组织化降低扶贫中的交易成本。扶贫过程是扶贫传递组织与目标群体扶贫对象的双向沟通过程。由于贫困地区大多远离资源聚集的中心城区，而且村庄多分散封闭，乡村基层组织处于“空心化”状态。所以建构扶贫对象组织，内部成员基于规范和信任，实现有效的沟通，有利于组织决策、协调内部冲突分歧。因此，在精准扶贫中，项目的实施可以通过委托扶贫对象的各种组织来完成。这样，一方面可以避免当农民组织动员缺位时，扶贫干部不得不直接面对扶贫对象个体或家庭，花费较大的气力来完成乡镇安排的任务，减少可能发生的许多重复性工作；另一方面，由于组织具有对成员的约束效力，有利于减少扶贫对象个体投机行为带来的破坏，因为在成员相互信任的组织内部，协作努力可以发挥作用。

·第二章·

扶贫对象主体建构历程

扶贫攻坚战不仅要做“看得见的”硬工程，如修路建厂、改水改房等，还要做“看不见的”软工程，如加强农村文化建设、促进人文关怀、提升扶贫对象的自信促其自立等。主体及主体性建构就是这样的软工程。

主体不是既定给予的、静止完成的状态，而是一种变动过程或运动。作为过程中的主体，不断在政治言说中被建构，是一种“言说的主体”。这表明，扶贫对象主体性并非反贫困实践中一个已完成的产品，而是在反贫困的政治叙事中不断被建构，呈现出显著的历史性和情景性：在具体的情境中，政治叙事持续呈现冠以社会的某种景象，促发扶贫对象作为主体的身份想象；并且在言说与其背景相互影响和作用下，想象受其刺激不断获得力量和导向，生成连续性运动。所以，路易·皮埃尔·阿尔都塞（Louis Pierre Althusser）更明确地声称，主体就是意识形态的造物和表现。换言之，政治叙事总是在力图建构出一种主体性理论，以便确定为其实现政治目标的承担者——主体。“通过生产那种为集体所承认并且因而能够被实现的关于存在的表征，语言生产着存在。”所以国家的意识形态对扶贫对象主体建构具有强烈的形塑作用。

这里，我们将通过对有关贫困的政治话语的解读来了解扶贫对象主体的建构历程。事实可能正如福柯所言，在权力关系的运作领域，“言说”既是策略性的也可以是阻碍性的因素。同一种话语，既有促进作用，给予扶贫对象新的主体意义，但同时，也使他/他们成为规范制约的目标。

反贫困作为政治实践已有四百多年的历史，特别是近三十年来，消除贫困一直是世界各国经济发展话语和实践的核心问题。因此，贫困者作为政治叙事中言说对象，其身份建构在不断地、连续地变化。但是，关于贫困问题的界定主要在两个方面发生着变化：第一，贫困问题是贫困者个体问题还是群体性问题。围绕这一议题，贫困者主体性指向集中在个体主体性和群体主体性。第二，贫困问题是贫困者内部问题还是外部问题。关于这一议题的讨论，将反贫困的主体从贫困者为主体扩展到贫困者之外的组织或机构，比如，是政府主体、市场主体、其他主体，抑或是多元主体共同的行动？为此，我们将就具体的话语及其实践在国际和国内两个层面分别展开对贫困者主体建构的历史回顾，从中也可以发现，当代中国反贫困实践与国际反贫困实践之间存在的联系。

一、国际反贫困的政治叙事

（一）济贫法时期

贫困问题始终伴随着人类社会发展的历史过程。对于贫困的回应，具有影响的国家行动可以追溯到中世纪欧洲“黑死病”时期。比如，英格兰爱德华三世1349年实施的《劳工条例》，用来强制性规范农民薪酬以遏制物价上升。在中国，各王朝有赈灾以及设“常平仓”平抑灾时米价等举措。但是，真正意义上的现代社会的反贫困政治实践发端于工业化初期，因为资本原始积累，失地农民纷纷逃离农村，城市生活出现了穷人聚集、失业、疾病及年迈等情形下表现的生活资料匮乏的绝对贫困。

16世纪伊丽莎白一世统治时期，由于人口增长造成通货膨胀，国内经济衰退，加之连续遭受农业歉收，特别是1590年代，英国国内贫困人口急剧增加，而与此同时，恰逢教会慈善力量被削弱。流浪、乞讨以及盗窃现象频繁，社会问题凸现。在此背景下，继1597年颁布《救贫法案》之后，伊丽莎白一世于1601年正式推行了含有“值得救助”规定的《济贫法》。由此，从英国开始，开创了国家行政力量为主体，实施大规模、正式性的贫困救助之先河。

《济贫法》以教区为单位，通过资格审核制度，将教区居住的贫困人口区分为“值得救助”和“不值得救助”两类。这一原则的影响延续至今。前者是指那些病重、年幼或年迈不能工作的人，即所谓的“无力的穷人”（impotent poor）。根据法案，他们将获得食物、衣服等生活必需的帮助。而后者则在懒惰或行为越轨的假设前提下，被强制性要求寻找工作；外来流浪人口也被排除在救助之外。

因此，从最早期的应对绝对贫困的救助政策看，贫困原因被认定为要么没有劳动能力，要么是游手好闲想不劳而获。换言之，贫困者个体原因造成了自身的贫困境况。在这样的政治叙事中，贫困者主体被建构为个体化的纯粹的被救助对象；或者与懒惰、犯罪等挂钩，是需要“劳动改造”的不道德者。前者的贫困改变依赖于国家的物质援助，后者的境况改善依赖于自身经济主体性的发扬。

《济贫法》伴随着社会变迁曾被多次修订。20世纪初，因为引入“自由党的福利改革”，以及英国“友谊社”及“工联”等组织成为援助资源的有效渠道，济贫法体系开始衰落。到了1948年，《国民救助法》取而代之。

（二）福利国家时期

第二次世界大战后，西欧社会、政治、经济格局发生了急剧变化。从社会方面来看，首先是传统家庭结构逐渐失去主导地位，一是战争摧毁了无数家庭，许多妇女和儿童失去了依靠；二是20世纪20年代以来，女权运动的发展，越来越多的女性与家庭角色分离；三是战争时期，战时需要促成许多女性成长为独立的劳动者。其次，社会志愿服务的力量在战争中被破坏，尽管和平时期它们或将恢复或被新的组织所替代，但面对战后洪水猛兽般的需求，这些组织是不可能有足够能力的。战后重建的巨大的责任如住房、基础设施等必然落在政府及其公共部门上。战争造成了市场极度的物质匮乏，同时，尽管通过战争的方式解决了萧条时期出现的失业问题，然而资本的病症并没有从根本上得以解决，而且很大部分私营经济在战争中受到致命打击，因此士兵返乡可能就意味着失业。就政治而言，一方面表现为各殖民地纷纷独立，西欧殖民国家不得不退回旧大陆；另一方面美国和苏联在战争中不断彰显实力，成为世界权力对抗的两极。最终两大超级大国将西欧老牌工业国家驱逐出世界权力的中心。在权力萎缩中，西欧受到以苏联为首的东方意识形态的强烈威胁。不仅如此，强大的国内工人力量也向政府提出了更多更高的要求。

在这样的背景下，西欧国家不仅对内采取了一系列相似的举措回应各种问题，而且对外形成联合，以抵制超级大国的侵蚀。因此，在战后重建的三十年间，西欧各国创造了历史上“福利国家的辉煌”。“福利国家是社会在基本需求方面为其成员的福祉承担法定的，因此是正式的和明确的责任的制度表征。”而英国《贝弗里奇报告》可以理解为福利国家的设计蓝图。

早在19世纪末及20世纪初，布思和特朗里在对英国贫困的工人家庭进行的研究就表明，贫困不能简单地理解为经济匮乏，因为往往伴随着贫困人群的还有健康及住房状况恶劣、可获得服务稀缺等问题。其实将贫困问题的界定扩展到经济能力之外的实践在英国等工业国家早已存在。比如维多利亚时期，为减少工业城市贫困者聚集区疾病特别是流行病的蔓延，城市污水管道整治就是举措之一。而慈善会社还通过在社区为贫困者提供教育、提供廉价租房等方式帮助贫困者及家庭。

贝弗里奇委员会对127名个人，以及包括政府部门在内的组织进行了深入调查，因此《贝弗里奇报告》具备兼顾知识和专家意见的坚实基础。

《贝弗里奇报告》将英国战后重建面临的困难归纳为“五恶”：匮乏、疾病、无知、肮脏和闲散。

受凯恩斯经济思想和英国费边社会主义的影响，《贝弗里奇报告》表现出明显的社会自由主义意识形态。在《贝弗里奇报告》中，“匮乏”即贫穷，而“闲散”往往被理解为懒惰，是致贫原因之一。因此，其中设计了医疗卫生和教育服务以对抗“疾病”“无知”，通过住房和环境政策解决“肮脏”，而社会保险则作为消除贫困的一项基本政策。个人通过自愿保险和储蓄，与国家共同承担责任。

与以往政策相比，《贝弗里奇报告》最显著的改变就是确立了公众共同参与分摊成本的原则，并且从社会保险历史角度看，《贝弗里奇报告》结束了济贫法时代，开启了现代社会反贫困的新篇章。然而，排除其免费医疗、雇员保险等细节，总体而言，这个报告仍然停留在收入维持上。

通过英国的实践，以国家为主要行动者，贫困者以个体身份或群体身份接受社会救助、公共住房、公共教育和公共医疗卫生等服务。类似的一系列福利制度在西北欧地区被广泛采纳，造就了欧洲“福利国家时期”。

在 20 世纪 60—70 年代，尽管世界存在着非殖民化、东西方冲突以及发展中国家对国际新经济秩序的一致要求，但发达国家和发展中国家围绕着国家发展目标及其路径选择却达成了相对广泛的共识。这一共识即利用政府和国际性组织，通过争取增长和进步，向造成贫困和欠发达的历史的和市场的问题开战。因此，经济增长成为压倒一切的话语。恰如 1974 年印度卫生部长卡兰·辛格（Karan Singh）所声明，并为广大发展中国家普遍欢迎而成为流行口号的观点：“发展是最好的避孕药。”遗憾的是，这里的发展仅指经济的增长。与此相呼应，政府作为行动者，其关于贫困的话语主要集中体现在物质、经济和健康方面。主流叙事侧重于从贫困者个体层面进行描述，贫困者更多被当作福利的受益者。

通过鼓励公民分担责任，并普遍享有福利，贫困者从济贫法“污名化”的境遇中得以解脱。正如俾斯麦在社会保险立法时所说，立法应当“让居民中人数最多却受教育最少的无产阶级看到……国家不仅是必要的机构，而且也是行善的机构”。福利国家作为反贫困的绝对主体，虽然不是唯一主体，通过推进社会福利，弥补资本主义形成的后果，改良社会，建构起良好的公共形象。

然而，1972 年的“石油危机”改变了福利国家。随后，越来越多的关于贫困的定义显示出贫困者由福利的受益者，转变为外界环境或社会事件的受害者，贫困是因为缺乏足够的生活必需品以及应该享有的基本生活水准，比如医疗保健服务、教育和工作机会不足。贫困的改善不再囿于对贫困者物质条件本身的直接援助，而开始从贫困者作为劳动者，从积极生活视角寻求答案。

（三）新自由主义时期

1972 年的“石油危机”让福利国家举步维艰，凯恩斯经济理论的作用受到质疑。由政府设计、主导，以及国家社会行政力量独立并直接实现服务的福利制度被认为是造成国内财政危机的重要原因，因为巨额的公共开支不是被浪费就是被无效或低效率利用。越来越占主流的观点是：市场的失灵不能用来反证政府的效力，政府也同样有失灵的可能。

面对不断上升的失业率，以及老龄化导致的养老金支付金额持续攀升，传统福利国家承诺的充分就业和平等的社会福利，在强大的财政压力下几成幻影。同时，在社会层面上，关于日常生活方式、女性角色、工作等方面的价值观变迁，也带来了对传统福利体制的巨大冲击。批评社会福利滋长“依赖文化”的“福利病”成为流行话语：许多反对者认为贫困的福利接受者被困在一个贫困的循环中，由于长期依赖福利，失去了寻求工作的动机。话语中关于贫困的微妙变化就是，福利与公民社会权利脱钩，再一次将贫困与其载体贫困者的道德联系起来。

另一个更加具有深刻意义和影响效力的变革性话语是在意识形态领域。在质疑凯恩斯主张国家通过财政政策进行宏观干预的学说时，新的思想赢得了充足的发展空间和未来的实践领地。以弗里维里希·奥西斯特·哈耶克和米尔顿·弗里德曼为代表倡导自由市场和货币政策的新自由主义思潮的兴起，在众多发达工业国家经济危机之外，推波助澜，加速了这些国家福利工作的变革。

学者认为，20 世纪 80 年代是社会科学家开始影响发展思维的时代。相应的话语一方面是关于改革的必要性和适当性的一系列观点，为新的政策行动提供了合理的理由；另一方面，话语又表现为政策建构和沟通的互动过程，激发了关于改革的互动性共识的产生。

受新自由主义思潮的影响，20 世纪 80 年代反贫困的战略主导开始从国家转向自由市场。基于经济理性的假设，普遍的观点是，贫困者不论其阶层、种族、性别、年龄等存在何种差异，只要能够积极回应市场的信号，就可以得到合适的回报。因此，根据关于当时贫困的理论研究成果，如果能够从教育和健康方面着手提升对贫困人群的人力资本投资，那么，这将有效地促进贫困人群的经济生产力。

作为率先实践福利国家理想的英国，又迅速成为福利改革的先锋。关于贫困的道德话语在政治变革中至关重要。传统上而言，盎格鲁-撒克逊国家区别于其他福利国家的特点在于，这是一个自由主义的福利国家。自由主义的价值观根植于其国家的福利体制中。首先，《济贫法》以降，社会救助中“资产审查”和“缓释”原则，贯穿国家福利实践的始终。因此，尽管政府作为社会救助的唯一行动者，实施普适性的福利政策，国家公共政策支出水平却相对较低，公共服务的传递表现出明确的选择性，以防止福利取代工作。其次，自由主义秉承“个人主义”和“企业家精神”的价值观，实践中借由个人价值、市场福利供给和体现个人社会贡献的差异性收入得以充分承认。这些与道德相联系的话语与新自由主义的思想一脉相承。因此，在凯恩斯学说解决不了福利危机的前提下，新自由主义自然进入并主宰贫困的政治话语。

1979 年，撒切尔夫人开始了新自由主义模式的福利改革。在鼓吹有限政府和自由市场基础之上，维多利亚时期的价值观，即将贫困人群区分为“值得救助的穷人”和“不值得救助的穷人”，得以恢复。同时，保守党呼吁重建传统的文化价值观，在福利领域动员社区、家庭等非正式支持力量参与，并提倡个人责任和资本主义精神，鼓励个人在基本社会保险之外寻求私人领域的资源。布莱尔政府上台后，并没有与撒切尔主义分道扬镳，反而从另一个视角，更进一步提倡新自由主义的“机会”“责任”“个人绩效”价值观，同意市场是最好的产品和服务的分配机制。在将社会排斥简约为劳动市场排斥的背景下，将贫困与社会排斥话语相结合，制定了一系列措施确保国民最大限度地加入劳动雇佣市场。2002 年，布莱尔政府正式启动了全国性“特别就业中心”计划。在撒切尔夫人工作基础之上，将“工作福利”引入社会保险，通过提升劳动就业机会来根除“依赖文化”；将市场导入养老金制度，逐步建立混合福利制度。新工党试图说服公众相信，它在“第三条道路”的指引下，能积极回应全球化和新政府带来的“风险社会”命题。

无独有偶，同期大西洋对岸的美国也经历了类似的变革。比尔·克林顿呼吁“结束我们知道的福利”，重新发现“以劳动为美”的中产阶层。1996 年美国通过了《个人责任和工作机会协调法案》。该法案强调贫困者做积极公民的责任，也就是说将劳动的价值作为对贫困者道德话语的指引，从而将对贫困者的物质和现金救助转变为对他们工作和培训的支持，社会福利演变为工作福利。然而，与众多自由主义福利国家相比，英国在历经撒切尔主义、后撒切尔主义和无撒切尔主义的 30 多年来，普适主义的全民卫生保健和教育服务始终是政府没有退缩的领域，因而也成就了英国在自由主义福利体制中的独特性。

在发展中国家和地区，新自由主义意识形态通过大型国际组织，如世界银行、国际货币基金组织，得以推动，并日渐占领主流话语权。1982年发展中国家的“贷款危机”提供了前者发生的情景。发达国家的政治精英和专家们达成了所谓的“华盛顿共识”，即总体性发展概念被新的发展概念所替代：没有政府的国家发展、没有制衡力量的全球化。这种发展战略，包括基本需求战略，隐含着积极的政府没有存在的必要，因为“被神化”的市场可以带来国家的繁荣昌盛。“华盛顿共识”明确提出，任何形式的国际借贷及援助必须以强化市场机制和稳定宏观经济的“结构调整”为条件。终于，经济结构的变革取代了反贫困话语，发展中国家和地区开始了财政紧缩政策，全面展开市场的自由化和私有化进程，以经济发展替代直接的减贫。

新自由主义的20世纪八九十年代，是反贫困话语逐渐从政治叙事中退场的时期。通过这种意识形态具有代表性的话语在日常生活中传播和渗透，贫困被解读为政策错误、政治困境使然。从发达国家来看，世界反贫困的首要责任在于发展中国家的政府及其民众。促成有效的市场和经济稳定足以保证经济的增长，其发展成果可以惠及所有人，包括贫困人群。同样的逻辑形成了发展中国家内部反贫困的“结构性改革”模式。贫困成为个人问题，个人应该勇敢承担责任，积极寻找市场机会，而政府的角色就是努力创造并完善自由市场，回应贫困者工作的需求。政府期望通过经济体制改革，保障市场各行动主体利益的实现，从而政府在有限政府的借口下，减轻自身责任。在经历了反贫困实践的失败后，政府成功地将焦点转向市场。然而，不能忽视的是，新自由主义时期，反贫困主体从以下几方面进行了重新建构：

第一，国家作为劳动者人力资本积累的绝对主体地位得到进一步肯定，承继了福利国家政府作为公共医疗、教育、住房等领域资源提供者的传统。

第二，市场成为提供公共产品和服务的主体地位逐步形成和发展，混合福利体制实践在众多国家推行并取得一定的成效。

第三，通过贫困与道德话题的关联、福利变工作等策略，贫困问题被界定在个体范畴内。贫困者在市场的个体经济主体角色被极大程度地张扬。

（四）赋权时期

不容置疑，半个世纪以来，反贫困的公共政策发生了翻天覆地的变化，伴随它的相关政治话语不可避免地改变着。但是，需要强调的是，这种变化不是突兀的、断裂性的。相反，变化的连续性一直保持着。贫困话语从强调救助以解贫困者的经济匮乏到宏观领域重视经济改革、自由市场的发育和发展回应贫困，再到政府利用救助、医疗保健、教育、职业培训并结合宏观经济政策等多种手段，鼓励贫困者作为经济活动人口进入劳动力市场等，所有这些变革都充分表达了反贫困政治叙事的一致性：经济因素是根本话题。然而，改变是永恒的主题。主流话语在叙事中的主宰，并不意味着政治叙事中只有一个声音。事实上，正是那些微弱的，在某段时间被忽略的观点，导致主流话语的地位岌岌可危。后华盛顿共识时期，反贫困的话语转变正是这种状况的结果。

如前所述，从新自由主义引导以英美为首的国家进行福利改革开始，直到华盛顿共识，这一过程似乎暗示消除贫困是经济发展的“自然”结果。然而，贫困并未自动消失。

“如此举措对每个人来讲都很成功，除了‘病人’。有很多贷款却很少调整，在 20 世纪 80 年代和 90 年代几乎没有增长……在典型的发展中国家，人均增长率 1980—1998 年间为零。”

联合国在 20 世纪 80 年代就关注结构调整在发展中国家反贫困中带来的问题。联合国教科文组织（UNESCO）注意到，1980 年代早期，在许多发展中国家，儿童健康、教育和营养问题回升。在对贫困国家结构调整政策在儿童领域的工作进行总结后，1987 年，UNESCO 发表了以“adjustment with a human face”为题的报告，表达出对结构调整政策的担忧，并鼓励国际货币基金组织（IMF）和世界银行采取更多维度的、更加具有社会性的变革路径，来关注贫困和人类问题。1990 年联合国开发计划署（UNDP）的年度报告呼吁关注世界各国家之间以及各国内部日益加剧的不平等现象，提请重新关注贫困问题。

2001 年，世界银行发布年度报告《2000／2001 年世界发展报告》。完全不同于以往，“赋权”成为该报告的关键词和亮点。其在强调政治和经济权利并重的同时，也表达了消除文化和社会障碍的决心，关注贫困中性别、种族和阶层多样化的事实。

在这一时期，话语的变迁主要集中在几个主要的概念。

第一，什么是发展？传统的关于发展的界定集中在经济增长，但是正如社会事实所呈现的，单纯的经济增长并不能自动惠及全体公民。1958 年，美国经济学家加尔·布雷思（J. K. Galbraith）在其经济著作《丰裕社会》中就曾描述战后美国的社会呈现的“丰裕中的贫困”现象：私营部门表现出丰裕的同时，却是不尽如人意的公共部门；缺乏足够的社会和物质基础设施，民众收入差距大。1974 年，另一位美国经济学家理查德·伊斯特林（R. Easterlin）提出，经济增长能够增加人们的幸福感吗？其结论被冠以“伊斯特林悖论”（Easterlin paradox），引发了幸福经济学的讨论。更近的时间，美国社会政策学家詹姆斯·梅志里在回顾近百年的世界发展后总结道，经济的进步使全世界经历了普遍的社会福利水平提升，人均寿命增加，教育程度提高，医疗卫生状况改善。但是经济发展中贫困现象持续存在，社会并未得到相应的发展。他们将这种发展称为“扭曲的发展”。因此，虽然说经济增长是反贫困的一种重要手段，但是正如实践告诉我们的，单独的经济增长即使是持续性的，也不会自动减低贫困水平。反而在许多发展中国家，经济发展似乎促使不平等加剧。

可以说，是20世纪80年代重返自由放任的政策，造就了强大的政治和学术力量对“掠夺性的国家”的批判。

在对发展或者准确地说是对人类单纯地追求经济增长的反思中，1992年联合国环境与发展会议上，世界各国首脑一致认为，未来人类社会的发展应该是一种可持续性的发展。这种发展模式不仅照顾代内伦理，也带来代际伦理的新视角，主张人类社会的现在必须顾及人类社会的将来，实现对同代人和对下代人的承诺。新的发展是一种整合了经济、社会和生态要素的多维发展范式。关于贫困的话语因而转向关注多维发展的可持续性。同时，越来越明晰的倾向是话语开始转向被发展影响的人群。

第二，何为贫困？从最早的反贫困实践开始，贫困惯常被认为是满足基本必需品的能力不足或标准生活水准下表现的消费能力缺乏。从测量手段来看，贫困常与贫困者个人收入关联。然而，20世纪90年代，诺贝尔经济学家阿马蒂亚·森（Amartya Sen）以“可行能力”定义贫困，带来了革命性的改变。森认为贫困不是单纯由低收入造成的，很大程度上是因为可行能力不足造成的。在他看来，可行能力意味着一个人选择成为什么样的人或成就什么样的事的选择能力。森从政治、经济、社会、福利和信任角度定义自由。他主张，应该被视为推动实现这种真正自由的各种努力，而不仅仅是GDP或人均收入。在发展中要允许人民发出声音，也就是说，个体有按照他们认为值得的方式安排生活的自由。这种自由既意味着一种选择的能力同时也包含存在选择的可能性。那种自上而下的发展存在而且很容易存在定义的含混，因而往往会超越人权。

森将贫困问题从贫困者自身和外部世界互动的角度进行界定，总括了学术界关于多维贫困的观点，所以能力路径的贫困思维受到了普遍欢迎。森的理论带来了反贫困的新视角，能力建设成为后华盛顿共识时期反贫困领域的新实践——综合的、多维度的。随后，联合国开发计划署在《人类发展报告》中提出，用意义广泛的指标——能力贫困来度量贫困（不仅仅是缺少收入，更重要的是基本生存与发展能力的匮乏与不足），来考察缺少基本发展能力的人口及比例。这个报告还建议从三个方面进行能力的测量：一是基本的生存能力即获得营养与健康的能力；二是健康卫生的能力；三是接受教育与获得知识的能力，以反映人口健康、教育、参与等基本能力是否缺乏。由森及其同事创立的新的贫困测量指数（Sen-Shorrocks-Thon index）也被联合国和世界银行等组织广泛使用。

围绕贫困展开了一系列关于发展和能力为核心的讨论，在发展什么、怎样发展、谁来发展、发展为了谁等问题上进一步形成了新世纪的反贫困实践的共识。贫困话语的演进导致反贫困的手段和目标随之更新。

经济发展尽管仍然是反贫困的中心议题，但新的普遍的观点是，经济的发展不能以牺牲社会和生态为成本。同时，新的话题进入政治叙事。贫困人群作为群体以及反贫困主体的话语被广泛传播，创新了反贫困手段。

首先，关于参与的话语进入反贫困的理论和实践。“我们主要是从远处来建构关于贫困者的真相以及如何减贫的观念，而且这种建构可以被看作是为了我们的便利。” Webster 和 Engber Peterson 也认为我们必须把贫困群体自己的行动和策略作为出发点。这两位学者提醒在厘清贫困者自己的问题的过程中，应当看到参与的重要性，反对贫困的界定和解决完全依赖远离贫困的专家们的经验。

20 世纪 70 年代初，联合国大会掀起了关于建立国际经济新秩序的讨论，由此产生的结果之一就是 1972 年国际劳工组织（ILO）的全球就业方案，其中出现了一个概念——增长中的分配。1976 年，国际劳工组织发表了相关研究报告。在这个以“基本需求战略”来消除长期性贫困的报告中，国际劳工组织认为，人类基本需求可以概括为 5 种，其中一类是家庭最低私人消费，如食物、衣服、住房；另一类是由社区或为社区提供的基本服务，如安全饮用水、公共交通、健康、教育和文化设施等。而就业和参与决策既是满足基本需求的手段也是目的。报告中所说的参与是指民众通过他们选择的组织参与到影响他们生活的决策过程中，比如工人在工作环境的设计和管理中的参与、传统的工联在教育改革中的角色强化以教育工人进行社会和经济参与。

可以说这是最早期有关“参与”观念的官方文件。但是，正如前文提到过的，当时最主流的话语在于社会福利，而且国际劳工组织最关注的问题仍然是全球充分就业。因此，“参与”的言说犹如喃喃自语。直到20世纪80年代，仍然停留在社区生活层面中，用于动员社区居民参与决策，抵御人群的社会隔离。

20世纪90年代中后期，亚洲金融危机爆发和贫困率上升引发了对国际货币基金组织的相关政策与“华盛顿共识”的质疑，以及对全球化的批判。人们尝试“全系统搜索”，企图寻找一个新的、既在经济和政治上可行同时又能为社会接受的社会和经济规则。所以，尽管有资料显示，1990年代所有反贫困的行动者，如国家政府、非政府组织（NGOs）、研究者等，仍然关注着贫困的物质特征，但是与此相关的话题却在减少。随着世界银行等发展机构实施参与式贫困评估（participatory poverty assessments，PPAs），在相关政治叙事中，贫困者逐渐被建构为市场以及更广泛的社会领域的参与者。在1980年代微观层面的社区社会参与和政治参与角色获得后，贫困者角色因加入了市场参与等内容而变得更加丰富和全面。

在欧盟，从20世纪70年代逐渐发展壮大的行动研究在反贫困领域逐渐将话语引向社会排斥，呼吁欧盟政策制定中增加社会维度。通过1997年《阿姆斯特丹条约》，欧盟正式表达了对“社会排斥”的关注。2000年欧盟又推出了具有历史意义的“里斯本战略”，采纳新的政策协调技术——开放式协调法（open method of coordination，OMC）——寻求“提升竞争力”“更多更好的就业机会”的经济、就业议题与社会凝聚和社会保护议题的协调配合。与社会排斥议题的结合，宏观层次的贫困议题从关注分配最终转向关注社会参与、社会整合以及权利。

与发展的新思维、与参与紧密联系出现了另一个话题“权利”。这里的权利一方面是指贫困人口控制资源以满足基本需求的能力；另一方面又与免受贫困是人类的基本权利——人权相关联。“人权”概念的使用直接表明，反贫困是“人类所有成员的义务，而不是某些人的选择”。

1997 年英国国际开发署（Department for International Development, DFID）在《消除世界贫困：21 世纪的挑战》报告中指出，世界仍然有大约 13 亿人口（其中几乎 70%的是女性）生活在极端贫困中，相当于全球人口的 1/4。他们因种族、社会等级、地理、社会性别或失能等原因被排斥，缺乏机会和服务。隔离造成贫困人口缺乏获得信息的渠道，他们的声音也很难被社会倾听，当面临个人和社会形式的暴力时具有高度脆弱性，而且在女性群体身上表现更甚。因此，报告呼吁建立民主问责制，保护人权和实现法制，给予贫困群体更多的权利使他们能够表达自己，特别是对贫困的女性。报告确立的国际发展目标中，倡导赋权贫困者，尤其是妇女，实现社会性别平等，并敦促政府在国家优先发展事项中征询公民社会的意见和建议，并以此来加强政府对实施益贫政策的承诺。

通过《2000/2001 年世界发展报告》，“赋权”在贫困议题中的重要性得到认可。与历年的世界发展报告不同，在该报告中，世界银行明确认同政治在反贫困中的作用，以“贫困人口缺乏政治权利”来建构贫困的概念。这个报告关于“赋权”的定义如下：通过促进贫困群体参与政治进程和地方决策，增强他们对影响其生活的国家制度方面的影响能力。对于贫困者来说，赋权作为一种政治力量，有助于消除他们在发展中的各种政治、法律和社会障碍，从而进行资产建设，以便有效地参与市场。在赋权和反贫困的综合阐释基础上，《2000／2001 年世界发展报告》明示：在影响民众的国家发展进程中，民众应该居于发展进程的主体地位，而不只是作为发展的客体和接收者。通过参与、赋权贫困群体在反贫困实践中要高扬其主体性。

不容否认，在贫困定义中，货币路径在描述和分析时继续占据着主导地位。这样导致的结果：众多的政策干预是围绕着专家们，而不是贫困人群，制订出各种方案和计划。但是许多学者认为，贫困者比专家在提供贫困的个人经历细节上更具优势。当贫困者的主体性被反贫困政治呼唤时，这些研究者的观点必然会被注意，并将被带入政治话语促生改变。

因此，伴随着社会经济的促进，与民主化、赋权、承认多样性和多元性等相关联的新原则和新价值观逐渐进入政治讨论，“善治”是其中之一。

国际货币基金组织早在 1996 年就宣布：促进善治的所有方面，包括确保法治，提高公共部门的效率和问责制，并把解决腐败问题作为经济繁荣的重要的框架性要素。世界银行关于善治的定义则主要集中于经济改革和社会资源控制。

Grindle 认为，善治的重要性来自于它与国家发展和减少贫困的关系。这正是前文讨论的，反贫困的政治叙事中，参与和权利成为核心概念的结果。

善治是可持续性发展不可或缺的一部分。坚实的、民主的政治被认为是经济持续发展并确保其成果通过再分配以消除贫困的基础。当前，联合国在推动“善治”中扮演着越来越为重要的角色。联合国为此从八个方面阐明了“善治”的特征，其中之一就是“参与”。联合国第七位秘书长科非·安南（Kofi Annan）就曾如此解释善治：“善治是确保尊重人权和法治，加强民主，促进公共行政的透明度和能力。”

在全球范围内，善治要求宏观经济政策的政府间合作，以确保全球经济的稳定。消除贫困要求发达国家和发展中国家发展一个建设性的和真正的全球伙伴关系。在此合作框架下，各国政府有义务提高发展性援助的效率和影响力，并为其他资源的转移提供便利。在国家层面，政府应该积极寻求与私人部门、社会组织、学术界建立战略伙伴关系，共同参与国家发展进程，提高公共服务的效率。各国政府需要强化制度能力，实现公共服务均等化，鼓励人力资本投资，并采取积极的社会包容政策，缩小城乡之间发展差距，从最广泛意义上赋权贫困人群和弱势人群，以保证经济的发展成果惠及贫困人群。

中国学者结合本土实践，提出“善治”需要践行“竞争-合作主义”。换句话说，就是探索多元协同治理的新格局。所谓多元治理，即在治理中引入包括基层群众自治组织、社会公益组织等在内的非政府组织和企业组织等，改变政府对于公共权力资源的垄断，在共同认可的法律制度框架内，形成社会治理的集合主体。这些主体基于合作的原则，在共同关注的公共事务领域，体现不同性质、承担不同职责，从而构建出协同治理的伦理格局。

善治论进一步强化了关于政府、市场、社会各组织及其成员的责任说，又建构了多方相互监督、自我监督和接受监督的制衡规范，在不放弃甚至是追求更高效率的同时，以制度保障实现经济的发展和公平分配。从这种意义上我们可以说，善治作为一种新兴的治理模式，既是新自由主义思潮的延续，又是克服和弥补前期该思想导致的错误基础上的进一步发展。考虑到贫困群体作为反贫困主体的政治实践，善治使得政治赋权更具有操作性。

二、 中国话语中扶贫对象的主体建构

中国是一个具有深厚的农业文明的国家，曾是世界文明的一页华美篇章。但是，在近一个半世纪的历史时期，中华民族饱受内乱外患之苦，贫困、饥饿伴随着绝大多数中国人经历了一代又一代。1949 年中华人民共和国成立后，中国共产党领导带领全国各族人民以与贫困做斗争为起点，开始走向复兴之路。

因为有着不一样的政治制度，不一样的历史、文化及社会经济背景，所以同样是在反贫困，中国反贫困的主体建构却经历了不同的过程，呈现出自己独有的特征。但是，也应该看到，随着国家改革开放的不断深入，随着全球化进程在中国不断深化，中国不免在阶段性过程中或多或少地受到影响，表现出与国际社会的相似性。百川入海，在为人类共同的理想奋斗中，我们有理由相信，在中国的国际影响力不断增强的未来，世界也将表现出与中国的趋同性。

（一）社会主义建设时期（1949—1977）：发现主体

1949 年的中国，不仅有战争后遗留下的满目疮痍，同时这个国家也刚刚实现从半封建半殖民社会到社会主义社会的伟大历史跨越。在全国范围内摆脱贫困是显而易见的任务。但是，如何领导人民实现社会主义，体现制度的优越性，更是摆在中国共产党人面前必须思考的问题。所以中华人民共和国成立后，中国共产党把号召全体人民团结在党的周围，作为社会主义建设的主体共同投身国家建设，作为党和政府工作的中心之一。只有在人民团结的基础上，才可能实现公有制，才可能有希望在较短的时间内恢复和发展工农业生产，消除“一穷二白”的贫穷面貌，以崭新的强盛的面貌立于世界之林。

毫不夸张地讲，社会主义建设时代，是祛魅的时代，是发现“人”为主体的时代。

中华人民共和国成立时，人民在思想意识上实则还停留在过去。所以，在努力压制“人欲”的儒家思想影响了几千年的国度，建设社会主义，最重大和首要的就是通过思想工作，改变国民传统陈旧的世界观、价值观，以社会主义主人翁的姿态，从私人领域进入公共领域，成为国家建设者。正如毛泽东同志常常讲的那样，“人的问题是个根本问题”，“世界观的问题是个根本问题”。那么这些问题都是什么呢?

首先，积极主体性的“人”被否认。第一，传统的儒家思想中，人最重要的角色是发挥其道德主体作用。因此，主体性主要向内发展，积极的向外的主体性投射被纲常伦理所抑制，其发展存在片面和畸形；第二，“臣民文化”使社会主动性丧失。“以经世致用为基本致思倾向；以维护封建专制为直接功利目标；以道德和政治的互渗为基础，把道德伦常推崇为人的政治行为的最高准则等。这其中，最为核心、最为关键的则是政治对全社会的广泛浸入和覆盖，以致形成了富有中国特色的泛政治主义传统，亦即通常所谓‘全能主义政治’。这是指一种政治系统的权力可以不受限制地侵入和控制社会每一层面和每一阶层的政治制度。”这样，传统社会的国民构建的“家国一体”国家观，内化到中华民族的心理结构之中，受其规范和引导，形成人们特有的带有“奴性”的思维方式和行为方式。这使人们相信政治应由贤德的人来主持。所以，在传统的中国，国民即为臣民，而缺失了为“大写的人”应该具有的自由、自主选择的积极主体性意识。

其次，中国农民表现出的政治淡漠。在上述同样的逻辑框架下，中国农民并不具备热情。他们作为远离士大夫的阶层，自认为理应与朝政隔离，而事实也是如此。和平时期，他们面朝黄土背朝天，在土地上苦心经营，自给自足，是生活的“本分”。因而表现出一种“惯习”，将日常生活的“场域”建构在土地和家人之间，与世无争。就像马克思所描述的：“小农人数众多，他们的生活条件相同，但是彼此间并没有发生多种多样的关系。……法国的广大群众，便是由一些同名数简单相加形成的，就像一袋马铃薯是由袋中的一个个马铃薯汇集而成的那样。”

只有土地对于农民似生命般的珍贵，围绕着土地展开的各种关系才形成了他们的日常生活世界。赛珍珠《大地》中的主人公王龙，在饥荒年代也不愿出让土地，而宁愿远离家乡乞讨为生。而一旦灾情过去，适合播种，他便带着家人返回故土，辛苦耕作。“我们来自大地，我们也必须回归大地——如果你们守住田地，你们就能活下去——没有人能抢走你们的地。”借着主人公的话语，土地与中国农民生生不息的关系跃然纸上。土地对于中国农民，犹如圣经基于基督徒。这就是费孝通先生在《乡土中国》中描述的“乡土气息”。

所以，只有当他们被排斥于土地之外时，才可能为着土地展示出他们的政治主体性。而在几千年的历史长河中，这种爆发仅出现过寥寥几次；而且，正因为是爆发，也就没有能持续的力量。转瞬之间，革命后的农民又回到土地，过起了习以为常的“日子”。

因此，激发占中国绝大多数人口的农民阶级的政治热情，让他们主动参与到社会主义建设洪流中，土地是要解决的问题关键。解决农民的土地要求不仅能使农民获得土地，而且农民阶级思想观念也将发生巨大变化。

在这一阶段，贫困是普遍性的常态。因此，针对上述问题，反贫困的决策基本上是宏观举措，是从政治制度到意识形态，再在实践中践行二者的宗旨，来发现并培育新中国民众，特别是农民的主体性。

1. 从制度上确立人民主体地位。

（1）人民民主的政治制度。社会主义建设是亿万群众切身的事业，必须团结一切可以团结的力量，调动一切可以调动的积极因素。为此，毛泽东强调人民民主的政治体制建设的重要性。他指出“民主必须是多方面的，是政治上的、军事上的、文化上的、党务上的以及国际关系上的，一切这些，都需要民主”。在进入社会主义社会的时候，他更明确地指出：“我们的目标，是想造成一个又有集中又有民主，又有纪律又有自由，又有统一意志，又有个人心情舒畅、生动活泼，那样一种政治局面。”

在社会主义建设中，人民民主的政治体制既是一种手段，也是一种目的。作为手段的民主，服务于上层建筑；同时，实现人民民主和加强人民民主政治建设，又是党在建设时期的一项重要任务，因而它也成为目的。如果“没有广泛的人民民主，无产阶级专政不能巩固，政权会不稳”，因为社会主义民主是多数人的民主，民主是动员人民群众的制度保障，国家的稳定必需人民的监督。而且，只有充分发扬民主，走群众路线，集中了正确群众意见，才能保证党对社会主义事业实行正确的领导。

（2）社会主义公有制经济。中华人民共和国成立之初是国民经济的恢复时期。国家实施了“公私兼顾、劳资两利、城乡互助、内外交流”的基本经济政策，优先发展国有经济、积极扶持合作经济、鼓励国家资本主义经济。不同的经济体实施不同政策的举措，极大地调动了各种所有制成分中劳动生产的积极性，国民经济得到迅速恢复。1952 年底开始，中共中央在“一化三改”方针的指导下，确定了逐步实现国家社会主义工业化，对农业、手工业和资本主义工商业进行社会主义改造的总路线。到 1956 年社会主义改造完成时期，中国基本实现了城市为国营企业和集体企业，农村为集体性质的公有制经济制度。

社会主义生产资料公有摆脱了资本主义社会国家机器为资本所左右的政治局面，极大地解决了落后的生产力和生产关系的矛盾，有效地确定和保障了人民的主体地位和党的领导地位，并为后期探索和完善发展为了人民、发展依靠人民、发展成果由人民共享的治理体系，为建立和巩固有中国特色的反贫困实践的社会主义制度优势奠定了深厚的基础，并有利于国家走出“贫困陷阱”和实现跨越发展。

2. 思想宣传唤醒主体意识。高度重视思想宣传是中国共产党在革命、建设中形成的优良传统。毛泽东强调，宣传工作必须走群众路线，以群众为主要宣传对象，才能使党的方针政策深入人心，从而为党争取民心，凝聚力量。

社会主义制度确立以后，人民群众日益增长的物质文化需要与落后的社会生产力之间的矛盾成为我国社会的主要矛盾，中国共产党的宣传思想工作转向紧紧围绕社会主义改造和建设的根本任务，动员广大人民积极投身于新中国的建设中。

1954年中共中央第二次全国宣传工作会议召开后，中央提出以后党的宣传工作要点：第一，要加强马克思列宁主义思想的理论宣传，要宣传党的路线方针、宣传社会主义思想。第二，宣传党的领导、宣传党组织的堡垒作用和党员的先进模范作用。第三，改进经济宣传，宣传工农业等各项事业的发展，并动员开展劳动竞赛，提高劳动生产率，争取早日完成“一五”计划和逐步实现农工商的社会主义改造。中央还提出，在农村对农民实施有计划的系统的社会主义教育，促进农民政治觉悟的提高。

在党的宣传工作中，强调坚持走群众路线，要善于采取丰富的群众喜闻乐见的宣传形式，如标语、口号、传单、布告、壁报、简报等，保证宣传工作的实际效果。因此要充分利用报纸、广播电台和群众集会场合，以及其他一些生动活泼的形式向群众宣传讲解党的路线方针政策，并大力宣传物质性力量在改造自然和人自身方面的可能性，激发人民群众参与社会主义改造和建设的热情。比如传颂愚公移山的故事，弘扬“与天奋斗，其乐无穷！与地奋斗，其乐无穷！与人奋斗，其乐无穷！”的革命乐观主义精神，鼓舞人民团结起来，下定决心，自力更生，艰苦奋斗。同时，以历史为素材，以英雄为榜样，培养政治觉悟高、责任心强的人民力量，促使人民关心祖国的前途和命运，拥护中国共产党，奉献国家、踊跃投身社会主义建设，对未来社会充满崇高的理想。

1956年初，中央为进一步发展农村生产力，颁布了《1956年到1967年全国农业发展纲要（草案）》。在一系列切实可行的实施办法下，这个纲要向农民展现出一幅美好的社会主义农村合作经济的远景：“这就是说，我国农村中的一切剥削制度将被彻底消灭，汪洋大海似的小农经济，将变为高级的大型的合作社经济，使穷根从此挖掉，富根开花结果，子孙万代幸福无穷；我国的农业将变成先进的农业，使荒地变成良田，低产变为高产，我国农民都将成为富裕的农民，家家丰衣足食，社社五谷丰登；我国农村将成为文化发达、美丽幸福的农村，人人识字，个个读书，乡乡都有电话，社社都有收音机；到处是青山绿水，遍地是牛马骡驴，猪羊鸡鸭成群，路平桥好，四通八达，天灾能防御，四害被消灭，千年荒山开了花，百年大病断绝根，户户安康，人人欢乐……总之，全国农业发展纲要，就像一幅美好动人的图画，画出了我国农村繁荣、幸福的明天。”

在广泛的爱国主义、集体主义、社会主义教育运动中，受“人定胜天”“人民是国家的主人”“人民群众是历史的真正创造者”等言说激励，以及各种政策宣传描绘的美好蓝图所鼓舞，贫困的中国农民作为“社会主义建设主体”形成了“一种心神投入的幻想”。

3. 以德政保障主体性。中国共产党人和最广大的人民群众有着密切的联系，关心人民疾苦和人民的生活幸福。“水能载舟亦能覆舟”，人民是国家之本。只有得到人民群众的拥护，国家才能长治久安。所以，毛泽东号召共产党人要“真心实意地为群众谋利益，解决群众的生产和生活的问题”，要全心全意地为人民服务。1945 年党的七大把“中国共产党人必须具有全心全意为中国人民服务的精神”写入了党章。从此，“全心全意为人民服务”被确立为政党生存的根本。党要一切从人民的利益出发，向人民负责，随时坚持符合人民利益的真理。通过全心全意地为人民服务，构建起中国共产党人的德政基础，赢得了人民对党的信任，以及对党的路线方针的支持和响应。

4. 反贫困中践行主体性。中国共产党人始终相信，国家要富裕必须走社会主义道路，人民只有团结起来、共同奋斗，才能共同富裕。毛泽东指出：“全国大多数农民，为了摆脱贫困改善生活，为了抵御灾荒，只有联合起来，向社会主义大道前进，才能达到目的。”

在社会主义建设时期，主要是解决普遍存在的绝对贫困问题，所以具有针对性的明确的反贫困政策并没有太多。就普遍意义而言，每一个民众个体以及全体人民都是反贫困的扶持对象；而且，正如前文所讲，他们同时又以反贫困的主体身份在政治叙事中出现。国家的工作中心是以发展生产、加大基础建设改变人民生活条件来减少贫困。主要工作有：第一，从1953年开始，制订和推动五年国民经济发展计划，通过在重大建设项目、生产力分布和国民经济重要比例关系等方面进行规划，基本建立了完善的国民经济体系。第二，全国范围内开展大规模的基础设施建设，建立了农村信用合作体系，并在农村大力建设交通、水利设施，便利农业生产。第三，提高人力资本投资。首先在教育方面，一是为儿童实施全面的初等教育，二是通过扫盲班等形式为其他群体人口提供教育。其次在医疗保健方面，依靠开展群众性的爱国卫生运动，改善居民卫生状况，有效地预防和减少了疾病发生。凭借中国共产党集体的领导智慧，在中华人民共和国成立之初短短二十多年的时间内，通过普及初等教育和推行合作医疗，中国人口死亡率得到有效控制，文盲率大大降低。在农村地区，基础教育和基本医疗卫生事业得以发展，中国的乡村“赤脚医生”制度，还为不发达国家提高医疗卫生水平提供了丰富经验，成为世界卫生组织（WHO）向发展中国家推行的初级护理典范。第四，在消灭生产资料私有制的基础上，建立按劳分配的原则，实现公平分配。

在贫困救助中主要是建立了以社区“五保”制度和农村特困人口救济为主的社会基本保障体系。1951年初，热河省民政厅首先提出政府帮助贫困群众发展生产。1964年2月，在热河经验的基础上，内务部党组递交中央《关于在社会主义教育运动中加强农村社会保险工作，帮助贫下中农困难户克服困难的报告》。这个报告提出，帮助有劳动能力的困难人口优先安排适当的生产门路，使他们增加收入，是解决生活困难的根本办法。这是政府部门第一次正式提出农村扶贫问题，引起了中央高度重视，不久就在农村各地开始了扶贫试点。

（二）改革开放时期（1978—1985）：个体主体的解放

1978年标志着中华人民共和国历史的又一个转折。与此同时，西方以撒切尔夫人为领袖的“福利改革”也引发了发达资本主义国家反贫困实践的大转折。尽管存在着时间上的巧合，而且“市场”同是东西方变革的主题词，但是改变却在彼此声称的迥异的意识形态下发生。

经历了“十年浩劫”的“文化大革命”，中国社会生产力遭受了极大程度的破坏，在缓慢的经济增长中，人民生活没有得到改善。与前一时期相同，改变贫困仍然被认为是发展道路上的首要问题。

1978 年 12 月，党的第十一届三中全会召开。会议认为，要正确理解我们还处于社会主义初级阶段。在一个社会生产力远落后于西方资本主义的国家建立社会主义，不可能在一开始就能消除贫困，因此，必须清醒地认识到贫困人口多、底子薄是我国的基本国情。但是国家落后，人民贫困，这绝不是社会主义。“所以，社会主义必须大力发展生产力，逐步消灭贫穷，不断提高人民的生活水平。”大会公告指出，在新的发展时期，全党工作的重点要转移到社会主义经济建设上来。十一届三中全会以后，改革开放政策逐步实施和深化，中国经济出现了前所未有的快速增长。

从历史发展来看，改革开放时期继承了中国共产党关于社会主义没有贫困的思想，继承了党和政府在帮助人民消除贫困中的主体责任，也继续将党的命运与国家的繁荣富强联系在一起。因此在改革的过程中，中国的反贫困经验一如既往地坚持向世界展现其制度优势和政党优势。具体地说，在这一时期，中国政府通过政治、经济、人口和福利制度的建立和完善，以适应新时期工作的要求，利于宏观和微观层次的经济增长。在变革落后制度创造良好的外部环境的前提下，个体被鼓励通过在市场上的努力改变贫困走向富裕。

1. 主要特点。

（1）土地制度改革，激发农民参与市场。社会主义建设时期，农业获得了一定发展，但是在片面强调重工业对于国家强盛的重要性的政策下，中国农业的整体发展相当薄弱。农业不仅是国民经济的基础，其发展结果直接影响到国民经济的整体发展，而且农村、农业和农民的发展直接与政党命运联系在一起。“农村人口占我国人口的80%，农村不稳定，整个政治局势就不稳定，农民没有摆脱贫困，就是我国没有摆脱贫困。”因此，在确立改革开放国策之初，农业的重要性即已确定。

十一届三中全会就加快农业生产问题做了专门讨论。会议认为，“首先必须调动我国几亿农民的社会主义积极性，必须在经济上充分关心他们的物质利益，在政治上切实保障他们的民主权利”。会议针对人民公社化时期出现的问题，在改变国家全权控制的方针下，提出发展大农业，以法律保护农业自主权，切实贯彻公平分配的原则，并允许农民进行一定的自由贸易。

1978年春，安徽省凤阳县小岗村18户村民召开了一次“自救会”，决定实行“分田到户，自负盈亏”的家庭联产承包责任制（大包干）。从而在农村率先开始了中国的对内改革。

获得自有土地的经营权利，保证了农民利益的实现，并在一定程度上，农民生产的自主性得以发挥，极大地激发了农业生产力。据农业部的数据显示，1978—1985年，农村人均粮食产量增长14%，棉花增长73.9%，油料增长176.4%，肉类增长了87.8%，农民人均纯收入增长2.97倍。以家庭为基本生产组织的农业土地承包制，将农民从集体经济的束缚中解放出来，允许农民自己决定自己的劳动过程，控制自己的生活机会（life chance）。完成了土地上劳作的农民，也开始享受以前只有城市人才有的闲暇。在不断扩大和开放的市场配合下，富余的农业产品不仅提升了广大人民物质生活的品质，也给农民带来了一定程度的回报。重要的是，通过劳动力市场，农民可以开始在农业之外获得额外收入。

勤劳保证了贫困农民得以脱贫致富。统计数据表明，如果按照1978年确定的贫困标准（人均年收入206元以下），当时全国农村贫困人口总计2.5亿。在农村体制改革后，到1986年，将近一半人口解决了温饱问题。

同时，随着工商业投资开发的放开，重建地权和土地流动制度，乡镇企业迅速崛起，农业产业结构逐渐向附加值更高的产业转化，农村经济得以长足发展。在“解放思想”话语鼓励下，许多精明、大胆、有文化的农民充分利用自由的空间，从土地上解放出来，成为农村最早富裕起来的一批。

市场经济体制下的家庭土地承包，回应了农民对土地的要求，保证了农民的家庭经济利益的实现。所以，在改革开放的初期，农民作为积极的经济活动人口，其个体主体性，特别是个体的经济主体性得以解放和高扬。这种高扬的主体性在发展生产、追求理想的收益回报中充分展示了其活力，成为农民摆脱贫困不可或缺的精神因素。

（2）加强人口控制，凝聚人民力量。以经济利益刺激贫困农民主体的苏醒、解放甚至膨胀，从正面证明，经济的增长具有直接的减贫效应。但必须强调的是，中国共产党关于“人民主体”的理念，在改革开放时期仍然体现在中国政府反贫困促进经济发展的策略一贯性中。这就是人民作为集体的力量。

如果说土地改革使农民回到家庭式作业，市场更加促进了农民追求自有利益的欲望，由此促生了农民高度的自主性、创造性的话，那么，这两条看似不同的路径却表现出共性：共同推动了个体主体性的向外投射。但无论如何，他们都是在个人的、私人的领域展现出活力。“人民”在这里只是一个分散的个体集合，没有实质意义。因此，需要有另外一套话语来建构起“人民”的意义。在中国的实践中，这套话语是由“人口”串联起来的。

正如前文提到过的，中国的改革开放与西方的“福利改革”具有巧合性，而且这种巧合性又出现在关于“人口”的政治叙事中。

在反贫困的世界实践中，西方国家往往是作为援助者的身份出现在国际社会。从20世纪50年代开始，西方国家和西方学者就注意到了发展中国家和地区的人口问题。以中国、印度为代表的发展中大国，二战后国民经济较前期迅速发展，国民卫生医疗条件也大大发展，随之而来的是人口死亡率迅速下降过程中出现的高速人口增长。因此，在这些国家，出现了这样一种情形：国民收入总量不断上升，人民生活水平却没有同样的提升，甚至还有下降。在这种状况下，物质仍然匮乏，人民和国家应对灾难的能力并未有长足进步。比如中国 1959—1961 年间发生大饥荒，大量人口死亡，导致这一时期人口负增长。孟加拉国等也因饥饿出现类似状况。

为什么会出现这样的矛盾现象？阿马蒂亚 · 森在关于饥荒和发展的著作中从政治和公众能力方面进行过很好的阐释。但是在此之前，西方却从另一个方面来进行了解释，那就是越生越多的人口，导致发展中国家和欠发达国家进入了“马尔萨斯人口怪圈”（又称“马尔萨斯人口陷阱”）。所以，受这个视角的解释启发，减少贫困不仅要求努力促使经济增长，还要约束生育，减缓人口增长速度。因此，在 1974 年世界人口大会上，来自南北双方的代表就应不应该在发展中国家和地区实行人口控制的政策进行了激烈的辩论。前文中的“发展就是最好的避孕药”就是在这样的背景下提出来，代表了发展中国家的主要意见，认为不能接受发达国家减少贫穷国家人口的计划。发展中国家要通过经济增长来解决贫困问题，只要经济增长了，人民就会富裕。

虽然如此，中国、印度两国政府并没有无视人口现象。在中国，“文革”中后期，政府已经开始关注人口增长问题，并且开始倡导节制生育。到改革开放阶段，人口问题受到高度关注，所以在基本国情的表述中人口过多成为与贫困（底子薄）相关联的一个社会现象或问题，呈现一个“家大口阔”的中国形象。

人口之所以在这个阶段被重视，与当时的经济发展政策不无关系。党的决议将进行经济建设，发展生产力作为社会主义的中心任务，认为中国要彻底摆脱贫困，就要找出一条快的发展道路。

如何才能快呢？最直接的答案就在人均国民生产总值（人均 GNP）这

个指标。这是一个反映国家生产和收入水平的综合性指标，是当时衡量一个国家经济发展水平的核心指标：其分子是一个国家某一时间内的国民生产总值（GNP），而分母则是该国同时期的人口总数。所以，如果同时在分子分母上进行工作，那么，在人口增长被控制的情况下，人均 GNP 将比 GNP 以更快速度增长。

在这种背景下，有必要建构起相应的人口制度，配合国家发展经济目标。也正是这个原因，当中国刚刚还在提倡全国城乡人口以“晚、稀、少”模式节制生育时，1982 年计划生育写入基本国策，中国迅速进入“独生子女”的计划生育政策阶段。

实施计划生育，特别是“一个半孩政策”，在中国农村存在着文化上的强烈抵制。所以，为克服文化障碍，计划生育的言说重点在于描绘减少生育关乎富裕、健康、幸福这些中国世俗理想生活的景象，同时又通过义务/责任、权利或国家利益唤醒人们的国家意识和荣誉感。当然，还值得重视的是，在乡村也存在着接纳改变的客观情景。通过市场和媒体，此时的乡村已经对外开放，西方的和城市的思想观念、生活方式被乡村青年追求和模仿。富足、闲暇似乎不是儿女一大群的传统家庭改变一下生活方式就能实现的。财富是榜样传递的不能遗漏的重点。而常见的计划生育宣传口号或标语充当计划生育政策的诠释作用时恰恰就在关联二者。比如：“要想富，少生孩子多种树”“幸福之家人口少，生活质量必提高”“少生快富奔小康”“优生优育民族旺，提高素质国家强”“少生优育利国利民”“实行计划生育是当代青年人的崇高责任”“人多地少是基本国情，计划生育是基本国策”“控制人口数量，提高人口素质”。

这样，通过类似的言说，一方面推动个体主体性成长，自愿选择少生；另一方面，在个人利益与国家利益一致性的建构中，人从个体层面被提升到国家层面、抽象层面，在权利和义务的话语中，被塑造成有责任有担当的荣耀的“公民”——人民。从而，与经济制度一起开始了积极主体从私人领域到公共领域的跨越。

（3）扶贫工作常态化，扶贫对象主体身份确立。1978 年 9 月全国民政工作会议正式划定了农民贫困标准，专门的独立的扶贫工作作为常态化的事务，与贫困救助分离。一系列关于扶持贫困的文件陆续颁布，开启了中国政府有意识的专门化的扶贫行动。1980 年国家财政设立“支援经济不发达地区发展资金”，用以扶持贫困地区的经济发展；1984 年中共中央发布了《关于尽快改变贫困地区面貌的通知》，第一次明确地指出了贫困的地域性特征，要求制定切实可行的措施，集中力量解决 18 个连片贫困地区的贫困问题。专门化进程产生了关于贫困人口身份界定的许多改变：

第一，“扶贫对象”成为特定身份。在抽离出“农村救助”的过程后，非救助对象的贫困人口必须以一个新的身份，既区别于救助对象，又是“扶持贫困”的国家行动的专门对象。这个身份就是“被扶持对象”，后演化为目前惯用的一个名词——“扶贫对象”。

第二，确立扶贫对象减贫中的主体身份。1978 年 9 月，在总结中华人民共和国成立 20 多年来的扶贫工作的会议上，时任民政部部长程子华指出，扶贫工作一方面坚持党委的统一领导，根据扶贫对象的具体情况进行规划安排，保证困难户的经常性扶持工作顺利实施；另一方面，还要充分激发扶贫对象的积极性，在国家扶持下自力更生，改变贫困。

第三，明确扶志扶本的“精神扶贫”方向。贫困者的精神面貌是扶贫对象如何展现其反贫困的主体性的关键因素，因此，在扶贫工作中，单纯的物质和技术的援助是不够的，还需要扶贫对象具有积极性。这就涉及贫困问题解决的另一个很重要的方面：扶贫对象是否有意愿、有信心去接受改变、以行动实现改变。关于扶志方面的论述很多。比如，最初见于 1978 年民政部部长讲话，其中提到要“加强对困难户的政治思想教育，充分激发他们自力更生的积极性”。1982 年 4 月，在农村社会救济工作座谈会上，民政部提出“做好扶贫工作不能靠单纯救济，必须首先扶志扶本”。同年底，国家9个部委联合发出的《关于认真做好扶助农村贫困户的通知》再次重申，要采取各种有效手段，帮助贫困户树立摆脱贫困、奋发向上的志气，以增强扶贫对象自身的活力，调动扶贫对象积极性，并鼓舞他们治穷致富的信心。

随着一系列相关国家政策的出台，扶贫工作从区域性扶贫、精神扶贫，进一步扩展到科技扶贫，为后期扶贫工作确立了新方向。同时，这也表明，农村扶贫工作作为国家经济建设的重要组成部分，已经提上国家议程，新的反贫困工作局面即将形成。

2. 存在的问题。改革开放时期，党提出了新时期的总任务，反映了历史的要求和人民的愿望，代表了人民的根本利益。促经济发展减少贫困的思路，在广大农村产生了深远的影响。土地制度的改革极大地激发了农业生产力，农村贫困面貌在较短的时间内即出现巨大好转，充分反映了经济增长的减贫效应。但是，在减少贫困中，过度依赖于经济的手段，引发了一些问题：

第一，割裂人口的生产性与消费性，片面强调人作为生产者，实则是过度强调人作为经济主体。

第二，强调效率优先，牺牲公平。在“时间就是金钱，效率就是生命”的口号下，鼓励对财富/金钱的追求，自私自利的个人主义膨胀。在提倡一部分人先富起来时，规范不足的市场分化出贫与富，不但难以体现“共同富裕”的目标，而且容忍贫困的存在，甚至在某种程度上可以说导致不平等合理化。在财富标准下，“穷人”开始意识到贫穷，贫与富、城与乡二元对立凸显。

第三，对扶贫对象不正确的预设。扶贫对象的主体性要求，是为了体现贫困者自身在减贫中的自主地位，也就是承认扶贫对象可以选择的权利。这是反贫困不可或缺的一个策略。所以，扶贫对象主体性与道德预设是两个不同的方面。但是，在出台的政策中，注意到官方在希望激发主体性的同时，把扶贫对象主体性同时当作克服扶贫对象“等靠要”的手段。姑且不论这里是否有关于“等靠要”的败德预设，但可以肯定的是，将二者关联说明对分析扶贫对象“等靠要”的客观因素的忽视。

在扶贫初期，政府就已意识到地域与贫困的关系。这里我们不妨进一步分析一下，1970 年代末到 1980 年代初，这些地区贫困人口的生存状况，来理解他们为什么“等靠要”。一是流动机会缺乏。一方面严格的户籍制和粮票等配给制度造成了乡→城流动难；另一方面匮乏的物质条件阻碍了流动。当贫困地区的许多人还衣不遮体时，流动何以可能？二是市场难以接近。因为自然环境普遍恶劣，可以支配的资源贫乏，缺乏相应的知识，难以支撑起自己的市场，更不可能吸引市场走进他们。三是信息通道堵塞。这是一些在久远年代即已被“遗忘”的角落。由于基本建设严重不足，连片地区的人们很少有与外界沟通获得信息交换的通道，不知“汉唐”。所以，“等靠要”不是一种道德或贫困文化引起的“不作为”，是客观环境造成的“无力”。而且事实上，是政府的人文关怀：施与，而非他们在“要”。

尽管产生了上述问题，但制度改革弥补了前期工作的过失，带来了扶贫对象（经济）主体性的大解放，并揭开了中国政府举全国之力大规模扶贫的新篇章。

（三）开发式扶贫时期（1985—1999）：主体身份否定

1986 年 5 月，国家成立专门扶贫工作机构——国务院贫困地区经济开发领导小组（1993 年更名为国务院扶贫开发领导小组），在全国范围内形成了负责扶贫开发工作的行政系统。这标志着中国进入大规模、有计划、有组织的扶贫开发时期。

1984 年原国务院农研中心提出以“造血机制”，即鼓励发展市场贸易和减免税收以及以工代赈等，改变救济和平均使用扶贫资金的方法。在该建议基础上，逐步形成了20世纪最后十五年中国扶贫新思路：开发式扶贫。

在扶贫开发战略下，政府出台了一系列优惠政策，加大扶贫投资力度，拓展各种投资渠道，改善金融环境，在广大贫困地区开展基础设施建设和改善人力资源存量；通过调整产业结构，培育特色产业，促使贫困地区农业向附加值更高的工业、服务业等产业发展，并积极促进农村劳动力在非农领域就业。为进一步增强贫困地区反贫困的能力，1994年国务院颁布了《国家八七扶贫攻坚计划》。

开发式扶贫阶段，扶贫工作有以下特点：一是确定了扶贫工作的主战场，即18个集中连片贫困带划定的592个国家重点贫困县。二是促进贫困区域经济发展。如鼓励兴办实体/企业、建立特色商品基地或地区性支柱产业。而对于条件欠缺的贫困乡村，可以异地开发。即通过“自愿互利，带资带劳，到投资环境较好的城镇和工业小区进行异地开发试点，兴办第二、三产业”。三是着重扶贫到村到户。20世纪90年代，国家不仅将扶贫到户作为一项重要措施，而且还对很多指标进行量化到户。四是实施开发式移民。基于自愿原则，帮助贫困农户迁移出生产生活条件极其恶劣的地区，实现异地脱贫。五是有组织的劳务输出。通过劳动部门进行就业服务和技术培训，使贫困地区的劳动力外出就业。六是倡导多方面多层次的合作：国际合作、国内社会各界与贫困地区村户合作、东西部地区经济合作、贫困村户内部合作。七是实施可持续发展战略。扶贫开发与水土保持、环境保护、生态建设相结合，增强贫困地区发展的可持续性，也将拓展扶贫新思路。

通过上述各种举措，到2000年基本解决了贫困人口温饱问题，农村贫困人口下降到3200万。

扶贫对象主体性在开发式扶贫时期仍然是被政策强调的重点。相关政策多次申明，要动员、鼓励、引导贫困地区的干部群众，通过自我积累和发展能力的提升，使他们依靠自身力量解决温饱、脱贫致富。

人们普遍认为区域性贫困是因为两大障碍：资金短缺与人口素质低下。因此，为促进区域性经济增长，国家集中力量在教育、科技和财力投资方面。首先，1996年国家出台《1996—2000年全国科技扶贫规划纲要》以增强科技扶贫的政策指导，并且划拨专项科技扶贫资金用于科技培训和技术推广等。同时，国家教委联合财政部组织实施了“国家贫困地区义务教育工程”，帮助贫困地区普及九年义务教育。扶贫对象在科教政策支持下，人力资本状况得到显著改善。在资金方面，针对扶贫对象个体，政府通过以工代赈，不仅改善了贫困地区和扶贫对象的生产与生活条件，还为他们增加了就业机会和现金收入。另外，1994年以来，在联合国发展规划署和世界银行的推动下，小额贷款扶贫模式在国内广泛实施，在促进扶贫对象自我就业和自我发展中发挥了巨大作用。

扶贫对象作为个体，能力和资产方面的提升保证了他们在减少贫困中的积极性的发挥。在扶贫对象作为群体方面，政策开始着手处理前一时期出现的在农村“重分轻合”的问题，积极倡导扶贫对象在家庭经营基础上的自愿自主的联合，同时主张创新体制、引入股份合作制等方式逐步解决地块细碎的问题。在这一时期，农村合作社以及其他经济实体逐渐增多，通过“外联市场，内联农户”，带动扶贫对象脱贫。

然而，在高度追求经济增长来消除贫苦的过程中，我们不得不承认公共政策退缩、社会退缩的事实。由此造成了扶贫对象主体性困境。

首先，福利权利主体地位被否定。20世纪最后阶段，经济体制改革和政治体制改革进一步深化。就经济方面而言，一方面，由于没有理顺国家、集体和农户三者在土地收益分配上的关系，农户承担各种名目的税费，负担沉重；另一方面集体土地所有制形同虚设，绝大多数贫困地区集体经济名存实亡。而在政治方面，政府进一步“放权”，原本属于社会政策的领域，通过“产业化”放权到了市场。在农村，以集体经济支撑的有限福利，如“五保户政策”“合作医疗政策”，在20世纪80年代后期走向消亡；民办教师、赤脚医生这些曾经为弥补资源不足在教育和卫生上做出重要贡献的角色因此不复存在。农民面临比城市居民更加严峻的“上学难看病难”问题，乡村文盲率上升、因病致贫成为贫困发生的主要原因。在农村，农民包括扶贫对象，作为福利权利主体的地位被否定。

其次，主体身份认同模糊。《国家八七扶贫攻坚计划》强调发展“大农业”，主张把有助于直接解决群众温饱问题的种植业、养殖业和以当地农副产品为原料的加工业作为扶贫开发重点。但是，招商引资，更愿意在非农产业发展；而且第二、三产业的高回报是难以抗拒的诱惑。所以，乡镇企业的快速发展，日益发展壮大的“打工潮”，使区域扶贫开发仍然免不了贫困地区非农化之嫌。扶贫对象作为农民的身份日渐模糊：亦农亦工抑或非农非工？这种模糊的身份，在他们试图通过选择进行自我否定时，变得更加糟糕：“农民工”——回不去土地进不去城——一个正在失去身份而新的身份还不存在的群体。

最后，主体性被拒。一些学者对项目制进行研究后指出，在扶贫项目中，项目的主体并非是国家和农民，而是包括三方：一是资源主体。他们是实际控制和直接提供扶贫项目资源的部门和组织，主要是地市级职能部门、省级职能部门和中央各部委。资源主体因发出扶贫项目申报和招标的邀请，一般被称作扶贫项目的“发包方”。通过下发扶贫项目，目的在于整合国家和地方财政的资金，调动地方积极性，实现减贫目的，并与各级行政部门、基层组织和农民群体产生联系和互动。二是执行主体。这是扶贫项目的申报部门和组织，往往是县级政府及其职能部门。他们是项目的直接责任人、组织者、经营者和管理者。在对项目资源进行整合后进行分配，因此常被称为“打包方”。三是参与主体。参与主体是扶贫项目的直接参与者和组织实施者，又称为项目的“抓包方”和承包者，主要是乡镇政府和村级组织即村两委。从项目制的三方主体构成不难发现，在各级政府之外，扶贫对象并不是项目制扶贫中的主体，而是项目针对的服务对象。

（四）社会政策恢复时期（2000 年至今）：召唤主体性

20 世纪后二十多年，社会历经巨变。依靠市场、以经济建设为中心，中国成功地完成了从传统社会向现代社会、从计划经济向社会主义市场经济的转型。国家实力增强，人民生活得以改善，减贫成效显著。但是，经过二十年的积淀，中国社会贫富差距日益扩大，社会问题频发，不平等现象普遍存在；社会矛盾突显，生长空间大，底层抗争不断。

2000 年 9 月，联合国千年首脑会议在纽约召开，会上 189 个国家首脑签署了《联合国千年宣言》，呼吁“以民心为本的参与性民主施政”保证人民享有尊严、免于饥饿和不担心暴力、压迫或不公正对待。国家内部施行善政，创造有助于发展和消除贫穷的环境，帮助人民摆脱贫困状况。中国共产党和政府也充分认识到了改革初期市场失灵、政府失灵的问题，民生问题逐步提上日程，社会保障体系重建成为这一时期的主题。

2000 年 10 月，在党的十五届五中全会上，江泽民同志提出，发展是社会主义的自我完善，要把不断提高人民生活水平作为党的工作的根本出发点和归宿。他提请全党同志必须从改革、发展、稳定的全局高度，深刻认识做好扶贫开发工作的重大意义。在多次重要的讲话中，江泽民同志明确指出，加快贫困地区的发展，不仅是一个重大的经济问题，而且是一个重大的政治问题，因为它直接关系到国家的安定团结和长治久安。为此，必须正确处理公平与效率的关系，扶贫工作要突出重点，要对贫困地区采取有效的扶持政策。

1. 扶贫政策话语演变。

（1）以人为本。“以人为本”就是以实现人的全面发展为目标，从人民群众的根本利益出发谋发展、促发展，不断满足人民群众日益增长的物质文化需要，切实保障人民群众的经济、政治和文化权益，让发展的成果惠及全体人民。“发展为了人民、发展依靠人民、发展成果由人民共享”。坚持以人为本，就是坚持人民在实践中的主体地位和目的地位，以人（或人性化）为尺度，实现广大人民的根本利益。

（2）科学发展观。“以人为本”促使思维方式转变。第一，强调“人”是社会全体成员中的每一个个体。第二，从权利层次强调社会成员间“与生俱来的、平等的、不可剥夺的”人权，并以此在实践中对包含扶贫对象的弱势群体给予特殊关爱。第三，进一步肯定人是社会性的，要求正确处理个人、集体、社会和国家的关系，克服过去片面鼓励追求个人利益导致自私自利的个人主义滋生的问题。因此，“以人为本”为核心的发展观，不仅要考虑人与社会、人与人、人与自然的关系，还要从文化、历史、精神传统方面考虑与过去人的关系，思考为未来人创造和积累物质、文化财富的同时，为其保护环境、珍惜资源和承接历史。

党中央正式提出“科学发展观”是在2003年10月的中共中央十六届三中全会上。会议提出，要“坚持以人为本，树立全面、协调、可持续的发展观，促进经济社会和人的全面发展”。也就是说，以经济建设为中心，在经济发展的基础上，推动社会全面进步和人的全面发展，促进经济发展和人口、资源、环境相协调，不断保护和增强发展的可持续性。科学发展观的提出表明，中国政府在总结前期工作的经验教训基础上，调整了关于“经济增长就是发展”的片面思想，开始将社会发展、生态发展议题放在与经济发展同等重要的地位，把关注困难群体的生活，追求社会公平、平等作为重要的社会价值。

在科学发展观的推进下，“三农”问题受到党和政府的高度重视。2005年，党的十六届五中全会首次提出“建设社会主义新农村”战略，2006年2月12日，中共中央公布了“建设社会主义新农村”为主题的“一号文件”，从统筹城乡经济社会发展、推进现代化农业建设、促进农民增收、加强农村基础设施建设、加快发展农村社会事业、深化农村改革等方面提出了32条支农、惠农的具体措施。按照建设社会主义新农村精神，加快扶贫开发，促进贫困地区以较快速度发展，是保证中国的广大农村全面地达到“生产发展、生活宽裕、乡风文明、村容整洁、管理民主”目标的关键。2014年，中央农村工作会议首次提出“人的新农村”建设，强调“人的新农村”与“物的新农村”应统一于新农村建设之中。作为一种价值追求，农民的主体地位在新农村话语中得到确立和彰显。

（3）包容性增长。在反思经济增长益贫性基础上，2007年亚洲开发银行（ABD）以“新亚太地区的包容性增长与贫困减除”为主题召开国际研讨会，倡议通过“包容性增长”，即促进生产性就业、提升人力资本和加强社会保护等，使贫困人口在发展中能够均衡分享社会财富，过有尊严和体面的生活。

2009年亚太经济合作组织（APEC）会议上，胡锦涛发表题为《合力应对挑战、推动持续发展》的重要讲话，强调“统筹兼顾，倡导包容性增长”。“包容性增长”蕴含着均衡、持续、平等和共享，与科学发展观、和谐社会的理念一脉相承，对我国扶贫政策的制定具有极其重要的指导意义。

在包容性增长原则下，自下而上制定扶贫开发规划的参与式方法被引入中国扶贫开发工作。《中华人民共和国国民经济和社会发展第十三个五年规划纲要》在说明社会经济发展目标时，继续强调着经济发展的平衡性、包容性和可持续性。

（4）大扶贫思想。2001年《中国农村扶贫开发纲要（2001—2010年）》出台，标志着扶贫工作进入了解决绝对贫困与相对贫困并重、城乡统筹发展的“大扶贫”阶段。

大扶贫工作要求建立全方位帮扶体系，将开发式扶贫和社会保障相结合，坚持外部支持与自力更生相结合，坚持专项扶贫与行业扶贫、社会扶贫相结合。其理念就是强调扶贫必须要坚持效率与公平相结合的原则。

2009 年中央发布了《关于开展农村最低生活保障制度与扶贫开发政策有效衔接试点工作的通知》，以及随后在 2010 年出台的《试点工作意见的通知》先后提出要把反贫困战略与农村最低生活保障制度有效结合起来。这是确保到 2020 年基本消除绝对贫困现象的重大举措，同时也是做好新时期扶贫开发工作的必然要求。

随着以上方针逐步在扶贫领域贯彻，扶贫工作进入开发、救助并举的新阶段，社会各界力量合力贫困治理的“大扶贫”新局面基本形成。

（5）精准扶贫。自 2000 年以来，中国贫困问题已经从普遍性、区域性、绝对性特征演变为点、线、片分布和相对贫困为主。贫困人口的进一步分散的趋势以及致贫原因日趋复杂化，增加了扶贫工作难度。而且，扶贫工作还存在一些亟待解决的问题，如贫困人口底数不清、扶贫方案针对性不强以及扶贫指向不准等。因此，为确保如期脱贫、杜绝返贫，需要精细化的扶贫思想。

2013 年 11 月习近平同志在湖南湘西考察时，首次提出了“精准扶贫”概念。

2014 年 1 月，中共中央办公厅、国务院办公厅印发《关于创新机制扎实推进农村扶贫开发工作的意见》，提出建立精准扶贫工作机制，要求对每个贫困村和贫困户建档立卡，逐村逐户制定帮扶措施。2014 年 4 月，国务院扶贫开发领导小组办公室印发《扶贫开发建档立卡工作方案》，详细规定了识别贫困村贫困户的统一标准和规范方法，提供了建档立卡的参考文本。2014 年 5 月，国务院扶贫开发领导小组办公室会同中央农办等 7 部门，印发《建立精准扶贫工作机制实施方案》，要求精准工作到户到村。特别指出，干部驻村工作制度是精准帮扶的有效途径，也要落实到户到人。2015 年 11 月，中共中央《关于打赢脱贫攻坚战的决定》明确把精准扶贫提升为脱贫攻坚的指导原则，要求做到扶持对象精准、项目安排精准、资金使用精准、措施到户精准、因村派人精准、脱贫成效精准，严格甄别贫困问题、扶贫对象问题。并要求定期核查，实行有进有出的动态管理。

2. 扶贫对象主体性特征。党的十六大报告《高举中国特色社会主义伟大旗帜为夺取全面建设小康社会新胜利而奋斗》重申人民主体地位。报告指出，必须坚持以人为本，全心全意为人民服务。要尊重人民主体地位，发挥人民首创精神，保障人民各项权益，走共同富裕道路，促进人的全面发展，做到发展为了人民、发展依靠人民、发展成果由人民共享。

（1）福利主体的回复。

第一，国家作为道德主体的回复。2000 年以来，中国政府开始逐渐恢复重建和新建各种保护人民切身利益的社会政策，健全社会保障体系。

《中国农村扶贫开发纲要（2011—2020 年）》提出社会政策和传统扶贫结合的"大扶贫"思想，"到 2020 年，稳定实现扶贫对象不愁吃、不愁穿，保障其义务教育、基本医疗和住房……基本公共服务主要领域指标接近全国平均水平，扭转发展差距扩大趋势"。"十三五"规划更加明确地提出"通过实行社保政策兜底，实现其余完全或部分丧失劳动能力的贫困人口脱贫"。

社会保障兜底，就是将社会保障作为消除贫困的底线，是一个关于贫困问题的思想大跨越，它以一个全新视角——贫困的预防——丰富了反贫困新思维。不消除贫困的所有诱因，就不可能杜绝贫困。制度建设兜底，同时也回应了我国反贫困中一直坚持的原则，即以制度优势，以政党优势来预防、克服和消除贫困。经历了新自由主义思潮的浸染之后，道德的话题、权利的话题又回到了主流反贫困话语中。这意味着贫困不仅是经济的问题，同时也是政治的、道德的问题，不是贫困者的道德，而是关乎党的执政理念、价值取向，以及社会道德和价值的问题。

第二，扶贫对象权利主体的回复。党的工作强调坚持"以人为本"，追求公正，关注弱势群体。在“以人为本”的原则指导下，扶贫对象作为权利主体的地位得到正视。

从2000年开始，国家进行农业税改革试点，一些地方的税费到2002年下降到2.8%。2005年，全部592个国家贫困县一次性免征农业税。有的省、区赋予参与扶贫移民开发的农户和企业享受国家或省、区的税收优惠政策的权利。2006年中央政府开始在全国范围内免征农业税，同时取消地方政府征收所谓的“三提五统”的权力。

第三，一系列社会政策得以建立和实施。一个重要的政策行动就是促进“基本公共服务均等化”，缩小城乡差距。2006年党的十六届六中全会将“基本公共服务体系更加完备”作为构建社会主义和谐社会的主要任务之一；2007年党的十七大报告进一步提出全国实现基本公共服务均等化；2009年党的十七届三中全会明确要求将城乡基本公共服务均等化明显推进作为农村改革发展基本目标之一；《中国农村扶贫开发纲要（2011—2020年）》提出到2020年贫困地区基本公共服务主要领域指标接近全国平均水平。

在基础教育方面，1986年7月，《中华人民共和国义务教育法》开始施行。2005年起，在农村对贫困家庭学生实施“两免一补”政策，逐步对寄宿生提供生活补助。同年农村义务教育开始全面纳入公共财政保障范围，建立了中央和地方分项目、按比例分担的农村义务教育经费保障新机制。从2006年起，农村开始实行真正意义上的免费义务教育。在卫生保健方面，2003年政府推出了新型农村合作医疗制度，2004—2005年间，政府相继推出了城乡医疗救助制度。通过中央和地方多渠道筹集资金，加大机构建设力度，进一步健全了农村三级医疗卫生服务体系和城市社区卫生服务体系。使农民因病致贫、因病返贫，以及医疗保障服务的均等化、公平性等问题得到有效缓解。2007年农村最低生活保障制度建立。

（2）号召参与。世界银行在《世界发展报告2006：公平与发展》中提出，最好的减贫政策应该涉及对主导群体的影响力、特权或补贴进行再分配；要建立包容性的制度，提供广泛的机会，整合增长政策和旨在实现公平的具体政策。这一声明进一步明确了世界银行在扶贫中倡导“参与”和“赋权”的立场。进入新世纪后，扶贫对象的参与角色在中央各种政策和文件中充分体现。

第一，作为经济主体直接参与生产。扶贫对象既是权利主体，也是责任主体。因此，自力更生，改变贫困是常见的话语用以明确扶贫对象的义务。比如，“一个贫困的地方，要改变贫穷落后面貌，需要国家的扶持和社会有关方面的帮助，但最根本的还是要靠当地干部群众自身的努力，靠干部带领群众苦干实干”。这里强调的是扶贫对象作为生产者发挥其的经济主体性。

第二，社会参与。首先主要表现在贫困识别、评估和项目规划制定中，通过个人申请、群众评议、公示公告、抽检核查等严格程序识别出贫困村和贫困户。其次，在制定改善社区基础设施、发展社区公益事业和培育增收产业等规划时，设计和推行参与制度和公示制度，实现村民参与和公开透明，防止项目偏离实际需求。最后是参与式评估机制。表现在贫困认定中，由村民申请，充分尊重贫困鉴别中的贫困者主观因素。另外，在脱贫与否的认定上，强调扶贫对象的认同。

第三，政治参与。党的十六届三中全会以来，如何完善国家治理一直是党和政府关注的政治议题。从完善政府社会管理和公共服务职能，到加强社会建设和管理、推进社会管理体制创新社会管理，到最近的“十三五”规划，我们从“激发社会活力”、“公众参与”、“社会协同”、激发人民“建设祖国的主人翁意识”这些字眼，看到人民政治主体地位在社会治理中的界定渐渐明朗。

“十三五”规划这样描述“社会治理”：充分发挥各级政府、社会各界的积极性、主动性和创造性，尊重基层首创精神，汇聚人民群众的力量和智慧，形成全体人民群策群力、共建共享的生动局面。相信在这种景象鼓舞下，随着自身能力不断发展、制度环境愈来愈友好，扶贫对象有能力回应“主体性的召唤”，从反贫困治理投身到更广泛的社会治理。

总之，中华人民共和国成立后，中国人民在“当家做主”的政治叙事中，发现自我，并在集体层次上表现出高度的建设社会主义的热情。但是，在国家意志、统筹计划的背景下，主体性被遮蔽。认真分析 20 世纪 80 年代扶贫对象主体性的提升，所呈现的不过是政治主体性的瞬间爆发，一种惯常的农民特性：活不下去后的忍无可忍。随后，这种政治主体性即被经济主体性遮蔽。原本在经济主体性刺激中生产出来的政治主体性，在经济条件改善的背景下，失却刺激源，随即衰减。在进一步的农村经济改革的进程中，公有制集体经济基础消亡，政治主体的舞台萎缩殆尽，失去公共空间依托的政治主体性消解。不幸的是，群体经济主体性也未能幸免于难。在市场化、城市化不断快速扩张而社会政策退缩的大环境下，扶贫对象仅以残留的个体经济主体性来应对生活和社会的改变，而这仅剩的空间却也免不了在身份不确定和被排斥中被挤压。

所幸的是，进入 21 世纪后，党和国家做出了及时调整。在社会政策领域，国家重新确立和完善了一系列保障民生的政策体制；并且，在国家治理现代化的思路下，以社会治理的景象呼唤着人民成为真正的建设国家的主体。

· 第三章 ·

扶贫对象主体性问题

扶贫对象在反贫困实践中的主体地位通过反贫困政治叙事得以恢复并巩固。然而，主体位置的确立并不能保证扶贫对象主体性在实践中自动展现。当越来越趋于一致的话语集中在扶贫对象主体性呈现的重要意义时，对于扶贫对象主体性在中国实践中的状况分析，尤其是分析其存在的问题及原因，对下一步的反贫困工作将具有深远的影响。

一、 扶贫对象主体性缺失的研究

2016年11月国务院印发的《“十三五”脱贫攻坚规划》明确指出，未来几年的反贫困工作必须坚持精准扶贫精准脱贫基本方略，坚持精准帮扶与区域整体开发有机结合，以革命老区、民族地区、边疆地区和集中连片特困地区为重点，不断创新体制机制，充分发挥政府、市场和社会的协同作用，充分调动贫困地区干部群众的内生动力。规划要求坚持贫困地区人民群众的主体地位，充分调动贫困地区广大人民群众和干部的积极性、主动性、创造性，以保障贫困人口平等地享有发展的权利，平等地参与到地区发展进程中。

然而，聚焦反贫困实践具体场景，在反哺性的扶贫行动促成国家和贫困群体直接面对面的同时，也展现出一幅不协调的景象：强大的权力集团正面对原子化的失去话语权的个体。扶贫规划一方面赋予了扶贫对象自我管理的机会，另一方面却暴露了扶贫对象的权利贫乏和意愿不足。因此，在众多的理论或实证研究中，一个普遍的观点就是农民或贫困人口在扶贫实践和农村地区的发展建设之中，作为弱势群体，他们的自主地位得不到明确认可，主体性严重缺失。即扶贫对象主体意识、能力、意愿、信心以及积极性、主动性、自觉性和主人翁态度等方面在反贫困实践中没有显著张扬。

（一）主体性缺失：参与有效性问题

参与不只是出席、列席或者旁听，参与意味着扶贫对象有资格在影响甚至改变他们生活的发展计划中承担制订、实施、管理、监督的主体性职责。

但是通过对扶贫对象的考察发现，尽管在各种扶贫项目和发展项目中，农民虽然在行动上表现为参与，但却是一种非决策性参与。具体表现为，第一，参与决策程度低。各种项目基本上是自上而下的政府主导型的实施模式，意见采纳程度低，单向决策模式阻隔了来自农民的声音，农民只能按项目要求实施。第二，服从性参与。村庄自治所体现的民主，在现实中并未能表达出有意义的国家和农村社会的互动。村民自治只是被国家统领的“次级民主”。面对政府的权力，村民自治制度无能为力，没有办法加以制约和纠正。第三，农民对乡村公共服务的需求普遍地缺乏表达，处于近乎失语的状态。第四，村庄的日常生活政治化。这是前三个方面的自然结果。在村庄向外的政治参与流于形式后，村民渐渐明白政治参与的有效范围，于是积极投身村庄生活，为村庄内的利益而斤斤计较。第五，非制度化参与。由于主体性缺失，扶贫对象所表现出来的情绪化行为，有意无意、自觉不自觉地与制度规范发生冲突，导致行为违规，甚至还表现为社会正常参与途径下的非理性行为。

（二）主体性缺失原因

1. 父权制下被动的扶贫对象。长久以来，农村反贫困工作是政府为主导，通过科层工作体系自上而下外推式地展开，在各级政府之间层层传达、落实指标任务，最终责任落实在基层政府和基层干部身上。扶贫对象处于被动接受的境地，难以发挥主体性作用，直接导致他们在乡村贫困治理中主体地位的丧失。在“父权式”干预和关爱中，扶贫方案的确定、实施、监督、评估各环节几乎全由各地政府“包办”，农民最后“帮助”干部完成任务。在父权主义情境中，贫困问题政策制定和执行效果很大程度上要依赖权利主体对贫困问题及对贫困者的认知程度。通常情况下，这种思维方式生产出的贫困者，他们的主体性会在政策中缺失。这种撇开扶贫对象的工作方法，从两个方面影响了扶贫对象主体性的生成：第一，强化了扶贫中村干部向上负责的特征：“对上负责”，失去了对农民的政治动员能力和动员的社会基础，以致对“最后一公里”的行动主体——扶贫对象——动员不足，从而导致扶贫政策在执行过程中缺乏扶贫对象的参与。第二，忽视对扶贫对象主体性的培育。一是政府工作中忽视或无视扶贫对象作为扶贫主体的视角，一是给予扶贫对象实践其主体性的机会缺乏。

2. 制度性因素中身份认同的困惑。长期存在的制度性歧视是农民不能作为主体，“嵌入”到改变贫困的各种体制之中的最重要原因。

首先，二元结构体制妨碍了主体意识的形成。在城乡二元对立的社会体制下，人为地促成和加大城乡差距，损害了农民的权益，致使作为扶贫对象的农民，缺乏自信心，在农村建设和治理中主体意识缺乏。不论是从李强的“碎片化”观点，还是孙立平的“社会断裂”，抑或陆学艺的社会阶层化观点来看，农民，特别是位于老少边穷地区的贫困群体，他们总是被排列在社会的最底层，既易被剥夺和利益受损，又最具脆弱性。

其次，严格的身份区隔制度使扶贫对象作为农民而陷入权利困境中。

农村经济体制改革以来，以开发式扶贫为主的农村反贫困政策基本上取代了农村社会保障，农民长期以来缺乏任何公共财政支持的社会保障安排。2003 年以来，中央政府开始着手解决“三农问题”，一系列农村社会保障制度覆盖到农民。但是从全国整体来看，这一系列制度包括户籍制度、医疗保障制度、教育制度、财政制度、劳动和社会保障制度等，无一不带有浓厚的城乡二元结构的色彩，进一步加强了现实中的身份区隔。制度性壁垒影响了农民独立性、自主性、能动性和创造性，使农民边缘化，不能享有与城市人群平等的公民待遇，他们的经济地位、政治地位和社会地位因为未能平等地享有国民权利而陷入困境。

再次，扶贫政策中缺乏对扶贫对象身份的明确界定。尽管十八大以来，中央政府明确了扶贫对象作为主体的反贫困工作原则，但在各个具体的实施办法、干部考核办法中，扶贫对象主体性问题没有得到相应的关注。而且在扶贫项目中缺乏相应的制度规则对项目实施中出现的违法违规行为进行约束、监督，致使扶贫对象的利益受到侵占也只能忍受。同时，关于扶贫对象如何参与项目制定和评估的指标操作化缺失，不具有可测量性。

正如朱玲指出的，制度和政策改革过程所造成的机会不平等，使制度—政策性致贫过程成为所有转型国家面临的现实问题。

3. 对扶贫对象的“去能”。在扶贫开发中，不仅扶贫对象的主体性没有得到重视并加以培育发扬，而且还存在多方面的负向作用，加强了扶贫对象的自我否定，使之怯于进入社会实践。一是对农民存有偏见。认为农民没有决策能力，封闭保守、自由散漫、愚昧落后、小农意识浓厚。比如，农民传统的生产方式相应地被视为“现代”经济发展的障碍；再如“治贫先治愚”“扶贫先扶志”等“矮化”并压制贫困人群的主体性的说法。二是上层社会垄断“话语权”。一方面贫困者的公共形象往往被媒体固化为救助者、受益者和表达感激的弱势人群，其主体性受到忽视；另一方面反贫困是上层社会、乡村精英（村干部、村民委员、村内经济大户）的事，扶贫对象没有能力也没有必要担当主体。三是扶贫对象义务的免除。王三秀批评了一些学者持有的观点即扶贫对象无须承担责任义务或采取主动行动，因为“救助的责任主体是国家……对于被救助的贫困者，是非义务的，救助对象在接受救助时，无须做出履行某种义务的承诺。”应该说，从以人为本的价值观出发，国家实施救助和贫困人口接受救助是理所当然。但如果只从权利的角度为扶贫对象免责，那么会造就出来一个不完全的公民形象，不但无助于他们改变自身的不利境况，还会招致社会对他们进行更多的抨击和排斥。

4. 扶贫实践目标偏移。项目制的管理办法使基层干部往往以政绩考核为工作出发点，对扶贫对象的主体性建设和发展等问题不闻不问，甚至不考虑农村的实际情况，不尊重农民的意愿、利益和创造精神。所以在项目制定中，做表面文章，搞样板工程、形象工程，乱占耕地农田，不但浪费了国家投入新农村建设的有限资金，扶贫对象得不到实惠，而且还加重了农民的经济负担，偏离国家反贫困目标：公平有效地使用资源，让贫困人口享有发展成果。

5. 扶贫对象组织化程度低。扶贫对象是“最后一公里”的行动主体，在市场冲击下，回归家庭的他们同其他人群一样，日渐“原子化”，组织化水平低下，就像“一盘散沙”，根本不可能充分地聚集本群体的利益要求，致使利益表达分散而难以引起决策层的重视。因此他们的反抗常常一方面显示出主体性，但另一方面更多表现出群体行动的无力、非法，以及伴随着缺乏正当利益诉求机制下的集体失语。

在乡村，村民委员会作为普遍存在的农村社区自治组织，本来应该具有表达利益诉求的职责，但受到政治逻辑、治理逻辑和强势者个人意志的主导，事实上限制着农民主体性的生长。

6. 扶贫对象自身能力问题。

一是传统的政治文化约束。几千年的封建宗族制度、儒家伦理纲常和科举制度，在政治上将农民与士大夫阶层严格区别开来，农民在土地上与世无争，缺乏政治主体性，习惯于顺从、克己复礼和等级的安排。对于权力的服从和畏惧，成为他们担当反贫困责任主体的心理障碍。

二是认知方面的问题。由于信息的闭塞以及受落后教育资源的影响，扶贫对象可能对参与的规则、程序、实质等认知不足，不了解相应的权利和义务，以及正当的参与途径和方式，从而不能适切地表达。

三是“农民”缺乏自我表达的能力。作为中国最大、面目最模糊、最缺少话语权力的群体，一直在主流的叙事话语中被替代书写与叙述，长期处于一种潜在的话语资源缺乏的地位。由于在知识系统中处于低位，缺乏进入公共对话领域的能力与自觉愿望。这种能力和愿望的缺乏，内化表达到参与实践中，就是主体性必需的自信无法获取。

四是“物质贫困”弱化了农民的参与能力。根据马斯洛需求层次理论，物质满足是最根本的人类需求。只有实现了物质需要，才有可能追求个人价值、尊严和社会交往等发展性、精神性需求。在政治活动中，经济条件相对较差的农民无意识地将自己定位为配角，其主体性自然得不到彰显。

从农民/扶贫对象的发展而言，如果干预贫困只是体现为政府一种高度动员的集权体制特征，而没有他们的真正主动参与，赋予激情和创造性，那么这样的反贫困对于他们有什么意义呢？

（三）评价

扶贫对象主体性缺失只能说明应该作为主体的扶贫对象“不在场”，而不能指证扶贫对象主体性的不存在。有不少学者已经从不同角度对农民/扶贫对象主体性张扬进行了研究。比如李连江和 Kevin O’Brien、于建嵘、应星等研究了农民作为政治主体性的维权和底层抗争；沙垚通过对 20 世纪 50 年代关中农村皮影戏重生经过的实证研究总结了农民文化主体性生成机制；吴重庆发现乌蒙山区的凉山彝族地区贫困人群坚持种植当地特产——低产量又低利润的苦荞，成功抵制了外部资本的入侵。

这些研究揭示，扶贫对象主体性不仅存在而且成功地得以彰显。因此，当我们面对一系列关于主体性缺失的研究和报道时，有必要对这种表达从时间和空间维度进行更深入的理论分析，从历史的、文化的以及结构的、场域的视角来理解，为什么扶贫对象主体性在扶贫实践中没有显现。

二、扶贫场域中主体性缺失：被遮蔽

（一）扶贫对象主体性遮蔽问题

1. 国家利益下的遮蔽。社会主义建设时期是中国人民集体反贫困的时期。在 1949—1978 年的 30 年中，中国农村在基础设施建设、农业技术推广以及教育和培训方面取得了显著成就、建立了合作医疗体系等社会保障体系，大幅度改善了农村地区的生产、生活条件和人力资本状况。因传统文化被隔离，同时也是自我隔离于土地的中国农民在各种政治话语的动员下，开始以高涨的热情投身于社会主义建设，在建设过程中，他们的主体性被不断肯定、激发。然而，随着社会主义建设的深入以及各种制度的不断变革，也暴露出这个阶段贫困农民主体性遮蔽问题。

（1）合作化对农民个体主体性的遮蔽。农业合作化是中国共产党高度重视的问题。1943 年，毛泽东同志就曾指出，几千年来农民分散的个体的经济“是封建统治的经济基础”，使“农民自己陷于永远的贫困”，要克服这种状况，唯一的办法就是通过合作社建立集体经济。中华人民共和国成立初期，政治协商会议通过的《共同纲领》明确规定，“在一切已彻底实现土地改革的地区，人民政府应组织农民及一切可以从事农业的劳动力以发展农业生产及其副业为中心任务，并应引导农民逐步地按照自愿自利的原则，组织各种形式的劳动互助和生产合作。”1953 年底，中共中央通过的《关于发展农业生产合作社的决议》指出：“孤立的、分散的、守旧的、落后的个体经济限制着农业生产力的发展，它与社会主义工业化之间日益暴露出很大的矛盾。这种小规模的农业生产已日益表现出不能够满足广大群众改善生活的需要，不能满足整个国民经济高涨的需要。为了进一步提高农业生产力，党在农村中工作的最根本的任务，就是要善于用明白易懂而为农民所能够接受的道理和办法去教育和促进农民群众逐步联合组织起来，逐步实行农业的社会主义改造，使农业能够由落后的小规模生产的个体经济变成为先进的大规模生产的合作经济。”农业合作化运动通过互助组、初级社和高级社三个阶段，完成了农民对土地生产资料的所有权和生产经营的自主权逐渐向农村集体公有的过渡。

在合作化运动以前，农民从分田地中得到了实惠，真正成为土地的主人。通过对土地的劳作，物质生活水平得到保证并在此基础上大有改善，农民开始憧憬安居乐业的新生活，逐渐积攒起当家做主的个体主体性。在政治言说和宣传鼓动造就的“幻想”推动下，个体主体性在感动和感激交织的情感中逐渐转化为一种群体的主体性，积极参加合作社，在农村集体经济建立和发展中展示出巨大的影响。“国家按照一个观念、一种追求、一种价值取向、一种行为模式，或直接，或以‘集体’的名义通过各种组织控制着个人，使之做任何事都讲究整齐划一。本来政治社会化从其特征来讲是主动性和受动性的统一，但从中华人民共和国成立以来农民政治社会化的整个过程来看，农民的主体性总是有意无意地被遮蔽。”

在不断与自私自利的传统性进行革命的实践中，国家利益、集体利益、人民利益威胁并绝对超越个人利益，农民的个体主体性被遮蔽。这就是李泽厚批判的，自黑格尔以来，对历史必然性的不恰当的强调，导致个体、自我的自由选择被忽视，“人成了认识的历史行程或逻辑机器中无足道的被动一环”。

（2）国家意志取代集体主体性。随着合作化的推进，国家权力逐步嵌入乡村社会，而“人民公社的建立，将国家行政权力体制与乡村社会的经济组织结合在一起，真正实现了政社合一”。通过三级所有的人民公社制，被整合并组织起来的乡村，在强大的国家意志下，其社会主体性、农民主体性逐步退缩消减：一是国家采取高度的计划和统筹方式，将权力直接经由政社合一的制度渗透到基层社会，严重降低了农村集体经济生产和基层领导班子的决策作用，农民参与民主的途径被阻断；二是公社生产具有计划性和统一性，在追求高产目标下，农作物品种逐渐单一化，村社及农民生产的自主空间萎缩；三是在“工分制”环境中，农民一年四季忙碌在不同的名目中：春播、夏种、秋收，冬季集中在水利。原本按时令和节气组织起来的农民，在公社的生活只剩下忙碌、更忙碌。但是一年到头，能分配到的收入不能平衡劳动付出。农民、土地的生产和再生产受到严重影响，从而进一步减弱了农民个体和群体的主体性在人民公社中成长的可能。

同时从国家层面看，受国家宏观发展战略的支配，国民经济发展规划越来越显露出以城市发展为中心，以工业发展为中心的趋势，农业、农村、农民进入边缘化状态，在户籍制和配额制共同作用下，农民被禁锢在土地上，农村与城市分割，二元结构分明。而在利益分配上，却又在国家意志下和“工农联盟”的政体中，不断被要求“大公无私”地奉献，农业无条件地以“输血”方式为城市和工业提供必需品。典型案例就是工农业产品价格“剪刀差”。

中华人民共和国成立初期，面对工业基础落后的局面，国家确立了以重工业发展促进国民经济的政策导向。为了助力工业积累建设资金，并提供城市建设和发展所需要的基本生活保障，国家通过工农业产品价格“剪刀差”的形式将农业产品以低廉的价格统购上来，又以低价统销的方式出售给城市居民和工业企业，用以保证大工业的低工资水平和工业原材料的低成本。甚至在有些地区，有些品种农产品收购价格只相当于生产成本，或者低于成本。由此造成了长期以来我国农产品价格背离价值的不正常状态。通过对1963年到1985年间全国预算内的固定资产投资总量和因剪刀差导致的农业流失产值的比较，研究者发现，30多年来国家工业化的投资主要是通过剪刀差取得的。所以，可以毫不夸张地讲，通过牺牲农民和农业的利益，中国工业现代化的初步基础得以奠定。从另一角度看，这种牺牲不仅严重阻碍了农民生活水平的提高，还极大地破坏了农业自身扩大再生产的能力。

借助于合作化运动，国家政治权力渗透于乡村生活的各个层面。在强烈体现国家意志的政治话语中建构起来的精神共同体，日益压制存在差异的个体主体性；但是，群体主体性只有基于个体主体性才能得以真正确立。因而，最终农民的群体主体性成为一个没有依托的幻象，行动体现的只是盲目遵从国家意志。农民主体性在不断推进的政治社会化过程中被遮蔽。不仅如此，有学者认为，在人民公社时期，随着农民的人身依附关系从对生产资料的人格化依附转向为对“虚幻集体”的依附，农民群体主体性逐步异化为社会实践的客体。

2. 项目制下的遮蔽。项目制是指在分税制条件下，资金的分配出现依靠“条线”体制另行运作的情形，即中央对地方或地方对基层的财政转移支付的一种运作和管理方式。

20世纪90年代，在经济体制改革后，随着管理主义和相关国际经验的介入，项目制管理开始在中国兴起，同时也在这一时期的扶贫实践中被广泛运用。这一过程是与国家财政转移支付的“专项化”过程密切相关的。“所谓‘专项化’，是指政府间的分配资金越来越依靠‘专项’或‘项目’的方式进行。政府间的转移支付资金中，有相当大的一部分被政府部门指定了专门用途、戴上了各种‘项目’的‘帽子’，以期严格体现资金拨付部门的意志。”

许多学者认为，项目制是一种适应新经济体制的国家治理形式。按照渠敬东的观点，项目制负有双重目标：一是靠事本主义原则完成一个具体的专项目标。项目制具有“目标明确、资金分配平衡、预算结构清晰、过程管理严格、程序技术合理、审计监督规范”的优势。但是，以绩效考核方式来评估的项目制，其工作的重点并不是如何实施，而是能否完成预期目标。二是项目制通常是迎合各地立规范、树典型的需要，在对意识形态的考虑中，贯彻的是体现国家意志的政策目标。通过项目的制定、申请、审核、分配、变通、转化、检查与应对等一系列的环节和过程，项目制成为整个国家社会体制联动运行的机制。国家治理由此确立了一种新的结构形态。周雪光则着眼于委托方与承包方上下两级政府在项目制上的权威关系，用“（剩余）控制权”理论的分析框架，分析双方关于各种控制权配置的博弈过程。在分析基础之上，他进一步指出，在资源高度集中的条件下，项目制放大了国家的推动力。它通过资源再分配机制，重塑着不同层次的政府间的权威关系，并利用专项资金实施控制。折晓叶、陈婴婴通过在村庄、地方政府和国家这三个行动主体共同参与下的项目制发展和演变过程，列举并分析了农村扶贫项目制在分层运作中所诱发的种种不良行为和社会弊端，提出了他们对项目制在影响社会关系方面的担忧。他们指出：“项目制的上述特质及其运作中反映出的种种问题，对于中国社会结构正在产生一些实质性的影响，中央与地方、城市与乡村、富裕与贫困、强者与弱者之间的关系，都会在项目制下发生新的变化。……项目化和专项化正在成为上级部门权力膨胀的主要手段。”

项目制被广泛应用，一个原因是它具有技术治理的理念，强调理性化的目标管理和过程控制。而且项目制被普遍认为既可以对竞争性行为施行引导和规制，又能尽可能规范、合理、有效地提供公共产品和服务。为了便于实现垂直的专业化管理和控制，项目申报和管理有一整套标准化和技术化的操作程序。其中，具有统一性的标准化有利于统计和监管、控制专项资金的使用和落实；而技术化则可以解决监管过程中的专业化难题，但往往忽视地方和基层的特殊条件和实践能力。比如，统一化设计成型的项目方案，不但要求统一的质量标准，有些还要求统一提供材料和统一施工。如此一来虽然便利了管理，却忽视了因地制宜原则和给予参与者自主性空间。项目制属于学院派的解释，他们讲求知晓其中的道理，有着明确的原则和规则，设计较为严谨、紧凑。按照这样的模式来设想实践行为的逻辑，常常顾及不了复杂的实际情况，习惯按照某种较为理想的情景设想具体复杂的实践境遇。所以，个性化、类别化、情景化在精英惯习中常常被忽视。

项目从这个意义上来说，就是一种残酷无情的机器，依照具有单一规章制度的准机械性的逻辑运转，将所有行动都转化为单纯的执行问题。“它不管具体的时间地点场合，只按照预定的程序，努力完成某个确定的目标。”

不仅如此，项目制在实际运行中还时常伴有强化政府部门间隔离和资源配置扭曲的倾向。因为项目制模式首先是资源集中于决策上层，在不同的领导意志下，被化分成各种类别，分别置放于不同政府部门；然后在“条条”体制中，以项目形式向下发放，从而导致水平方向的“块块”政府中统筹兼顾的资源随之相对减少。这些分隔化官僚体制形成的资源分割，同时也极大地压缩了基层政府灵活应对困难和处理危机的空间。因此，从基层政府角度来看，与非专项资金比较，专项资金的专款专用无异于给它们的应对灵活性套上了枷锁。同时，国家要求地方“配套”资金的条款，使村庄在资源动员能力不足时得不到项目；或者项目本身不能充分满足村庄实际需求，结果，造成资源变禁锢，“常常难以避免出现发展项目吞噬基层自主性的尴尬”。

所以，作为自上而下实施的扶贫项目制，散发着专家技术性、理性的话语。这些代表专家的理性研究结果的扶贫项目，它所包含的知识信息与扶贫对象拥有的日常知识并非在同一领域。“文化精英们用自己的生活方式，或者世界的一部分人的生活方式（过去的，或现在的），并且把所有其他的生活方式看作是发展迟缓的、落后的、不成熟的、不完善的，或者畸形的、残缺的、扭曲的类型，并且处在其他的诸如此类的低级发展阶段中或低级的自我认识阶段中”。因此，在实施项目过程中，存在项目支持和扶贫对象行动之间沟通的不满意，或者根本不存在沟通，互动性的共识缺乏。

同时，按照目前运行方式，项目制本身就隐含着一个矛盾的事实：扶贫项目与一般福利救助不同的是，它不是直接的现金转移支付，而是不同名目的生产性项目，如基础设施建设项目、特色产业增产项目等。在精准扶贫政策实施后，许多项目都要求坚持扶贫直接到户的原则。对于那些暂时不能直接到户的项目，要求减少中间环节，确保扶贫对象优先覆盖、有限收益。因此，当前对于村两委承接的增收项目、农家乐等项目来说，从理论上讲，扶贫对象才是项目真正得以实施的行动主体。如果没有扶贫对象的直接参与，任何项目都可能偏离项目目标。然而，扶贫对象被迫与村级政府/村庄捆绑在一起，作为项目的具体实施对象成为项目的直接行动者。

事实上，项目中的扶贫对象具有选择参与的权利，因为他们拥有对土地的生产经营自主权，同时自由流动的权利也赋予他们在村庄项目之外获取更好机会的可能。所以，在项目实施中，扶贫对象呈现要么是顺从地接受项目安排，接受“要我脱贫”的事实；要么是用不合作、不行动进行消极抵制，原因是完成项目那是“你们/他们的事儿”。但通常而言，贫困地区、贫困人口更多处于前一种状态，接受项目安排，进行有计划的反贫困活动。在可以选择的状况下，为什么扶贫对象仍然会被动地加入项目？或者说，为什么扶贫项目制中会呈现出扶贫对象的“无力感”？作为扶贫对象被排斥于决策之外，无法表达意愿与需求；而且即使不能去影响那些影响他们生活的安排，也可以自己“另有打算”的他们，为什么会表现出无奈之下的“随遇为安”？

一个扶贫的实践，实际上是一个相对封闭的社会小世界——扶贫场域。扶贫对象主体性遮蔽就发生在这个小世界各方的互动中，表现为不同位置的行动者的相互关系，其中占支配位置的一方对被支配方形成压制：扶贫对象在行动，但是他们的选择性、自主性、创造性却很难在场域中表现出来。

（二）场域理论对主体性遮蔽的解释

所谓场域（field），在皮埃尔·布尔迪厄（Pierre Bourdieu）看来，“可以被定义为在各种位置之间存在的客观关系的一个网络（network），或一个构型（configuration）。正是在这些位置的存在和它们强加于占据特定位置的行动者或机构之上的决定性因素之中，这些位置得到了客观的界定，其根据是这些位置在不同类型的权力（或资本）——占有这些权力就意味着把持了在这一场域中利害攸关的专门利润（specific profit）的得益权——的分配结构中实际的和潜在的处境（situs），以及它们与其他位置之间的客观关系（支配关系、屈从关系、结构上的对应关系）等”。因此，根据布尔迪厄的观点，我们可以把扶贫场域理解为，在扶贫实践中，不同的反贫困主体（或行动者）基于他们拥有的特定社会因素（资本、权力等）进行互动，形成的社会网络性关系。

布尔迪厄的场域理论认为，实践是一种“关系的哲学”，它强调社会性，而不是“独立的、完全意识到自己动机的理性个人”。场域论要求“深入一个经验的具有历史处境的现实的特殊性中”，从关系的角度对扶贫开发实践进行再思考，理解其中的实践逻辑。每一个场域都有其自身独特的逻辑、规则和常规，除非是在极度抽象化的前提下。因此，场域论所强调的是，在不夸大来自特殊境遇的概括的普适性时，也不能忽视和否认合法化象征的普遍价值。

为了更好地理解扶贫对象主体性如何在扶贫场域中被遮蔽，我们这里将扶贫场域分为两个层级进行分析：一是关于权力；二是关于经济利益。

1. 扶贫场域内的权力关系。“场域”又可称为“空间”，但空间都不意味着空虚的、不存在的，任何社会场域或社会空间都具有结构，存在结构性张力，区分出权力的支配方和被支配方，无一例外。通常，那些拥有政治、经济或社会特权的集团占有场域的优势，在众多资本拥有者中，处于支配关系中的支配地位；其他集团则置身于从属地位。

作为包含各种隐而未发的力量和正在活动的力量的空间，场域同时也是一个争夺的空间，用以维持和改善他们在场域中的位置。作为支配方，坚持一种趋于保守的策略，最主要的目的是维持场域中的等级化原则、分配原则和资本评价原则，从而能更好地加强他们在等级中的优势位置。而处于被支配位置的场域行动者，比如扶贫对象，并非被外力机械地推来扯去。正相反，他们也是资本的承载者，在场域中占据着位置。他们具有一种使他们积极踊跃行事的倾向，往往愿意采取破坏策略，其目的是实现场域中权威体系的转换，包括使规则朝向有利于他们利益的方向。这也就是说，场域中的行动者由他们所拥有的资本，决定了各自在场域中的相对力量，位置和行动的相应策略性取向。

当然，理解场域时，不能忽视的就是，极化的行动者除了为自己集团利益斗争之外，同时彼此还分享着共同的利益、忧虑和信仰。这些构成了他们进入场域的准入规则，也保证了场域充满活力而又不至于引起持续的动荡。

“政治场域是靠特定的社会空间中所表现出来的人与人之间的权力关系网络来维持的……而这些关系的维持和展开过程中，各个力的因素又以特殊的策略贯彻程序作为基本存在形式 。”这里所提到的“特殊的策略”

就是“惯习”（habitus）。

惯习，就是“不同的和各有特色的实践的生成法则”。事实上，惯习作为性情倾向系统，“是由客观条件包含的可能性和不可能性、自由和必然、方便和忌讳所持久地灌输的，所以最不可能的实践活动，作为不可想象的事物，未经任何考虑就被习性/惯习排除在外，因为习性/惯习直接服从了这样一个法则：乐意做令人不快却又非做不可的事，也就是拒绝被拒绝的事，愿意做不可避免的事。……它确保既往经验的有效存在，这些既往经验以感知、思维和行为图式的形式存在于每个人身上，与各种形式的规则和明确的规范相比，能更加可靠地保证实践活动的一致性和它们历时而不变的特性”。

这就像马克思所说的在尊重管理原则时的那种本能，“与产生我们身体某种运动的本能几乎同样盲目和无意识”，“随着时间的推移，取得了有规则的和有秩序的形式……如果一种生产方式持续一个时期，那么，它就会作为习惯和传统固定下来，最后被作为明文的法律加以神圣化”。

惯习和场域一方面表现为制约关系（conditioning），即场域形塑着惯习，而惯习成了某个场域固有的必然属性体现在行动者身体上的产物；另一方面又是知识的关系，或认知建构的关系。“惯习有助于把场域建构成一个充满意义的世界，一个被赋予了感觉和价值，值得你去投入，去尽力的世界”。

惯习可以生产出这样一个现实：社会行动者不一定是遵循理性的，但总是“合情合理”的，是“不得不”去做，“不得不”去说。当然，当条件发生改变，惯习和它特有的滞后情况也将引致惯习和场域之间并不吻合的情况。所以说，惯习是一个开放的性情倾向系统，不断地随着经验强化或者调整自己的结构。因而只有当有意识地把握与自身性情倾向的关系，行动者才能获得某种“主体”之类的位置。

在扶贫场域中，政府及其各个部门、市场、社会组织以及扶贫对象共同成为行动者，在场域中占据着不同的位置，并由此表现出双极结构，即支配方和被支配方。按照对权力的一般理解，我们可以认为，政府及其部门归属于支配方，其他成员则归属于被支配方。结合具体的扶贫情景，在改革开放前的三十年，中国不存在有规模的市场和社会组织的发育，所以在权力场域，可以直接将政府和农民作为两级来分析。而在扶贫开发时期，随着政府的动员和号召，越来越多的市场组织和社会公益组织进入了扶贫领域，扶贫场域的成员构成日益复杂。但是，从项目制的实施情况来看，最后都是落脚在村庄，由基层政府动员扶贫对象完成，即使是工程项目，面对面的双方基本还是村干部和村民。因此，从这个意义上，我们仍然将场域中的权力分析集中在政府及其部门和扶贫对象之间。

（1）合作化时期的政府和农民。农民问题是中国社会的根本问题，只有控制了中国农村社会，政党的长治久安才能得以保证。为此，中华人民共和国成立后，中国共产党开始着手重构了乡村社会与国家、国家与农民的权力关系。首先，建立了一支过硬的干部队伍。这些干部从中央到地方到村庄，层层围绕党和政府的工作核心，借助行政科层制下纯粹的纵向权力运作，不仅将代表国家的“权力”直接下沉到村庄这一基层社会，打破了中国农村社会传统的组织体系，而且在不断的权力渗透过程中，通过坚守党性和表达忠诚形成了一支有效并坚定的贯彻党的路线和方针的领导干部队伍，虽然这其中并不排除掺杂着许多干部个人的政治抱负和野心。正如布尔迪厄曾经揭示的，在一切社会场域中，超功利性是众所周知的规范，然而，毫无疑问，这些社会场域并不完全受超功利性支配。在怜悯、德行、无私的表象后面，有着难以捉摸的，被掩盖的利益，科层人员不仅是国家的公仆，也是把国家为自己所用的人……

其次，高度统一的思想建设。革命胜利以后如何建设社会主义国家对于中国共产党人来说，一开始就是一个必须从思想上解决的重大问题。在马克思主义关于社会主义经济理论以及社会主义苏联的实践基础上，政府明确了计划经济的发展方向。那么如何将个体化小农经济组织变为国民经济的一部分呢？新生政权从两个方面完成了这一思想转变工作。一方面通过确立体现“共同富裕”理想的一系列政治经济纲领，在党内外进行深入宣传，统一思想认识；另一方面，则是在农村进行思想障碍清除。这里除了正面的宣传工作，更多的是从反面进行批判：将分散的小农经济直接与贫穷落后的面貌联系起来，将热心自家一亩三分地的农民塑造成封建的、思想落后的异己分子。所以当时的生产方式和大比例的生产者成了社会主义公有制经济和共同富裕道路的拦路虎，广受批判。

最后，实施“仁政”。传统的儒家思想所推崇的“仁”在一系列自上而下推行的政策中体现，如爱国卫生运动、成人识字班、普及初等教育、全民医疗保险等，极大地改善了社会生活条件，并赢得了广大城乡人民的信任和响应。与此同时，在急迫需要改变的农村社会，广大干部并未急功近利地强行推动合作社运动，而是秉持着“自愿互利、典型示范”的原则，通过思想政治工作一步一步在广大农村成立互助组、初级社和高级社，将农村社会、农业和农民成功融合在国家治权的体制之中。

从农民自身来看，加入合作社充满冲突。一方面是分田地后发家致富的农民对财产公有的抵制。这里有合作社初期中农居多的村庄集体抗拒合作化，也有抵制无效后中农宰杀耕畜、毁坏农具、砍伐树木的破坏性行动。另一方面的冲突来自农民家庭内部。在强大的思想教育运动中，农民家庭面临瓦解。一大批“梁生宝”“李双双”冲破旧的封建礼教，成长为社会主义新时代的“新农民”，他们直接挑战家庭中的男性权威，批判他们错误的代表性，从家庭层面确立时代意识。他们中的大部分人脱颖而出，成为具有地方性特征的农村干部，在推动后期合作化和人民公社化的过程中发挥了巨大作用。

然而，正如前面关于场域所论述的观点，如果这个反贫困场域充满着对抗和冲突，那么它呈现给我们的不会是一个事实上既顺利又快速的农村集体经济建构的景象。这个景象何以成为可能呢?

第一，农民集体感增强。在斗地主分田地、忆苦思甜中培养了农民的阶级意识，他们开始团结起来，在话语中表现出对地主阶级的共同仇恨以及阶级内部的团结。第二，农民当家做主的热情高涨。新中国农民不仅真正成为土地的主人，在宪法上还获得了国家主人的称号。从理论上来讲，农民也就名正言顺地可以参与到国家的建设和管理中。这极大程度刺激了农民荣誉感和责任感的滋长，使之走出个人家庭小天地。同时，以农民干部整合农村，增加了农民与国家政权的亲和力。第三，个体主体性被抑制。对于土地的钟爱激发了农民在自有财产上的生产积极性，农民个体主体性高扬。但是，这种个体主体性并不被看重，反而被误读为“自私自利”的小农意识，成为批判的对象，而且直接威胁着他们珍视的家庭生活。第四，传统文化主导的农民。进入了新社会，接受了新观念，并不意味着农民进入一个与过往完全割裂的不同的思维和行为模式。“惯习”的滞后性在这里凸显。一是政治顺从使得他们很自然地回应关于公有制制度的建立；二是中国传统的大共同体本位意识所形成的对国家的认同感和归属感也在影响着农民的行为选择；三是在长期的革命战争中，中国共产党建立了良好的群众基础，并带来了人民的翻身解放。在信任和感激中，农民选择了自动放弃个体主体性的维护和张扬，投身于宏大叙事中，成为社会主义建设洪流中的组成分子。就这一点而言，在遮蔽中，主体行为不是理性的，而带有情感地建构她/他的主观性感受。而且，正如斯科特著名的观点，农民的政治认同基于生存伦理——“生存伦理为典型的农民看待同村人、土地所有者或官员对自己资源的不可避免的盘剥提供了基本观点。最重要的一点是，它表明农民评价这些索要的标准，主要的不是根据它们的绝对水平，而是看它们使自己维持在生存危机水准之上的问题是更加难办了还是容易解决了。”农民的主体性不论是群体的还是个体的，在中华人民共和国成立初期的分土地到集体合作社过程中都得以发展，原因在于他们的政治认同在生活困境得以缓解的基础之上产生。他们从自给自足、封闭、保守且备受压榨的传统社会走出来，经济的改善使他们真正感觉翻身得解放，所以迸发出建设热情，但这种热情是盲目的。

通过政治社会化，中华人民共和国的领导人成功地使得社会成员的个体和全体，包括农民，接受了国家刻意宣传和扩散的政治信息、政治情感和政治信仰，并形塑了成员们的政治心理和政治意识，使他们以共同的模式采取政治行动。

随着总体性社会全能政府的建构，国家通过对中央集权资本的积累，在扶贫场域中，掌握了对其他不同类型资本实施支配的权力。从而，“国家的构建与权力场域的构建相伴而行”。“政治权力的高度渗透和严格的计划经济使农民失去了传统的自由”。

B. Jessop 认为一个成功的国家性计划（a hegemonic project）应该从三个方面来评价：一是物质条件的改善，这是现有结构的成果和积累战略的可能性产出；二是权力集团的自身利益目标转化为广大人民的利益；三是被支配的民众参与到社会/集体主体性与意识形态整合的重构中。很明显，从这样一个评价标准来看，中华人民共和国成立初期的国家反贫困的政策是相当成功的。尽管当时的农民主体性被遮蔽，但是从社会发展过程来看，在生产力基础严重不足的基本国情下，也许牺牲人本身的发展是一种不得不选择的策略。

（2）项目制中的政府和扶贫对象。从合作化到人民公社结束，中国社会在20世纪70年代末发生了深刻的转型。当高度集权式的计划经济逐步为日益完善的市场经济所取代时，中央政府加快了政治体制改革步伐，国家治理新思维形成，从单纯追求低水平平等，转向倡导治理的效率，兼顾公平。这一时期党的农村工作和扶贫工作也随之发生了变化。

20世纪80年代，税收分配和支出责任分权化，而且预算外资金处于完全分权的状态，导致中央对于地方政府的预算外资金几乎没有控制能力，为政府兴办集体企业和圈地占地发展地方经济提供了强大的动力，而且各种名目的农民负担作为主要的预算外收入，成为地方政府关注的焦点。农民除了承担农业税收以外还要缴纳的费用包括“三项提留、五项统筹”(人民公社遗留下来的分配制度)，以及各种集资收费。由于国家没有明确统一的标准，结果往往造成这样一种矛盾现象：愈是那些比较贫穷、村级集体收入比较少的农村，农民所缴“三提五统”在收入中的比例愈高。特别是在广大中西部地方财政紧张的地区，农民负担过重引发的群体上访恶性事件频发，农村社会不稳定的隐患因素激增。正是在这样的背景下，中央政府开始了一系列农村税费改革政策行动，在2005年中西部全面取消了农业税。农业税费改革是“公共财政反哺农村”的开始，贫困地区农民直接受益。但是改革也使得基层政府收入开始越来越依靠上级政府尤其是中央政府的转移支付补助，整个国家政权“悬浮”于乡村社会之上。

从扶贫开发中的项目制实施过程来看，这种税费改革导致的权力集团的分化和相互牵制非常明显，在集权模式下让“自下而上”的市场化竞争机制配合“自上而下”的分权原则，形成了一种新的国家治理结构——分级治理。上级政府，尤其是中央各部门因为拥有大量专项资金而掌握着项目发布权和转移支付的支配权，从而决定了中央政府/国家事实上是扶贫项目最重要的主导者。作为项目的委托方，中央部门（或上级政府）对地方政府（或基层政权）在某些特定领域和某些公共事项上，进行非科层的竞争性授权，并通过项目目标设定权、检查验收权和实施/激励权向下实现控制。

地方政府、基层政府分别作为项目执行主体和参与主体，在扶贫项目中，它们是典型的“谋利型政权经营者”，以多重的动机和目的运作扶贫项目，一方面要为地方和扶贫对象利益考虑，一方面要通过扶贫项目树政绩，如建立“亮点村”“示范村”，提升经济资本和政治资本，而这些做法往往背离扶贫对象和村庄实际需求。正是由于项目制附加的竞争性的市场机制能够突破科层制向下的权力运作，下级政府便有可能对既定的集权框架和科层制逻辑进行修正，从中加入更多各自的意图和利益，获得更多的自主权力。从而形成上级部门通过“条条”自上而下实施控制，而地方政府或基层政府却动员“块块”力量进行自下而上的反控制。而且，项目制下上下级关系存在具体、特定和临时的特点，诱发和强化了地方政府的非常规化行为。所以在项目制中，上与下的控制与反控制，生产出新的制度性紧张。同时也要注意到，国家以公平兼顾效率的方式允许地方政府因地制宜地制定项目，参与竞争。但是，地方政府在项目运作中，更多注重的是利益实现。所以在权力集团内部，两种不同的逻辑体现在项目过程的不同环节。

乡和村基层政府组织是项目实施的最后环节。他们一方面要对上负责，完成项目的任务目标，一方面要动员扶贫对象及其他资源参与到项目行动中来。因此，可以这样理解，在项目扶贫方式下，权力的支配方和被支配方的关系焦点最后集中在乡村基层组织和扶贫对象之间。

农村改革以来，作为政府中最低层次的代表，因为收取税费、定购粮和开展计划生育而被冠以“要钱、要粮、要命”的“三要政府”，紧张的干群关系使基层政府受到普遍质疑。

而就扶贫对象而言，首先是对政府存有不信任。不同于中华人民共和国成立初期的农民，在经历了分田到户的苛捐杂税的盘剥和缺乏社会政策的保护之后，改革期间的农民感到被国家抛弃，只能依靠私人领域的非正式支持网络和市场解决自身和家庭的问题。其次，在项目的获取过程中，扶贫对象的需求并没有直接被考虑，被捆绑到项目中的他们也未获得自主参与的权利，更不能有效评估政府绩效，监督政府行为。也就是说，他们要按项目设计的行动者角色去做，但没有机会表达诉求。所以，他们习惯地问“他们要我们干什么?”或者习惯地说“你们说干什么就干什么”，用一种淡漠但不拒绝的方式进入项目。这种淡漠表明他们对此不感兴趣，也不关心将会有什么发生在他们身上。在此，他们不能体验到因获得而完满，同样也不会体验到因挫败而沮丧。

为什么不相信却又不抗拒呢？是扶贫对象没有选择吗？当然不是。20世纪90年代的贫困人口拥有土地的经营权和生产自主权，他们完全可以依靠土地而不是项目养活自己，而且许多非种养殖的“以工代赈”公共服务项目也能提供额外的机会。具体的原因可以归结为以下几点：第一，乡村熟人社会的束缚。尽管现代社会充满流动性，但贫困的村庄还是一个以熟人交往为基础构建起来的生活世界。土生土长的干部和土生土长的乡亲，抛开社会地位就是邻里甚至亲属。拒绝干部带来的项目从某种意义上讲，可能被认为是不领情，或者是不愿合作帮助村干部渡过难关。这无异于是刻意拒绝或撕裂长久存在的社会关系。在较为封闭的社会里，关系断裂的恶果将波及成员生活的方方面面，风险代价太大。第二，参与作为社会交换的条件。项目制强化了基层政府的权力。基层干部基于自己所处的有利位置，依然能够影响资源的分配和再分配过程。充足的资金、源源不断的机会，使村民们看到了未来可能获得的“利益”。因此，他们以配合的态度来完成项目，就像第一章中我们看到的那个大凉山的村民，一无所获、不情愿但仍然让出自己的土地修公路。第三，顺从的惯性。尽管中国城市和乡村社会发生了巨大变化，但是对于权威服从的惯习还在持续发挥作用。参与项目是一种必须，是不得不做的事情。“只是为了应付生存境遇中最为迫切的某一项来自他者的压力或刺激而已，并非理性的深思熟虑、慎重的选择”。第四，扶贫对象内部的分化明显。目前农村社会流动的可能性增大，向外流动明显增强。从很多扶贫报道和材料来看，参与项目的多是那些留守家园的，流动难或懒于流动的人群。年轻人口实际上常常脱离项目。第五，项目本身的排斥。项目制是一种专家化专门化的模式，从而表现出垄断特性，通常通过那些以区隔性的文化身份和制度标记出“内部人”和“外部人”，贬低扶贫对象的能力和作用，限制他们进入资源的可能性。

布尔迪厄认为，同一阶级的人们，他们无须借助任何集体性的“意图”或是“图谋”，就能够产生出统一的实践活动来，这是因为惯习具有结构上的亲和（structural affinity）。因而，在未经讨论的“无意识”行动中，扶贫对象集体采取了不感兴趣、淡漠而非主动的项目参与。此时，主体性缺失反映的是外部权力过于强势，扶贫对象主体性向外投射被抑制。

2. 扶贫场域中的经济关系。扶贫开发主要是经济活动。一般而言，经济活动的逻辑是一种权衡成本-收益的理性逻辑。

在合作社时期，对于党和国家而言，农业合作社化直接关系到能否奠定工业化的经济基础，关系到国家能否建立综合的有计划的国民经济体系。合作社是共同富裕梦想的前提。而那些解放的中国农民从合作社试验中看到了集体劳动带来的更大收成。国家追求富裕与农民追求富裕在合作社形成了交集。

当前的扶贫开发同样是国家通过自上而下的方式解决贫困地区贫困人口物质匮乏的问题。同时，我们也注意到，大量的国家财力通过倾斜式转移支付进入贫困地区，表现了国家追求公平、实现“共同富裕”的承诺。

正如上文所言，当下扶贫场域中集团内外的关系发生了巨大变化。从支配集团来看，中央通过项目转移支付，目的是激发地方参与扶贫的积极性和主动性，通过项目管理提高资金使用效率，为贫困地区及贫困人口提供更多的公共服务，达到“花钱办实事办好事”的效果。但是地方政府则是努力从项目中获得更多资金和更大自主权，力争多资金、好办事。所以，在地方制定项目时，一方面注重亮点、重点以标榜政绩，一方面将各种事项掺入一个项目，使项目庞杂、耗资。后者类似美国国会盛行的“猪肉桶”项目，通过此类项目将国家层次的利益转变为地方层次的利益，不仅造成资源、项目管理难度增加；同时，也造成事实上的“跑项目”竞赛，破坏了资源使用均等性原则。因而，上下层级的权力竞争所呈现的不同经济运作规则，使得项目在实施中目标偏移，而且直接导致扶贫对象在项目中的主体地位被忽略。而从项目本身来看，由于项目雷同、缺乏地区优势，也就失去了项目对扶贫对象的吸引力。比如流行全国的养鸡养猪养羊养牛等种养殖项目。以养猪为例，从长白山的生态黑猪到湖北恩施的零号土猪，再从重庆贫困山区村村养猪脱贫计划到云南拉祜人村寨扶贫干部养猪，猪/土猪/黑猪成为许多地区扶贫开发的中心词。在一个将农业定位为优势产业的湖北某城市，其扶贫开发项目之一就是鼓励万头猪养殖场，政府一次性给予 100 万元补助。

这种经济性扶贫项目的遮蔽作用主要在以下几个方面凸显。

首先，项目回报低且不确定，妨碍农户参与。作为一个经济项目，市场逻辑是不可回避的行动准则。这里不单单是一个让扶贫对象动起来干起来的问题，劳动的成果需要经过市场转换才有可能富起来。第一，市场本身是功利性而非道德性的，那只“看不见的手”通过产品的稀缺性来决定物值几何。据央视 2017 年 5 月 23 日报道，全国 25 个省猪肉价格下跌，从春节开始猪肉市场价已下降了 25%左右，而生猪出栏价已经跌到 23 个月以来的最低价。第二，公共设施落后的状况下，偏远地区扶贫对象只能依靠本地市场。在这样的市场中，产品的竞争优势很难表现出来，较低价格下的较低回报很难激发农户的规模生产积极性。第三，地方政府在项目实施前的价格担保难以令人置信，因为市场不是道德经济。

其次，项目陌生，排挤本地知识。比如，湖南古丈县断龙山乡是土家族聚居区，属于老少边穷地区。该乡目前正在推行烤烟种植项目。有学者通过调查研究发现，由于当地土壤、光照和降水等方面的自然条件都与烤烟种植要求不太相符，持续种植烤烟后引发了多种生态问题，而且销售被烟草垄断。与此同时，当地传统农业知识、生产技术被边缘化，扶贫对象生产的能动性、主动性和创造性被抑制，扶贫成效难以巩固。诸如此类的项目比比皆是，如让山民下到平地种庄稼，高山地区推行有机茶园等。孙立平等学者把这种政府行为概括为“逼民致富”。

最后，忽视扶贫对象的选择可能性。经过三十年的市场经济体制改革，很多农民已经熟悉了资本的逻辑，甚至可以说在投入中追求经济回报已经成为当下社会人们行动的“惯习”，比如在乡村基础设施建设中，农民开始将自己的劳动力当成商品，提出经济报偿，认为“唤鸡也要舍把米”，何况是费工费时的事情。在这样的惯习引导下，扶贫对象自觉地与外出打工相比，评价不同项目可能的机会成本。目前在扶贫开发项目中，主要有以工代赈、组织人员外出务工、招商引资帮助扶贫对象就地就业以及各种生产性项目。从项目持续的时间、效益保障、见效快慢，以及在其中的自主性来看，很显然不外出打工，机会成本会更高，特别是选择生产性项目时。所以年轻人主要以自由就业为生活目标而选择离开村庄离开项目。而留在村庄的人们，也是尽量选择回应效益快、稳且高的项目。

利益问题在中国传统社会中是一个关系到社会运行和社会转型的重大问题，至今仍然影响着中国社会的良性运行和协调发展。当城市社会以逐利为目标，农民作为一个整体，作为农业的主体，其利益被进一步侵蚀和剥夺。同样的行为逻辑用来影响个体，结果形成了私利而无暇顾及他人的“碎片化”的社会。

对于扶贫场域的检视，充分说明，在过去的扶贫开发中，我们过多地遵循技术和生产力维度的实践逻辑，相对弱化了社会关系世界的分量与意义，从而忽视了关系世界的构建，对于谁有权来界定贫困、怎样减少贫困这样一些有关扶贫对象地位和作用的问题缺乏实质性的回应，导致他们日益萌发生长的主体性被遮蔽。最终致使在明明对自己有利的扶贫开发中，扶贫对象却始终处于淡漠状态，若即若离。而干部们对这样的行动却不能进行反省，继续批评扶贫对象“文化、意识落后”“要、靠、望”、不懂政府为他们的好。

对扶贫对象主体性的遮蔽，造成在认识论层面扶贫对象不能成为完整的主体，使他们的主体性不能在扶贫实践中发挥作用。并且太多的关注投向扶贫实践的活动本身，却疏忽了反贫困的主体之一——扶贫对象，使得主体“边缘化”，由此进一步导致对扶贫实践活动的遮蔽。没有人追问是谁的发展，谁的生活。扶贫对象被忽略，反贫困实践背后的本质意义被忽略。

三、贫困文化“发现”主体性：内向化

（一）典型案例：贫困的代际传递

20 世纪 60 年代在研究持久性贫困的过程中美国经济学家提出了“贫困代际传递”（the intergenerational transmission of poverty）这一概念。他们认为，贫困代际传递是指“贫困以及导致贫困的相关条件和因素，在家庭内部由父母传递给子女，使子女在成年后重复父母的境遇——继承父母的贫困和不利因素并将贫困和不利因素传递给后代这样一种恶性遗传链；也指在一定的社区或阶层范围内贫困以及导致贫困的相关条件和因素在代际延续，使后代重复前代的贫困境遇”。

对于贫困代际传递的解释除了从传统的政治、经济结构出发，一个重要的新视角将研究者的关注引向“贫困文化”：贫困人群特有的文化所表现的特殊心理和行为特征。

王志章、刘天元在研究连片特困地区农村贫困代际传递的内生原因时发现，心理资本维度中，家庭生活态度与贫困代际传递呈正相关。也就是说，当无法通过努力摆脱贫困状态时，贫困人口所滋生的挫败感可以演变为消极被动的生活态度。在家庭生活中，受父辈影响，这种生活态度容易内化为子辈的生活态度，从而降低他们改变贫困的信心和可能性，使得贫困世代传递。虽然他们的研究结论显示，家庭生活态度对贫困代际传递的影响大大小于经济资本、社会资本和人力资本的影响，但是作者警告不能

忽略其效力。

在美国，阻断贫困代际传递的政策行动在提升儿童福祉的视角下，主要从三个方面入手：第一，学校教育。这是人力资本理论在反贫困中的应用。人力资本理论强调了劳动者的人力资本与劳动市场的关系。加里·贝克尔（Garrs Becker）与托马斯·索厄尔（Thoma Sowell）关于人力资本的研究显示，由于贫困家庭缺乏足够的经济资源，阻碍了儿童获得良好的参与劳动市场竞争的人力资本储备的可能，这造成他们在成年后失去寻找良好工作以避免贫困的机会。就像阿马蒂亚·森在“作为能力剥夺的贫困”概念论述时所倡导的：更好的基础教育和卫生保健的结果是直接提高生活的质量；同时它们还将提高一个人获得收入的能力，使其免于收入贫困。越好的基础教育和卫生保健，越可能使潜在的穷人获得较好的机会脱离贫困。同时，社区发展者在社区中为青少年制订课后教育计划，对他们树立积极的社会价值观进行指引和监督，并帮助他们远离不良团伙和有害行为。第二，社区。虽然现有的实证研究没有足够证据表明儿童生活的社区对他们成年后的收入状况有直接影响，但是对于那些处于收入底层、成长在城市问题社区的儿童们会有什么样的后果仍然引起了公众的特别关注。美国住房和城市发展部为此发起了“Moving to Opportunity”计划，也就是将儿童家庭再安置到条件较好的社区居住。对计划开始4—7年的效果进行检测后发现，女孩犯罪风险和行为明显减少，但对于男孩以及青少年学业的正面影响还不明显。除此之外，对于社区层面的其他干预，主要都是由社会工作专业介入完成。第三，家庭。基于过往的普遍认识，即严重的物质剥夺将危害儿童的生活机会，反贫困的政策重点放在通过对贫困家庭收入的转移支付来改变贫困家庭的环境。尽管这些政策性的行动对于儿童的成长是非常重要的福利促进，但是对如何改变代际传递包含的价值和态度等主体性因素，政策没有直接回应。

（二）贫困文化的解释

关于贫困的政治学总是随着意识形态的演变而发生着变化。换言之，那些贫困人群是否能获得帮助以减轻贫困取决于权力拥有者们认为他们值得与否。例如，在福利国家时期，贫困者被普遍认为是社会不平等结构的受害者，因此也是值得同情值得帮助的；而在 20 世纪 80 年代新自由主义观点下，贫困者转而被描绘为懒惰的、不负责任的，成为被公众指责的对象。

但贫困一直都是一个超越政治、经济领域的话题。当人类学家关注贫困时，他们自然会探讨文化和贫困的关系。20 世纪 50 年代人类学家奥斯卡·刘易斯在对移居墨西哥城的 5 个迪坡斯特兰家庭的贫困问题进行研究时，首次提出了“贫困文化”的概念。所谓“贫困文化”就是指贫困人群的一种独特生活方式，一种世界观，“是长期生活在贫困之中的一群人的行为方式、习惯、风俗、心理定式、生活态度和价值观等非物质形式。”

1. 对贫困文化的批判。贫困文化常常伴随着贫困者与众不同的价值观和行为方式，甚至是偏离社会主流价值的越轨行为和犯罪行为。所以当贫困文化概念被介绍进入美国社会之后，产生了巨大争议，并受到来自多方面的批判。特别是到了 20 世纪 80 年代，美国底层理论使贫困文化再次得到关注。

第一，贫困文化被指责是责难受害者。批评者认为贫困文化具有以下特征：一是贫困者/底层具有与众不同的价值观和心理特征；二是这些价值观和心理特征阻止他们获得成就并产生行为偏差；三是这些特征很可能不仅导致一代人自我持续地让自身陷于贫困，而且还可以通过年轻人社会化实现代际传递；即使当条件和机会变化时，这些特质有效地妨碍了他们改变不利处境的能力。因此贫困文化意味着贫困者是他们自身贫困的责任者。

第二，忽视结构性问题。致贫的很重要的原因是社会结构不平等，这是当时美国社会关于贫困问题的共识，但是有学者认为奥斯卡·刘易斯的观点不是去批判社会客观条件和障碍影响了贫困人群的机会获得，而是将焦点转向了贫困者的文化，转向批判他们不求上进、宿命论、悲观绝望。在对贫困文化的如此诠释下，许多美国人相信贫困人群有很多与主流社会理想格格不入的不良素养，因为自身缺乏奋斗精神、道德低下、沉迷于药品滥用等导致陷入贫困而不能自拔。Ladd 指出，大多数美国人相信，接受福利救济的人中绝大多数是在利用福利制度钻空子。

第三，反对政府针对贫困者的福利。有学者认为，如果贫困和依赖是根植于文化和心理，那么贫困永远不可能只是简单地通过改善资源状况和提供机会就可以解决的。贫困项目只有在贫困者被重新社会化的前提下，也就是使他们的价值观、心理特征更接近于主流文化时，才能产生效果。因此，“向贫困开战”演变为“向贫困者开战”。当把贫困文化理论和美国反福利的底层研究相提并论时，许多批判贫困文化取向的人认为贫困文化观提供了理由让福利抛弃贫困者。正像社会保守派从贫困文化观中得到的支持，“贫困文化”强调了有问题的价值观和行为是贫困代际传递的根源。

第四，贫困文化带有歧视色彩。这一观点主要来自于在研究贫困家庭时使用的“病理学”（pathology）一词。该词 1965 年被支持贫困文化观的莫伊尼汉（Moynihan）在有关美国非裔贫困家庭的报告中用来描述非婚生子女日益上升的家庭结构，从而招致民权运动领袖等的批评，并且认为该报告将美国非裔家庭的问题归因于其特别的家庭结构。H. 刘易斯就曾提到，贫困文化的思维是一个根本性的政治问题，许多时候就像令人战栗的种族思维。

2. 贫困文化的真正含义：主体性积极向内。

（1）贫困者主体性策略——适应贫困。D. V. Kurtz 认为，奥斯卡·刘易斯为贫困研究提供了一个完全不同的视角。被贫困文化标记的贫穷个体，通常让人产生一种直观认识：他们较少可能看到向上流动是个人努力的结果，而更惯常的看法是认为“运气好”或其他原因。这种态度毫无疑问地等于宣告一个人在控制自己命运方面的权利和能力匮乏。这是贫困文化“病理性混乱”所揭示的贫困者生活的一面，而且还是一套积极的适应机制。这些适应机制是社会建构的，是由那些处于社会分层边缘地位的贫困者回应高度个体化社会和日常生活的物质基础时集体生产出来的。这些机制使得贫困者在那些难以忍受的物质和社会条件中幸存下来。

所以，贫困文化是为贫困者及其创造力进行辩护，它所揭示的是贫困者强化他们自身自由而保有必要的技能，是贫困者生活世界所呈现的积极主体性。人们生活于贫困之中，是因为他们拥有的资本存量能赋予他们的选择微乎其微，政治上的无权也使得他们难以改变已经建构的社会关系。因而，当在权力的作用下形成一种弱者的无力感，积极的主体性向外彰显不能实现主体目的时，它转而积极向内：依靠他们自己拥有的，学会适应贫困带来的各种不确定性和风险，努力进行心理调适，降低期望值，减少焦虑。仅就此而言，贫困者远不是被动地适应社会，他们建构了集体的回应社会的问题解决方式，并形塑了贫困者的生活空间以减轻生活的痛苦。他们通过贫困文化的社会建构，实现了自我解放。如果一定要从理性的角度解释贫困人群的这种行为，其实也可以从中找到理性策略的痕迹。

这就是为什么奥斯卡·刘易斯坚持认为，尽管这是一群生活在没有关照的社会，饱受体制的伤害，但他们并未成为精神健康有问题的群体，他们仍然有能力来决定自己的命运，在他们无法控制的力量制约下生存，并创造出生命的意义和尊严。如果能给予他们资源和专业规划专长，他们足以建设、维持和治理好他们自己的社区。

（2）贫困文化所强调的福利。显然，贫困文化并不想责备作为受害者的贫困者。奥斯卡·刘易斯、莫伊尼汉以及像哈林顿等这些来自自由主义或激进派的贫困文化的忠实拥趸者，他们更倾向于认为贫困文化是长期以来对许多人进行大规模剥夺和制造壁垒的最终产物，因此不仅不能减少政府干预，相反他们强调需要更加多的干预。当然这种福利要超越传统的物质、经济形式，比如上文提到的美国政府试图阻断贫困代际传递的多方面努力。

但是，奥斯卡·刘易斯也注意到了贫困人群形成适应性贫困文化的后果。他指出，贫困文化不仅仅是对客观条件的适应。一旦形成，它就能够自我持续，并通过对儿童的影响，在代际传递，使得他们在未来人生中，从心理上而言，不会充分把握机会，全力以赴改变不利的生存条件。文化中传承的观点是人们相信的、愿意相信的，也是必须相信的。这种力量就是李泽厚在谈到内在主体性方面时，强调的文化心理结构的普遍性和传承性。

因此，如何改变贫困文化，也是奥斯卡·刘易斯关注的。为此，他对社会工作在改变贫困文化方面寄予厚望。首先，他指出，在美国，与贫困相联系的问题的主要解决方案是通过社会工作-社区心理学路径改变贫困者的行为。其次，奥斯卡·刘易斯支持由政府和中产阶层对减少贫困进行大规模干预。他希望自己的研究结果可以为公众知晓，因为这将提高穷人和中产阶级的意识，使他们能够发展出共同的反贫困社区行动，因为他相信产生于贫困群体的领袖人物是反贫困实践取得成功的关键要素。他声称，要消除贫困文化，必须经历一个真正革命性的过程，需要社会从自我组织开始，培育出属于它自己的领袖，以能够表达他们的诉求 。

（3）结构中的贫困文化。关于人类行为的动因问题，经济人类学家波兰尼、人类学家马林诺夫斯基、哲学家曼海姆等人从在20世纪20—30年代开始即从不同的角度进行了探讨。他们认为个人的行为选择，要受到历史、文化和社会价值体系等潜移默化的影响。因此，贫困者独特的价值观和行为特征必然离不开他们生活的特定社会历史文化条件。他们作为行动者，通过有意无意地致力于再生产，以惯习的方式将特定的结构性必要条件内在化，成为积极主动的生产者。贫困文化作为对贫困者的惯习的总结，形成于某个场域，它同时也体现出这个场域固有的必然属性。这就是所谓的“社会现实是双重并存的，既在场域中，也在惯习中”。这种专属于贫困者的惯习，通过文化培养和熏陶行动者对社会秩序、生活规则的信奉，形成了他们对社会世界的信念经验或内在的区隔感。而这种区隔感又进一步促使贫困者从公共生活空间抽离，退缩到家庭和个人的私人生活中，徒增脆弱性，限于贫困的恶性循环。

同样地，埃利亚斯（N. Elias）在分析文明化过程时也指出，贫困始终是一个相对的观念。各个社会群体的行为方式之所以各异，关键不在于他们在物质占有方面的差异，而在于他们对物质的控制程度及要求方面的差异，进而发展成自我认同，维护与他人的区隔需求方面的差异。任何文化都不可能与经济条件相隔离，而且在回应变化的客观社会环境时，人们的价值观和行为必然会随之改变。“惯习不是宿命”，尽管文化变迁具有堕距性，它仍是可能变革的。

（4）用希望替代贫困文化。“相同的潜在行为倾向通过使在经济和文化上最无实力者适应生成行为倾向的特殊条件，从而使他们不大可能或不可能适应经济大世界的总体要求（比如计算或预测），最后促使他们接受由这种不适应即他们的不利条件造成的消极结果。”

恩斯特·布洛赫从这种消极性中看到了作为群体的人，其主体性维度和超越性维度正在丧失，即妥协于过去历史的安排、妥协于外部世界面对的现实。他从主体性的人出发，通过走进希望、唤醒希望、尊重希望、引导希望这一系列的思考，建立起希望哲学，旨在恢复被遮蔽的人的希望之维、超越之维。布洛赫认为，人的希望来自于渴望引发的改变世界的永恒的驱动力。那么渴望又从何而来？来自对需求匮乏的否定。正所谓，当其穷，而有无穷之愿欲。所以穷则变，变则通，通则久。

在一个快速变迁的社会里，对扶贫对象而言，这就要求他们积极否定无权无力的现状，重新认识自我，排除贫困者主体性向外的内在障碍，实现超越。如果忽视或压制贫困者适应生活的潜能，那么一个消除贫困的社会将会更加遥远。中国社会正经历着前所未有的快速变迁，处于较底层的民众正在经历着社会异化导致的“不适应”。如快速的城市发展引致城乡差距增大、一系列制度的排斥，以及冠以怎样的名词，如新生代农民工、新穷人、二代农民工，都不能改掉的农民身份等社会现象和问题，使其仍置身于“经济接纳、社会拒入”的尴尬地位。这里我们又看到了分裂人口作为经济的生产者和作为福利的消费者的惯性思维。这样很容易导致他们沮丧、产生挫败感，并引发自我隔离。因此，如何关注扶贫对象主体性积极向外，如何引导扶贫对象确立共同改变贫困的价值观，以良好的精神状态参与反贫困实践，是当前成功减贫、脱贫的关键。

改变贫困文化就是改变贫困群体价值观、态度和行为模式，但这并不是要求对贫困者进行再社会化。因为贫困文化理论告诉我们，贫困者基于族群文化的承继，接受或建立起对于社会客观现实的一种悲观无望的认知。

帕森斯认为，文化/共享的价值在社会功能整合中扮演着重要的角色，是文化系统保证了社会系统维持平衡和和谐。然而这种结构功能主义的思想却不能回答文化为什么变迁，社会为什么变迁。因此，文化的功能在帕森斯那里并未得到完满阐释。所以，有学者提出，文化本身可以作为一种新的工具，来指引贫困者的行为模式。在贫困中，贫困人群采取各种生存策略，生产出在感觉无助的背景下的“适应文化”；那么，如果这种文化的前提发生改变，比如贫困人群变得有信心、可能认识到社会条件朝向有利于自己的方向发展，同样是在文化的指引下，创造出别样的截然不同的生存策略就成为可能。此时，“适应文化”就转变为“革命文化”，反过来抵抗贫困的生产和再生产。

这种革命文化的生成，首先依赖于外部环境的改变，通过谋求社区内部平等发展的权利，让贫困者获得一种可以企及的光明愿景；其次通过参与改变扶贫对象向内的态度、价值观和行为，因为不是他们不愿改变而是充分认识到不能改变。通过参与，重新建构他们对外部客观世界的认知，并在这种新的认知引导下，重新鼓起勇气，有信心将主体性投射到个人之外的生活世界，打破发展的外部壁垒和内在障碍。

·第四章·

扶贫对象主体性建构的动力

案例

扶贫先扶志的误读

这两则故事，都发生在广西百色市凌云县泗城镇一个瑶族山村。

故事1：十年之后你在干什么？

这是背隆瑶族生活的地方，他们大都“分散居住在方圆几十公里的大石头山里，没有耕种的土地，也没有办法种植其他经济作物，只能靠打柴、狩猎为生，经济收入极低且非常不稳定，所以，对孩子读书并不是很鼓励，前些年甚至经常出现学生父母偷偷地帮学生从学校逃出来，从而回家务农或下山打工的现象”。

2017年11月6日，在这里，后龙小学——百色最为贫穷的一个村级中心小学——举办了“孔子书包励志助学”公益项目第一批书包捐赠活动。在采访中，一名三年级的小学生在被问及十年后可能干什么时，孩子的回答是“在南宁打工”，因为他爸爸妈妈正在南宁打工。

故事2：扶贫贷款要吗？

还是在这个山村，政府为了促生扶贫对象减贫的“造血”功能，提供给村民小额贷款帮助他们下山创业或做小生意，但是遭到有些贫困户拒绝，原因是他们担心拿了这笔钱以后就不能领取定期发放的贫困补助。类似的拒领扶贫贷款的事情在贫困地区屡见不鲜，扶贫对象总是在顾虑这样的问题：这钱拿了能做什么？如果拿来做事，能不能还清？事情不成还不出来咋办？

这样的故事，常常让人们认为，贫困人群日复一日继续着过去的故事，走祖辈老路，不思进取，安于贫困；然后，自然而然对扶贫对象摆脱贫困的能力和愿望产生怀疑。

这种思想常常与扶贫先扶志的说法连在一起。学习中国网曾指出，“有些贫困村、贫困户扶不起，穷依旧，不是他们不能致富，而是他们缺乏一种勇气——脱贫致富的勇气，缺乏一种精神——勤劳实干的精神，缺乏一种理念，——人穷志不穷的理念”。

扶贫先扶志的提出是在国家大规模扶贫中，与物质扶贫举措同时出现的，最初见诸文字的解读主要是指有机结合扶贫与扶志二者，要求在给扶贫对象送温暖的同时，还要送志气、送信心；强调扶贫对象要有摆脱贫困的信心，要有不畏困难、自力更生、艰苦创业的主体性精神。正如习近平强调的：“弱鸟可望先飞，至贫可能先富，但能否实现‘先飞’‘先富’，首先要看我们头脑里有无这种意识，贫困地区完全可能依靠自身努力、政策、长处、优势在特定领域‘先飞’，以弥补贫困带来的劣势。如果扶贫不扶志，扶贫的目的就难以达到，即使一度脱贫，也可能会再度返贫。”

扶贫先扶志，在扶贫中动员群众、鼓励群众，这是党的群众路线的一贯宗旨。但是，从众多报纸杂志发表的观点来看，长期以来基本遵循着一个观点：穷且志短，贫困者无“志”。扶志就是要解决扶贫对象来自心理层面的“拦路虎”，消灭缺乏理想和抱负的脱贫的精神大敌。基于“无志”的理解，吕学芳认为，扶贫对象，特别是在民族地区，“由于种种原因，很容易对政府和社会的扶贫工作产生某些‘心理依赖’。所谓‘心理依赖’，是指贫困者缺乏改变自身贫困生存状态的信心、需要和热情，一味地将自身生存的希望寄托于外界的援助上的一种惰性心理现象”。同样的思维下，有人将“扶志”与“治懒”相提并论，也有人将扶贫对象致富与其思想道德素质挂钩。

从逻辑上讲，强调“志”的重要性，其前提并不需要“缺志”。而且对扶贫对象“无志”的评价无论如何也解释不了为何三十多年来，一代又一代的农民持续不倦怠地往返于城市工作和乡村家庭之间。

基于前文“场域”和“贫困文化”的理论解释，基于农民市场奋斗的事实，这些对于扶志是精神贫瘠、贫困人群败德的理解显然是错误的诠释。当然学者吴重庆要因为这是对贫困人群的“矮化”，而否定“扶贫先扶志”这样的说法。

但是，本书接受“扶贫先扶志”的提法，因为我们认为强调“扶贫先扶志”就是肯定扶贫对象反贫困的主体角色，就是从主体性角度强调培育扶贫对象内生动力和内在活力，发挥他们脱贫的积极性、主动性、创造性，提高他们自我发展能力。

主体性是人类的特有属性，表现在人类对自然世界的有目的改造，这种改造的心理基础来源于人类最初的自我意识，它是人类把自我与自在区分的开始，创造出两个世界，并在自然世界中展示主体的力量，创造着文化；自觉的创造是主体性的主要标志。主体性的建构对于人类文明的发展具有重要的意义，它使得人类的文化呈现出繁复而多样的发展态势。而克服主体性张扬的障碍，必须内外合力。

一、内在改变

（一）自我发现

“自我是指一个人感受自身存在的经验，它包括人们通过经验、反思和其他人的反馈而获得的有关自己的认识。”自我是个人对自身存在的一种自觉的意识和体验，是与理性、情感、个性相关联的自我意识，是与外在的刺激相关联并通过行为选择而逐步形成的。与自我相关的一切认识活动即为自我认识，人类在认识纷繁复杂的世界时，为了确定某一事物现象的界限和范围，并且将它们区别于其他类事物，会不由自主地对它们进行定义。自我定义是认识主体强调独立自我主体存在的一种自觉认识与实践活动。

扶贫对象的自我发现是贫困者对贫困的一种强调独立主体存在的自觉认识与实践活动，包括贫困自我认知、贫困自我体验、贫困自我认定以及相应的行为反应。

1. 贫困自我认知。自我认知是有关我们对自身存在状态的内容和结构的认知。自我认知包括对自己与他人、社会的关系，以及对自己的生理和心理状况的期望、认识和评价，是自我意识发展的主要内容和基础。它是指主体受个人认知能力、情感因素、理性、教育背景、境遇等因素影响，强调个性自我的存在而自觉形成的对贫困和贫困资助的相关认识与评价；通过他人的反馈、自我知觉、反思、社会比较、社会认同等多种方式，在区别的情景中产生。

扶贫对象贫困自我认知的内容主要包括两个方面：一是对贫困的认识与评价，包括贫困定义、贫困归因、贫困判断、贫困财富论、贫困灾难论和贫困宿命论等方面；一是对贫困救助的认识与评价，包括贫困救助意义观、贫困救助利益渠道观、贫困救助公平观、贫困救助负面意义观等方面。

扶贫对象贫困自我认知是自我贫困意识形成的基础，对自我贫困认定具有决定性的作用，总体上体现为积极、消极、主观和客观四个维度。

2. 贫困自我体验。从一般心理学来理解，自我体验“是指人对自身心理内容的一种内省式的把握，是人在将自己作为独立生命个体进行自我关照、审视时所产生的某种深沉情绪或意味。”所以，自我体验是主体感受自我存在的一个复杂心理活动的过程，又是将自我认知转化为实际行动的过程。

通俗地讲，贫困自我体验就是扶贫对象感受贫困滋味的过程。其内容主要包括自我形象感、自我存在感和自我认同感；它们分别对应着对自我形象升降幅度的把握、对自我存在的强弱程度的把握、对自我认同难易程度的把握。贫困自我体验对扶贫对象情绪心理的稳定性、性格的养成、人格塑造、身心健康等都造成不同程度的影响。

贫困自我认知与自我体验构成完整意义上的贫困自我意识。

3. 贫困自我认定。自我认定是主体在自我认知与自我体验的基础上，对自我存在的一种标签式的确认，是指扶贫对象在受自我贫困意识的影响下，对自身状况是否贫困进行判断和选择，以及确认身份的过程。贫困自我认定一方面可以由完整意义上的贫困自我意识决定产生，通常这种情况下所进行的贫困认定是属于良性的，表现为“贫定贫”和“非贫定非贫”这两种情形；另一方面由畸形的自我贫困意识决定产生，在这种情况下进行的自我认定是不当的，表现为“贫定非贫”和“非贫定贫”两种情形。

4. 行为反应。任何一种意识都会通过主体的各种活动表现出来，自我意识会通过主体思想、心理、行为等各个方面表现出来。基于自我贫困定义的行为反应，受贫困意识的影响，以及在自我认定的推动下，在行为态度上主要表现为积极主动与消极被动。行为反应差异的存在，其分水岭的决定因素在于扶贫对象是否形成积极客观的自我贫困意识，是否能够进行自我省察、自我反思和自我调节。积极主动反应的扶贫对象，自我意识积极客观，基本上能够进行自我省察、反思和调节，在思想、心理、生活等各个方面表现正常，极少出现由家庭经济困难衍生出的其他问题，主要面临经济困难问题。消极被动反应的扶贫对象，在缺少自我省察、反思和调节的情况下，自我认知有失客观正确，在自我体验过程中出现自我形象感下降，缺少自我认同感，自我存在感飘忽不定；在思想、心理、生活等各方面都会不同程度地面临着各种问题：由经济困难衍生出的生活问题、心理问题、人际关系问题、情感问题等多种问题错综交杂在一起，这部分扶贫对象是典型的“问题”对象。

贫困自我定义是扶贫对象关于自身贫困存在的一系列认识与行为结构体系，由贫困自我意识、贫困认定和行为反应构成，是循序渐进、循环往复的过程。贫困自我意识是贫困自我定义的始发点，是贫困自我认定发生的基础；贫困自我认定是贫困自我定义的核心，在自我定义体系结构中扮演着承上启下的角色，推动行为反应的发生；行为反应是贫困自我定义的重要组成部分，是贫困自我定义循序发展的集成和中转点，反过来对贫困自我意识起到强化作用。

扶贫对象自我发现过程中存在着诸多问题，扶贫对象的行为反应与自我认知、体验和认定息息相关。因此，要解决扶贫对象自我发现过程中存在的问题并规避其所产生的消极影响，就必须建立和完善相关机制，围绕引导和推进扶贫对象自我贫困定义积极主动的目标，加强扶贫对象对自我发现的相关引导和教育，通过促进扶贫对象重新发现自我，有效规避和校正自身存在的问题。

（二）行为重塑

目前，在我国的农村反贫困研究中，不少学者认为：贫困农民属于弱势人群，不能发挥主体性作用，只能处于无须承担责任义务或采取主动行动的被帮助的客体角色与地位。关于贫困救助内涵的代表性观点是：“救助的责任主体是国家，对于被救助的贫困者，是非义务的，救助对象在接受救助时，无须做出履行某种义务的承诺。”有的学者更是直接将农村反贫困主体概括为政府、非营利组织、企业、社区、家庭及个人，行动客体是农村居民。从实践看，在目前的农村贫困治理中，贫困农民总体上只是政府反贫困管理的被动参与者。对贫困农民在反贫困中的角色与地位认识的偏差，是造成目前多种反贫困现实问题的根本原因。

主张扶贫对象在反贫困中张扬主体性意味着政府主导的管理作用虽然

不可或缺，但一定要充分发挥贫困农民的主动性和创造性，尊重他们自主选择的前提下发挥主导与管理作用。

人的主体性在现实中，意味着能够对现实社会问题进行理性思考，摆脱依赖走向独立性、自主性，突破义务本位走向权利与尊严诉求，从身份生存走向能力生存。

在农村贫困治理中，贫困农民的主体性建构在行为上特定的内涵与要求表现为：

第一，作为有意识的行为施动者，有理解、学习、交流和适应环境的能力，是自我作为选择应对策略和防御机制的使用者，是自我提供机会去获取目标的个体，能够以自觉、自主、能动和创造的心态参与反贫困过程，自觉认识到参与自身贫困治理的必要性、重要性和责任，并且有信心以自身参与产生实际影响，而非自发、消极被动的参与，从而避免导致形式化、表面化的无效参与现象。“就人的主体性而言，自发性乃是最初的一种形态，作为人的主体性的更本质的内涵的自觉性，是对自发性的辩证否定即扬弃”。同时，也应对自身贫困治理始终保持一种积极向上的情绪，为自己认定的有价值的目标努力工作。

第二，形成权利与义务有机统一的规范性行为。从法学角度上看，主体性是权利享有者和义务履行者的统一体；“没有无义务的权利，也没有无权利的义务”。权利意味着资格，义务意味着责任，两者对于主体性都是不可缺少的。作为贫困治理主体，扶贫对象不仅要遵循相关的政策规范，自觉地行使、维护和实现个人应当享有的权利，而且要承担一定的反贫困义务和责任。“主体地位的理解，对于承认人作为有责任的人具有中心意义。”这种责任一是指积极做出某种行为的责任或义务，目的是使自身反贫困资源得到充分合理的运用；二是抑制自己行为，不违反政策制度，有序化地参与，并对自己的不当或违法行为承担后果。如果缺乏以上责任要求，参与只能是单方性获取，不仅会增加政府反贫困负担，而且随着政府反贫困资金投入的增加，很可能形成对贫困帮扶的依赖，难以获得可持续效果。所以，美国著名反贫困学者迈克尔·谢诺登提出：在政府与穷人共同参与的反贫困中，责任分担将把接受人与政府项目更紧密地联系起来。无论如何贫困，这种责任分担都具有重要意义。

第三，参与。从其影响效果上看，扶贫对象能够对整个反贫困进程和目标的实现产生实质性的影响。特别是对反贫困政策、制度、措施形成与执行产生实质性影响，真正将自己的意见和要求融入政策制定的过程中，因为它们直接规定着反贫困的方针、原则、目标、资源配置等内容。为达到以上的影响效果，这就要求贫困农民具有相应的知识和可行能力。“一个人的可行能力指的是此人有可能实现的、各种可能的功能性活动组合。”这其中包括拥有体力、知识技能、参与各种社会活动、自尊及主动选择等各种能力。

在目标实现上，体现为他们对工具性目标和价值性目标实现的双重影响，并以价值性目标为归宿。前者表现为扶贫对象对政府反贫困管理过程的参与和影响；后者则是基于扶贫对象自身利益的贫困治理目标，它大体又可分为解除生存危机目标和实现可持续生计目标，两种价值目标都需要确立扶贫对象主体地位。反贫困的“根本的问题要求我们按照人们能够实际享有的生活和他们实实在在拥有的自由来理解贫困和剥夺。发展人的可行能力直接顺应了这些基本要求”。

强调扶贫对象上述主体性的行为重塑，也是国外贫困治理理论的重要创新与成功经验。可持续生计理论认为，为实现贫困者的可持续生计目标，就需要将贫困者置于反贫困活动的核心地位，并通过向贫困者赋权使其有能力对脱贫发展过程施加决定性影响。

目前这一理论在国际反贫困实践中已受到普遍重视。1999 年，世界银行组织专家对 50 个国家 4 万多名贫困者进行了参与式贫困的评估，其结论是，对贫困者而言，参与当地社会活动比追求物质利益和发家致富具有更高的价值。并特别强调，各国减贫努力成功与失败的主要区别在于，贫困人口在决定他们获得服务质量和数量方面的参与程度。阿马蒂亚·森在总结印度妇女参与贫困治理的成功经验后也指出：“与早期只注意福利层面的情况不同，主体地位的层面现在终于开始受到重视。”

（三）关系重建

1. 扶贫对象为主体。在中国的扶贫开发过程中，要充分认识到农村贫困人口的力量，将其作为扶贫开发的重要参与者，还应树立扶贫对象的主体意识，即他们在扶贫开发的实践过程中认识到自身是扶贫活动的主体，并以主人翁的精神积极参与到扶贫开发中，意识到自己是扶贫活动的实践者，是扶贫结果的承担者。扶贫对象的主体意识有着自己的特殊性，表现为扶贫对象的脱贫致富的自主意识，即扶贫对象在实践中对改善自己的生活条件、提高自我的发展能力具有自觉性和能动性。天行健，君子以自强不息。强烈的扶贫对象主体意识会使贫困人口积极投身于扶贫攻坚战中，展现一种改天换地、革故鼎新的气魄，一种千方百计脱贫致富的意志。扶贫对象的主体意识，是贫困人口参与扶贫开发实践的能动性和创造性的根本所在。只要贫困人口意识到自己的主体地位，意识到自己所具有的能力和创造精神，就会在扶贫实践活动中具有更强大的主体性，就会越发奋发图强，积极发挥主观能动性，通过努力实现脱贫致富，会对扶贫攻坚工作起到巨大推进作用。

2. 反贫困主体的多元。

（1）多主体合作扶贫。现阶段，众多的扶贫组织已经认识到，贫困是多维因素所致，面对扶贫，单靠一己的力量，完成扶贫目标是远远不够的。实现包括扶贫对象在内的主体间合作扶贫成为理性的选择。因此，出现了国际非政府组织与国内民间组织、政府与民间组织、政府与企业、民间组织之间等多种合作扶贫的形式。国际非政府组织与国内民间组织之间的合作较早，主要是因为国际非政府组织对我国国情不了解，深入内地开始农村扶贫，需要有代理人和中间人，这样就形成了合作。政府与民间组织合作开展扶贫项目，主要合作模式是政府提供扶贫资金、民间组织实施村级扶贫规划项目，最终取得了令人满意的效果。截止到现在，政府与民间组织参与合作的领域不断扩大，项目数也大大增加，合作扶贫模式业已成为当今农村扶贫最易被人接受的模式。但是合作扶贫不等于协同扶贫，其差异就是在于没有形成有机相连的协同扶贫体系，项目和项目之间没有相互关联，取得的效果也是相对独立的，协同效应无法真正实现。但是合作扶贫为协同扶贫奠定了基础，是以协同扶贫为基础的农村扶贫主体多元化的必经之路。

当前中国农村扶贫是由政府扶贫和“社会扶贫”两部分组成的。政府扶贫的主体为政府专职扶贫机构，“社会扶贫”的主体是政府非专职扶贫机构、企业和非政府组织。政府非专职扶贫机构包括中央部委、东部发达省市政府、贫困人口数量大的省区政府、外国政府及具有政府背景的国际机构。

（2）以政府为核心。以协同扶贫为内容的相关多元化，并不完美。这种多元化模式的局限性在于，只是在扶贫项目之间建立联系，没有涉及由谁建立这个联系的问题。协同效应的产生是理想化的设想。或者只能说客观上存在这样的协同效应。因为，靠各个扶贫组织自身来实现协同效应，要使各个扶贫组织领导者主观认识能达成协同理念的一致，即便是这样还是会受到各种因素的制约，而影响协同效应的发挥。而且，中国农村贫困地域广大，而且分散，只靠若干组织或项目的协同，并不能实现农村扶贫的长远目标。在实际扶贫工作中要发挥协同效应，需要有基于各个扶贫组织之上的领导者，而政府则将承担这一重任。因此，农村扶贫主体多元化的模式必将演变为“以政府领导为核心的相关多元化”的模式。

首先，政府具有任何组织无法比拟的强大行政力，可以在短时期内调集大量的人力物力；其次，我国农村扶贫的资金绝大部分来自政府，政府能为扶贫工作提供资金支持；再次，政府可以根据扶贫情况的变化，实施政策和法规的调整，为农村扶贫多元化提供法制保障；最后，政府可以建立全国农村扶贫信息体系，能准确而全面地掌握农村贫困分布状况及其特点，并能将全国农村扶贫任务科学分割成点、线、块、面等立体扶贫区域，并据此合理调配资金和扶贫资源，最大限度地动员和组织人力，建立对多元化农村扶贫主体的领导，更好地发挥协同效应，最终实现农村扶贫的长远目标。

除政府之外，再无任何组织或机构能具有这样的优势地位和条件。在这种多元化模式中，政府不再置身于具体的扶贫工作中，以规避政府扶贫的失灵，而是以领导者和组织者的身份，选拔和吸纳更多优秀的扶贫组织进入多元化扶贫体系中，充分发挥社会扶贫组织的积极性和主动性，发挥长处，弥补不足，在各个地区、各个组织和各个项目之间形成良好的协同效应，这将是未来农村扶贫主体模式的发展趋势。

（四）价值重构

扶贫对象的主体性价值重构最终是对贫困人口的文化价值重构。这种文化价值重构主要表现为外在物质文化重构和内在精神文化重构。其中，精神文化重构占据重要地位，但贫困人口精神文化重构的过程中，呈现出诸多问题，比如文化自觉与自信的缺失。由于城市和现代化的冲击，扶贫对象对自身文化缺乏基本自觉与自信，容易形成封闭保守、随遇而安、不敢改变的世界观及思维方式。

通过外部“植入”物质文化的方式尽管会在一定程度上打破固有的文化平衡与封闭，但不能彻底消除内在的关于贫困的世界观，解决贫困地区农村居民文化自觉与自信问题。

就文化变迁的一般性规律而言，物质文化的变迁速度总是快于非物质文化变迁。而在非物质文化变迁中，首先出现的往往是制度变迁，其次是风俗、民德变迁，最后才是文化价值观念的变迁。从农村文化“内生性重构”的诱导性因素来看，“重构”过程大致可以归结为两条基本路径：一是外部力量“创造性破坏”引发的“重构”。比如国家或其他外部力量从自身文化价值出发，对农村物质文化、制度文化和精神文化进行改造的过程，这可以被理解为“植入”或“人为”的“内生性重构”；二是文化本身就是一个非平衡的开放系统，能主动与外部环境进行信息交流并汲取其他文化养分、主动改造自身文化，这可以被理解为“自发”的“内生性重构”。

但是在现实生活中，农村地区文化的“内生性重构”往往会同时受到内外多种因素的共同影响。因此尊重农村文化发展的历史逻辑、让农村居民回归文化主体地位、推动农村文化产业与文化事业一体化发展，是培育农村文化“内生性重构”能力的必要举措。

二、 外部推动

2017年在党的十九大会议上，习近平同志做出了“中国特色社会主义进入新时代，我国社会主要矛盾已经转化为人民日益增长的美好生活需要和不平衡不充分的发展之间的矛盾”的重大政治论断。这一论断将党的工作重心从以经济建设为根本，转向经济建设与社会平等和分配正义并重。

2014年4月28日，《中国社会科学报》记者在采访诺贝尔经济学奖得主、哥伦比亚大学教授约瑟夫·斯蒂格利茨时，提到如下问题：新兴国家和发展中国家还面临哪些主要挑战，该如何应对？

斯蒂格利茨回答，不平等现象的加剧是中国和其他很多新兴国家面临的挑战之一。两极分化越来越严重，是很多新兴国家所面临的问题。有些国家能缓解不平等、减少贫困，实现机会均等，这就表明不平等现象不仅是经济发展造成的，也是经济政策和政治造成的。另外稳定对新兴国家而言非常重要，要实现可持续发展、社会和经济稳定，就必须解决不平等和机会不均等的问题。……而要应对这些挑战，只靠市场是不行的，需要政府发挥积极作用。政府要在各领域促进公平和经济转型，这是市场难以做到的。中国想让市场发挥决定性作用的同时也应注意到市场自身有时会做出很糟糕的决定，因此需要建立一个框架让市场促进发展、增进社会和谐与社会福祉。

社会发展的基本宗旨是人人共享、普遍受益。人人共享、普遍受益的含义是，社会发展的成果对于绝大多数社会成员来说应当具有共享的性质，即随着社会发展进程的推进，每个社会成员的尊严应当相应地更加得到保证，每个社会成员的潜能应当相应地不断得以开发，每个社会成员的基本需求应当相应地持续不断地得以满足，其生活水准应当相应地得以不断地提高。正如恩格斯所说的那样，应当“结束牺牲一些人的利益来满足另一些人的需要的情况”，使“所有人共同享受大家创造出来的福利”“使社会全体成员的才能得到全面地发展”。

2015 年党的十八届五中全会提出：“建设平安中国，完善党委领导、政府主导、社会协同、公众参与、法治保障的社会治理体制，推进社会治理精细化，构建全民共建共享的社会治理格局。”以“全民共建共享”为核心的全新社会治理理念的确立，是党对社会发展规律认识不断深化的结果，为社会治理机制创新和体系完善提供了重要思路和方向指引。尤其在我国当前社会矛盾纠纷日益多样化、复杂化、尖锐化的形势下，迫切需要“全民共建共享”理念。

实现共享发展，是中国共产党人的崇高追求，是“以人民为中心的发展思想”的集中体现。习近平同志深刻指出：“以人民为中心的发展思想，不是一个抽象的、玄奥的概念，不能只停留在口头上、止步于思想环节，而要体现在经济社会发展各个环节。”其中，有效的制度安排，则是最根本、最重要的环节。党的十八届五中全会明确提出，坚持共享发展，实现发展为了人民、发展依靠人民、发展成果由人民共享，必须“做出更有效的制度安排”，依靠制度的优化与保障来“使全体人民在共建共享发展中有更多获得感”，深刻揭示了实现“共享发展”的基本思路和关键路径。

制度的明确性能够有效地维护人民共享权，促进社会公平。只有以明确的制度体系作为后盾，清晰界定每个公民所享有的发展权利，客观规定社会利益的分配原则，才能切实保障全体人民实现发展权利共享、发展条件共享、发展成果共享，营造公平的社会环境。

2016年两会的《政府工作报告》，在“共享”这一理念指导下制定了许多务实的规划。在现实层面，还可以通过哪些方式促进共享发展？

一方面是建立完善的制度体系。理由如下：第一，完善的制度体系是实现共享发展的职能载体。“共享”不是一个抽象的概念，而是实实在在地体现在衣食住行、生存发展等各个民生领域。当前，民生问题在我国显得尤为突出，医疗、教育、就业、扶贫、住房、养老、食品安全等问题严重制约了人民共享改革发展成果。因此，要使全体人民在共建共享发展中有更多的获得感，就必须从解决人民最关心、最直接、最现实的利益问题入手。第二，完善的社会保障制度是社会的安全阀、利益的调节器和社会的稳定剂。在乐于分享的社会文化观未能形成之前，民生问题的解决只能依赖于政府政策的强势推进。第三，对共享的制度推进，促进分享的社会文化观的实现。2012年的十八大提出的“权利公平、机会公平、规则公平”，正是为了营造一个公平竞争的社会环境，让每个人都有施展才华的舞台。无论是优质教育资源的重新分配，还是户籍、生育制度的重大调整，都体现了党和政府维护社会公平、保证人人平等的决心。在利益分化、诉求多样的现实下，继续加强顶层设计、锐意推进改革，才能真正实现“每个人自由而全面发展”，才能“共同享有人生出彩的机会，共同享有梦想成真的机会，共同享有同祖国和时代一起成长和进步的机会”。

“坚持发展为了人民、发展依靠人民、发展成果由人民共享，做出更有效的制度安排，使全体人民在共建共享发展中有更多获得感，增强发展动力，增进人民团结，朝着共同富裕方向稳步前进。”

另一方面，在平等友善的社会主义核心价值观引导下，构建乐于分享的社会文化观。如果说制度体系的健全是从外界强制性地植入分享、共享的观念，那么，对于分享文化的培育则体现了使共享倡导内化于公民实际行动之中。为什么分享的培育有如此重要地位呢？

第一，分享是一种社会性的培养。在社会治理中，确立多主体的行动者身份并促使他们参与社会共建，需要各主体，特别是市场和社会组织及其成员，明了自身对于社会及社会成员的责任（当然也包括对于环境的责任）。尽管社会主体多元化已成事实，但是，在追求社会共同利益中，协同关系尚待构建。活跃的行动者仍然是政府，形单影孤。市场作为寻租者，停留在如何实现效益最大化的私领域。公众，如果能称作公民，充其量不过是消极的福利权利的享有者，继续与社会疏离，保持着原子化状态。

第二，分享是“不分年龄人人共享的社会”的政治承诺的要求。“不分年龄人人共享的社会”这一概念源于1995年在哥本哈根通过的《社会发展问题世界首脑会议行动纲领》。会议上，成员国探讨了“不分年龄人人共享的社会”的内涵。作为社会融和的基本目标，“不分年龄人人共享的社会”是指社会中“每位享有权利和责任的成员，都能积极发挥作用”。该政策指出“在互惠、公平的原则指导下，各代人互相投资，互相受益”。政策的实现，一方面需要决策者对于社会共享的价值观的认可，有意建构并推动有利于社会团结、消除社会不公正的一系列政策制度；另一方面要求全社会成员意识到自身的责任和义务并参与与实践这些政策。也就是说，“共享”并不是要让一部分社会成员来养活另一部分社会成员，不是使部分社会成员养成一种严重的依赖思想，形成一种非劳动意识，以致养成一个新的寄生人群。

根据以上原则，在扶贫对象通过内在改变参与扶贫时，外部制度环境和主流社会价值改变的环节同样不可或缺。

（一）社会政策关照

社会政策不仅是一种福利支持，可以缓解贫困状态，还可以作为预防贫困的主要手段。从更深层次的意义来看，还在于它从权利角度诠释着社会价值观和政党价值取向。为了实现社会的平等和充分分配，对于作为社会的边缘群体或被排斥的扶贫对象，倾斜式的社会政策关照具有深远的现实意义。

1. 扶贫政策的精准性。

（1）扶持对象精准。要使精准扶贫有效，就必须准确地找到要扶持的贫困家庭和人口。精准识别扶贫对象一方面要突出前瞻性和引领性，又不能脱离实际、提过高的目标和要求，更不能囿于一时困难和问题而缩手缩脚。扶贫对象精准性的提高，对于后续扶什么和怎么扶的问题至关重要。

（2）项目安排精准。根据建档立卡数据，找准每个贫困家庭的致贫原因，并分析哪些因素是可以通过扶持在短期内得到解决或缓解的，哪些因素需要长期干预。并制定出回应贫困户和贫困人口的实际需要的有针对性的项目帮扶，做到因户因人施策，保证项目扶持的效度。

（3）资金使用精准。要保证扶贫资金的精准性和使用原则的灵活性，提高资金使用效率。

（4）措施到户精准。要保证精准扶贫的效果，仅仅确定扶持项目和提供扶持资金还是不够的。以往的扶贫经验表明，很多扶贫项目不仅难以到户，到户后效果也很差，主要原因是贫困户在发展生产中面临诸多的障碍，他们缺技术、缺资金、缺市场信息、缺市场经济的理念和行为方式。要积极鼓励贫困户在合作社或其他组织中，与公司、其他合作社和大户等现代农村经营主体竞争。

（5）因村派人精准。精准扶贫是一项复杂的系统工程，它的成功实施需要强有力的组织保障。大量的扶持项目和措施都需要由村一级来具体实施，村级组织的能力是影响精准扶贫效果的关键因素之一。由于贫困村经济社会发展相对滞后，大量年轻人外出就业，导致贫困村干部普遍年龄大、文化程度低、能力较弱。贫困村的村级治理能力长期处于不断弱化的状态，这也是导致贫困状况严重的重要原因之一。政府扶贫政策中要适当考虑乡村存在的困难，大力支持第三方社会组织进入农村扶贫，与政府驻村工作队和第一书记一道工作。

（6）脱贫成效精准。在前五个精准有保障的基础上，还需要对脱贫效果进行科学的考核和评估，进一步制定明确和可量化的脱贫标准，并组织和动员社会力量参与贫困的动态监测、分析和评价，防止成果造假和贫困人口被脱贫现象的发生。

2. 产业扶贫。产业扶贫是指贫困地区利用自身的资源优势，旨在通过政府支持和社会广泛参与，发展特色“无公害、绿色、有机”优势产业，扩大生产性就业机会，增加贫困地区居民收入，从而达到脱贫的目的。同时，产业扶贫也是调整贫困地区经济结构、增强贫困地区“造血机能”、促进贫困山区脱贫和农民增收的一条重要途径。实践证明，没有产业发展，摆脱贫困只能是一句空话，也就不具备包容性增长的特点。因此，产业扶贫是推动扶贫对象主体性建构的利器。

第一，以政策为保障做好产业扶贫。要建立从中央到地方政府再到片区的政府协作机制，将各片区的产业发展纳入统一规划，整合资源优势，依托资源禀赋和现有产业基础，做好产业布局，避免重复建设、重复投资现象再次发生。同时需要贫困地区建立省级政策协同机制，进一步完善跨区域的减税、免税、延期纳税、再投资退税等优惠政策，出台地区差异化政策来提升产业发展质量，增强带动力。

第二，加速贫困地区基础资源均等化。基础设施建设是贫困地区脱贫的关键要素。在公路交通、信息化建设方面，片区要树立“一盘棋”的大观念，协同加大财政投入，加快电网、电信宽带网络、移动通讯扩容，扩大程控电话和移动电话网络的覆盖面。要通过一定的教育计划和经济政策帮助贫困地区培养和引进信息人才，缩短与经济发达地区在信息技术上的差距，减少片区信息贫穷者、落伍者，让信息成为带动致富的引擎。同时，政府要鼓励各类社会投资主体以投资、联营、入股、控股、独资、收购等方式参与贫困地区基础设施、环保设备等投资。

第三，改善贫困地区投资环境。贫困地区普遍遭遇的发展瓶颈是投融资渠道不畅，土地等生产要素产权不清，如何在国家金融和土地政策的全盘指导下增添贫困地区的特殊政策也是需要考虑的因素。

第四，以生态保护促发展。贫困地区往往都是地质条件独特的区域，生态或具有脆弱性或具有得天独厚的生物多样性，因此，政策设计要充分考虑依托科学技术进步，奠基好生态资源到生态产品转换的基础、加大生态产品原料基地建设、促进生态产品转化为绿色商品，在保护生态环境的同时实现生态财富。

3. 兜底扶贫。社会政策兜底是风险社会预防贫困等问题的有效路径。习近平总书记视察安徽时强调：“扶贫机制要进一步完善兜底措施，在医保、新农合方面给予更多扶持。”创新扶贫思路，完善兜底措施，对于建构扶贫对象主体性具有重要的意义。

首先，实行“三大创新”，补齐政策短板。一是创新政策，强化针对因病致贫和返贫农户的特惠保障。各级政府财政应安排专项资金，为建档立卡贫困人口购买医疗补充商业保险。据初步测算，该政策可使贫困人口的医疗实际报销比例在现行基础上提高20%以上，能大幅减轻贫困户因患重大疾病和特慢性病产生的经济负担，有效防范因病致贫返贫风险，实现因病致贫家庭稳定脱贫。二是创新方式，实行“医疗救助+商业保险+精准扶贫”的市场化运作模式。采用政府购买服务方式，充分发挥商业保险机构的专业优势，既降低了政府行政运作成本，又创新了金融扶贫模式，有利于放大财政扶贫资金使用成效，发挥扶贫资金“雪中送炭”的作用。三是创新服务，实行“补充保险+大病保险”两保并轨一站式理赔。补充保险具有投入小、缴费低、赔付高、理赔快的特点，由现有承办大病保险的商业保险机构负责参保和理赔，与大病保险实行同窗口申请、即时性结报、一站式补偿，最大限度地方便群众报销。

其次，实现“三个全面”，增强兜底功能。一是贫困人口全面覆盖；二是医疗费用全面纳入。在保险期间内，被保险人住院费用和特慢性病门诊费用，经合作医疗、大病保险、政府专项救助补偿后，由个人自付的合理医疗费用（含目录外医疗费用）全部计入补充保险补偿范围。经合作医疗补偿后，未达到大病保险补偿标准的自付合理医疗费用（含目录外医疗费用）同样适用。三是补偿比例全面提标。

最后，强化“三个保障”，推动政策落实。一是加强组织领导。由各级政府牵头负责，成立贫困人口医疗补充商业保险试点工作领导小组，制定具体实施方案并组织实施。二是加强宣传动员。试点工作启动后，由各级卫生计生、扶贫部门和承办保险机构牵头，通过广播电视、宣传标语、发放服务“明白卡”、走访宣讲、短信通知等多种形式，广泛宣传医疗补充保险的重要意义、标准和程序，做到家喻户晓、明白参保。三是加强政策衔接。各级卫生计生、扶贫部门与民政部门实行政策、信息、系统的无缝对接，对补充保险报销后自付部分仍然难以负担的贫困人口，及时跟进民政救助。

4. 教育治贫。由于长期以来城乡教育资源严重失衡，导致贫困人口常常“输在起跑线上”“寒门再难出贵子”。美国学者罗思高针对中国农村贫困问题时指出，“要解决收入分配的不平等问题，首先要改善教育的不平等。”“扶贫先扶智”就是突显教育在扶贫工作中的基础性地位、先导性功能和根本性作用。因为办好教育不仅是给每个孩子创造平等接受教育的机会，而且，通过接受现代教育，贫困人口在劳动力市场可以获得与城市人口同等的就业竞争能力和机会。

第一，保证均等的规范教育的机会。重视人口素质问题，加大教育扶贫力度，需要新的政策促进教育资源特别是人才资源向贫困地区倾斜，并建立相关配套机制留住优秀的教育资源。

第二，广泛开展职业培训和职业教育。一方面政府、企业要制订配套的、有针对性的培训计划，保障贫困人口能够在地区产业发展计划中获得机会；另一方面充分利用东西部地区的合作机会，加强地区间职业学校教育协作计划，促进贫困家庭子女的非农就业，转化农村剩余人口。

第三，鼓励社区教育。乡村社区拥有独特的传统和文化，但是在现代社会，随着乡村的衰落，这些传统和文化也面临消亡。失去文化依存的农村人口在新的文化认同确立之前，体验着社区认同危机。这一问题在扶贫对象群体性身份和主体性发扬中带来的副作用我们已经一览无遗。要解决乡村社会“集体失忆”的症结，仅仅依靠正规的学校教育是不可能的。因此，在扶贫中发挥教育的作用还必须重视农村的社区教育。

社区教育的优势在于，它的开展基于社区本身的资源，方式开放、灵活，既可以采用正规手段，也可以采用非正式教育手段；可以请进来也可以走出去。通常情况下，教育计划是通过社区成员参与进行协商讨论而成。社区教育旨在能力培养和增进民主氛围，其作用可以表现为：成人扫盲、自我决策能力培养、领导力培养、具有包容性、能够在教育中发展社区问题解决计划，能够促进扶贫项目本地化的转换。因此，在扶贫对象主体性议题中意义尤为突出。

（二）核心价值植入

1. 以人为本。“‘以人为本’是指以人的价值为核心和社会本位，把人的生存和发展作为最高价值目标，一切为了人，一切服务于人，一切要有益于促进人的全面发展。”我们首先应当明确，以人为本中的“人”就是广大的人民群众，以人为本的实质就是要求坚持以人民群众为本，它强调的是把人民群众作为社会的根本，将其作为推动经济社会发展进步的主体。以人为本，就是一切以人为中心，一切工作措施是为了调动人的积极性和创造性，一切目的是为了人的生存、进步和发展，特别要尊重人的权益，保护人的利益，重视人的发展。以人为本，具体来讲就是既要不断地努力推动经济的快速发展，也要高度重视广大人民群众物质文化生活水平的提高，重视人的综合素质的不断提高，并注意为其全面发展提供有利的条件；要注重保障人的生存权和发展权，维护人的尊严，保障人的基本的政治权利、经济权利和文化权利；也必须注重为全体社会成员能够平等的发展、其聪明才智的有效发挥创造出良好的社会环境，应当为社会成员能够实现其人生价值提供良好的社会条件，保证尽可能多的社会成员能够参与分享经济发展和社会进步的成果。

在新时期，我国的农村扶贫政策坚持以人为本的价值取向，并且将其作为核心价值取向，这具有非常深刻的理论依据。

首先，以人为本是马克思价值观的根本原则。马克思把“人”作为其理论的出发点，他倡导人的解放，主张实现人对世界的主体性，他认为只有人的本质和特征能够得到真正发挥的发展才是人的真正的发展，而人的自由全面的发展才是社会发展、人类进步的理想目标。

其次，以人为本是科学发展观的核心内容。科学发展观将以人为本作为其核心，将人看作是发展的本质和核心。人是推动生产力和生产关系不断发展的关键因素，而人类的经济活动以及社会发展的目的又都是为了满足人的需要、促进人的发展以及实现人的价值，所以，科学发展观将“以人为本”作为社会发展的根本要求，将实现人的全面自由的发展作为推动社会主义发展的出发点，并将人的发展看作是发展的最高价值尺度，鼓励和支持个体需要的满足和个人自身价值的实现。

最后，以人为本是社会政策的核心价值取向。作为一个涵盖多元的价值体系，公共政策价值取向具有十分丰富的内容，它具体包含了公平、效率、民主、发展等内容，但我们应该清楚认识到促进效率的提高，保证公平正义的实现，推动民主化进程以及促进经济社会发展的目的都是为了满足人的需求、实现人的价值，这些归根到底都是以人为本价值的具体体现，所以，以人为本是公共政策的核心价值取向。我国的农村扶贫政策作为我国公共政策中的一部分，自然也应该坚持以人为本的价值取向，并且也应该将以人为本作为其核心价值取向，在农村扶贫开发工作中将贫困农民作为本位和核心，关心贫困群体的利益需求，促进他们的全面发展。

将以人为本作为农村扶贫政策的核心价值取向，就是要在农村扶贫政策的制定、实施、评价和调整等所有环节都将人作为核心，所制定出的农村扶贫政策应当关注农民群众的需求和愿望，尊重其合法权益，保护他们的正当利益，实现其权利和社会地位的平等，促进农民群众自由、全面的发展，推动其社会价值的实现，使他们能够真正分享到由经济和社会发展所带来的成果。将以人为本作为农村扶贫政策的核心价值取向，这对于加快解决农村落后地区的贫困问题，将农村扶贫开发工作进一步推向深入有着非常重要的意义。

由于农村贫困地区经济、社会、文化的落后以及教育条件的限制，贫困人口缺乏参与社会、经济、政治生活的能力，其生存权和发展权不能得到有效的保障。长期生活在贫困中的农民群众，由于自身条件的限制，缺乏改善自身地位和处境的有效途径，另外，偏僻、落后地区的固定的生活方式、行为规范以及价值理念也使他们缺少自我发展意识，从而使他们发展目标低下，容易安于现状，脱贫致富的积极性、主动性都比较低。这些都导致农村贫困群体的自我发展能力不强，从而在很大程度上限制了他们尽快摆脱扶贫对象身份、脱贫致富。将以人为本作为农村扶贫政策的核心价值取向，在今后的扶贫开发中就会把实现和维护贫困群体的基本权利、增进贫困群体的发展能力作为工作的重点。在制定和实施农村扶贫政策过程中坚持以人为本的价值取向就会更加关注农村贫困人口的全面发展，而不再单纯地将解决贫困人口的温饱问题作为扶贫的目标，更加关注贫困地区和贫困人口的全面发展，不再简单地“输血”，更注重激发贫困地区和贫困人口的“造血”功能，通过大力支持农村贫困落后地区教育的发展、加大对农村劳动力的培训，努力提高农村贫困人口的综合素质，使他们的自我发展能力得到不断增强，从而从根本上提高农村贫困人口的生存和发展能力，保证农村贫困群体能够尽早摆脱贫穷困苦的生活。坚持以人为本价值取向，就会注重改变传统的扶贫开发模式，采取参与式扶贫模式，以不断努力提高农村贫困人口对于扶贫开发项目的选择、实施以及管理活动的参与性，充分发挥贫困人口参与农村扶贫项目的主动性，从而不断努力将农村扶贫开发工作推向深入。

2. 公平。“公平就是社会的政治利益、经济利益和其他利益在全体社会成员之间合理而平等的分配，它意味着权利的平等、分配的合理、机会的均等和司法的公正。”正义是社会基本结构的基石和首要价值，而公平则是建立在正义的基础之上的，它是依据正义的观念，对社会利益和权力分配的过程或者分配的结果所得出的结论。

公平的内涵应该主要包括以下几个方面：一是公民的基本权利的平等。每一个社会成员都应平等地享有自我发展或自我实现所必需的基本权利，不能因为财产和出身的差别而带来享有的权利的差别。一个公平的社会必须努力保证每一个社会成员都能够平等地享有生存权、劳动权以及社会保障权等这些基本的权利。二是实现机会平等。机会平等就是指每一个社会成员都能够普遍地参与到社会发展当中并能够分享到由此而产生的成果。机会平等要求社会形成开放的流动机制，社会成员能够在不同地域间自由流动，也可以在社会地位、工作、财富等方面自由平等的流动。三是保证结果平等。结果平等是指通过合理的利益分配机制，实现社会成员在社会实践结果分配上的平等，保证社会成员同劳同酬，从而使各阶层、各种职业的社会成员能够依据自己的付出程度获得有差别的但公平合理的利益回报。应当实现按劳分配，从而保证社会主体活动成果的差异主要取决于个人努力的程度，这体现了公平。四是保障社会的调剂互助。必须通过税收政策和建立社会保障制度来对社会财富的初次分配进行调整，保障贫困群体的权益，从而保证使全体社会成员都能够分享到社会发展的成果。总体来说，公平是一种对社会成员之间的权利和利益的分配是否合理的评价，它能够增强社会成员对社会的认同感和凝聚力，有助于社会稳定。

公平作为农村扶贫政策基本价值取向主要有以下几个方面的原因：

首先，农村扶贫政策本身就是为实现社会公平而实施的一种公共政策。美国著名学者罗尔斯认为一个公平的社会必须要不断努力地改善该社会中所处境况最差的那部分人的境遇。贫困群体因自身条件或生活条件的限制而缺乏实现平等权利的条件，无法通过基本权利获得实际利益，不能真正参与到社会分配活动中，因而成为社会分配的最少受益者。这就需要在不侵犯社会成员的基本权利的情况下，照顾社会中的贫困群体。《社会进步和发展宣言》特别指出，应“保证人口中处于不利地位或边缘地位的那部分人对社会和经济的进步享有平等的机会，以求实现一个有效的完整社会”。所以，为了保证社会公平的实现，政府有责任制定和实施针对贫穷落后地区的扶贫政策，采取各种行之有效的减贫措施，以不断改变贫困群体在社会经济发展中处于不利地位的现状，减少社会贫富差距，保障社会的和谐稳定。

其次，在政策的制定实施过程中作为弱势群体的贫困人口容易被边缘化，受到不平等的对待。我国的社会利益结构随着改革开放以来经济社会的快速发展而出现转型，利益主体同时也逐渐出现了明显的分化，从而呈现出社会利益主体之间利益关系的复杂化以及利益需求的多样化。一些在资源的生产和分配中占有较大份额的强势群体，因为他们手中所拥有的社会资源较为丰富，同时他们的组织能力也非常强，并且拥有较为广阔的利益表达空间，所以他们能够及时有效地表达自己的利益诉求，从而将自己的利益需求纳入政策议程。而处于弱势地位的贫困人口，由于其自我意识不强，自组织能力较弱，掌握的社会资源有限，缺少有效的利益表达渠道，话语权能力也较低，所以，不能有效表达自己的利益诉求，在利益资源的分配中处于被动和劣势的地位，容易在政策的制定实施过程中被边缘化，不能得到公平合理的对待。所以政策的制定和实施必须考虑社会不同利益主体的利益协调，避免受到特殊利益群体的干扰，要兼顾到弱势群体的利益。以公平为基本价值取向来制定实施农村扶贫政策，平等地对待每一个农民，使他们的利益诉求得到满足，使他们不因其弱势地位而被排斥在政策过程之外。

最后，当前我国许多制度和政策存在的不公平问题是造成农村贫困问题产生以及农村反贫困进程缓慢的重要原因。相对于城市，农村的就业和社会保障制度、产权制度、财政税收制度都存在一定的不公平，这些制度中存在的不公平直接或间接地造成了对农民利益的剥夺，阻挠了穷人平等参与社会资源和发展机会的分配，将他们排斥于社会发展进程之外，使他们不能平等地分享社会经济发展的成果。所以，要尽快尽早地妥善解决农村贫困问题，就必须更加注重公平。政府应以公平为基本价值取向制定农村扶贫政策，使公平的理念在各项农村扶贫政策中得到有效落实，以公平的政策和制度来推动农村贫困地区经济社会的发展。

将公平作为农村扶贫政策的基本价值取向，就是要求在农村扶贫政策的制定和实施过程中，平等合理地对待每一个农村贫困者，维护和实现好贫困群体的基本权利，营造一种有利于平等竞争的公正环境，保证他们享有与其他人一样的发展机会，使他们能够平等地参与分享社会发展所带来的利益，最终从根本上解决农村地区的贫困问题。将公平作为扶贫政策的基本价值取向，对解决贫困问题以及推动整个社会的发展具有重要意义。

贫困人口的基本权利的保障问题是在农村反贫困过程中贫困农民所面临的最大困难。实现并维护好农民群众的基本权利是消除农村贫困的治本之道，以公平为基本价值取向的扶贫政策，要求保障贫困农民享有和其他社会成员大致相同的基本权利，取消不利于农村贫困群体基本权利实现的不合理的限制，切实保障贫困人口的生存权、发展权、劳动权和教育权等基本权利，使其获得与城市居民相同的发展机会，这将有利于贫困人口通过基本权利获得实际利益，有利于他们真正地参与社会分配，使他们能够切实地分享到社会发展的成果。

机会平等在形式上肯定每一个社会成员的主体地位，保证每个人都有追求自己所愿的同等权利，这有利于营造平等竞争的公正环境，也有助于充分发挥社会成员的聪明才智，调动他们的积极性和主动性，缩小社会成员之间的差距。机会平等的理念对于我国农村扶贫工作有着非常重要的意义。坚持公平价值取向，必然会落实机会平等理念，按照机会平等的准则为农村贫困者提供发展的基本规则，保障农村贫困人口获得更多的政治、经济、文化的权利，拓宽他们的选择和发展空间，这必将激发他们的活力和创造力，为他们早日摆脱扶贫对象的身份打下良好基础。

坚持以公平为基本价值取向的农村扶贫政策，必将加大社会调剂互助力度，使一部分社会资源和社会财富转向农村贫困地区和贫困人口，既可以保障农村贫困群体的基本生活，还可以为他们提供必要的教育资源、发展机会、公平环境以及社会福利等，不断增强其自我发展能力，从而为农村贫困地区人口早日摆脱贫困创造良好的条件和社会环境。

3. 包容性增长。包容性增长是一种发展理念，也是一种发展方式，其核心内容是公平合理地分享经济增长成果，促进发展的协调与均衡。在当前的社会经济形势下，包容性增长有其特定的内涵，对扶贫开发也提出了新的要求，为扶贫政策的制定指明了方向。我国扶贫开发应该走包容性增长之路。

包容性增长（inclusive growth）这个概念最先由亚洲开发银行提出。2007 年 10 月，亚洲开发银行组织了以“新亚太地区的包容性增长与贫困减除”为主题的国际研讨会，会议明确提出：增长必须具备包容性、可持续性以及更为民众所认同。作为一个全新的发展理念，包容性增长形成和发展主要体现在亚洲开发银行研究报告《以共享式增长促进社会和谐》(2007)、世界银行《世界发展报告 2006：公平和发展》、世界银行增长与发展委员会《增长报告：可持续增长和包容性发展的战略》（2008）等一系列研究报告当中。包容性增长理念已在国际上得到广泛接受，并成为世界银行、亚洲开发银行等致力于国际减贫的国际机构的指导思想和核心战略。

2009 年 11 月 15 日，胡锦涛在亚太经济合作组织上发表题为《合力应对挑战　推动持续发展》的重要讲话，强调“统筹兼顾，倡导包容性增长”。2010 年 9 月 16 日，第五届亚太经合组织人力资源开发部长级会议在北京人民大会堂举行，胡锦涛发表题为《深化交流合作　实现包容性增长》的致辞，强调包容性增长，阐述了我国对包容性增长的认识和实现包容性增长的主要途径。胡锦涛强调，“实现包容性增长，根本目的是让经济全球化和经济发展成果惠及所有国家和地区，惠及所有人群，在可持续发展中实现经济社会协调发展”。

包容性增长尽管在国际、国内受到高度关注但迄今为止还没有一个公认的定义。关于包容性增长的定义主要有四类。第一类定义把包容性增长界定为机会平等的增长，认为机会平等是包容性增长的核心，包容性增长一方面强调通过经济增长创造发展机会，另一方面强调通过减少与消除机会不平等来促进社会公平。有学者认为包容性增长的内涵就是“参与”和“共享”；包容性增长就是要达到以下四个结果：可持续和平等的增长、社会包容、赋权、安全。第二类定义认为包容性增长是益贫式增长，包容性增长应使低收入群体从经济增长中分享收益，让他们多受益，过上有尊严的生活。包容性增长是益贫式增长，这种发展有利于发展中国家中大多数人。包容性增长就是经济增长让低收入人群受益，最好是让其多受点益。包容性增长应该实现穷人的充分就业，并使工资增长速度高于资本报酬增长速度，从而缩小贫富差距。第三类定义认为包容性增长是协调、可持续增长。首先在国际上，包容性增长是一种“开放性发展”，国与国之间互相关照，互惠互利，携手发展。其次从国内看，包容性增长包括经济、政治、文化、社会、生态等各个方面，增长应该是相互协调的。国内层面是和谐增长，科学增长；包容性增长有利于社会发展、公共服务和精神文明建设。包容性增长强调在保持较快经济增长的同时，强调增长也要是可持续的、协调的，更多关注社会领域的发展。第四类定义认为包容性增长是平等与权利的增长。“包容”是民生发展的制度诉求，包容性增长就是经济增长、人口发展和制度公平的有机协同，具有显著的民本主义发展旨向。从中国经济发展实际看，包容性增长是一种“普惠式增长”，即不断为民众逐步过上富裕生活创造物质基础，以实现公平分配，提高居民收入在国民收入中的比重和劳动报酬在初次分配中的比重。包容性增长理念的核心要义正是要消除贫困者权利的贫困和所面临的社会排斥，实现机会平等和公平参与，使包括贫困人口在内的所有群体均能参与经济增长、为之做出贡献，并由此合理分享增长的成果。

尽管学者们对包容性增长关注的内容各有侧重，但是，综合来看，他们均认同机会平等和成果共享是包容性增长的核心内涵，都强调包容性增长是在可持续发展中实现经济社会的协调发展。包容性增长既是目的，也是手段，它是一种把经济增长过程和结果有机统一内嵌的经济社会协调发展模式。包容性增长指的是社会和经济协调发展、可持续发展。与单纯追求经济增长相对立，它更倡导一种机会平等的增长，其最基本的含义是公平合理地分享经济增长。它包括以下要素：（1）让更多的人享受经济发展成果；（2）让弱势群体得到保护；（3）加强中小企业和个人能力建设；

（4）在经济增长过程中保持平衡；（5）强调投资和贸易自由化，反对投资和贸易保护主义；（6）重视社会稳定。包容性增长的根本目的是让经济发展的成果惠及所有国家和地区，惠及所有人群，在可持续发展中实现经济社会协调发展。胡锦涛指出，“要实现包容性增长，应该坚持发展经济，着力转变经济发展方式，提高经济发展质量，增加社会财富，不断为全体人民逐步过上富裕生活创造物质基础；坚持社会公平正义，着力促进人人平等获得发展机会，不断消除人民参与经济发展、分享经济发展成果方面的障碍；坚持以人为本，着力保障和改善民生，努力做到发展为了人民，发展依靠人民，发展成果由人民共享”。

包容性经济增长方式体现了缩小各地区之间、不同利益群体之间的贫富差距，实现共同富裕的理念；实现经济社会协调可持续发展，反对片面追求经济增长的方式。它作为一种发展理念，与我国的科学发展观、和谐社会的理念一脉相承；作为一种发展方式，对我国扶贫政策的制定具有极其重要的指导意义。

·第五章·

扶贫对象主体性实践：组织化

案例

褚橙

不是所有的橙子都叫褚橙。这是一个充满传奇而励志的故事。故事主人公是一个人生历经波折的老人，他年逾古稀，带着病体和罪身，在哀牢山重新创业。2002 年，他租赁下当时已经破产的国有农场，在 2400 亩的山地上开始种植从湖南引进的冰糖橙，最后打造出中国第一个以个人姓氏冠名的水果品牌，而他自己也变身为身价过亿的大老板。

在成功创造品牌之后，除了原有基地扩张到总面积 6800 亩外，还新开辟平甸镇磨皮山、漠沙镇以及元江县种植基地，此外 2012 年在丽江又建 1500 亩褚橙基地。2014 年褚橙集团决定投资 6 亿元在龙平县勐糯镇建设 30000 亩，集柑橘类水果种植、加工、收储、包装、流通、产品研发、信息服务等为一体的柑橘类水果种植基地，计划到 2018 年完成。

褚橙是一个典型的资本经营农业模式的成功案例，也是一个企业带动贫困人群改变贫困的典范。周围农户宁愿放弃外出打工，举家受雇于褚橙基地。目前仅玉溪嘎洒基地就雇佣农民 200 多户。他们的家庭年收入从最初的一万元左右增加到十万多元。

总结褚橙的成功经验可以发现，首先是现代化、标准化、组织化的农业生产管理。管理层、作业长、小作业长及农户的组织结构将农业生产目标、技术标准得以贯彻落实，产品质量得到严格控制和保证。其次，市场开发，实现品牌附加值。褚橙从一开始就以远高于市场同类产品的价格出售，不仅因为是绿色有机，更重要的是在产品营销中一方面增加了创始人的个人故事，同时在营销上针对不同人群设计营销方案，并从有机橙变为“励志橙”。再次，减少销售的流通环节。一般农产品都要通过层层中间商，导致农民和城市消费者利益受损。褚橙销售非常重视减少中间商，如直接与超市签订销售协议、利用“互联网+”等。

然而，尽管褚橙生产在很大程度上带动了当地农户种植热情，通过产品上下游的共同繁荣，推动了地方农业经济，但是，各地大面积推广改种冰糖橙，也会有产品单一、产能过剩的可能，而农户将成为直接损失的承受者之一。同时，由于大面积的企业开发也导致了与其他农户的冲突，如嘎洒基地山脚下的农户抱怨不仅没有获得什么好处，而且由于种植基地大量引水灌溉，造成农户用水紧张。

目前各贫困地区地方政府极力鼓动招商引资，企图通过推行“公司/大户+农户”的资本扶贫模式实现脱贫致富目标。一般来讲直接面对扶贫对象的资本扶贫有两种形式，一是外来资本租赁农户土地，农户获得租金的同时，还可以受雇于企业获得相应的劳动报酬；一是资本带来项目及必要资金，农户在自己的土地上生产，将产品出售给企业获得利益。资本的间接方式就是由地方提供土地使用权，由资本进行资源开发或投资建厂，提高地区就业机会。不可否认，资本减贫具有明显效果。但是，如果将扶贫对象作为主体，农村农业作为主体，这种减贫模式是否是值得普遍推广呢？或者更深入地讲，有哪些问题值得我们去反省呢？

案例

大 村 庄

这里的大村庄主要是三个：华西村、南街村和小岗村。

华西村从20世纪60年代就开始逐步走出农业，从最初简单的农机修造到形成铝型材、铜型材、钢材、纺织、化工、电子等六大生产系列，并成立了江苏华西集团公司。从农业起家、工业发家到第三产业兴家，华西村的繁荣兴盛之路被精炼为著名的“苏南模式”。

南街村处于豫中平原的河南省临颍县，从20世纪80年代起，南街村以粮食深加工企业为龙头，配套发展相关项目，成为一个产、供、销一条龙，农、工、贸一体化的经济实体，村民生活富足。

小岗村地处皖东北安徽省凤阳县小溪河镇，1978年春的中国农村改革就发端于这个贫困村寨。获得了土地的小岗村农民，充分发挥生产积极性，农业获得前所未有的丰收。从这一年起，小岗村人彻底解决了温饱问题 。

华西村、南街村和小岗村因为各自具有特色的发展之路而在中国乃至世界闻名遐迩。特别是由于强大的经济能力，华西村、南街村被视为中国农村繁荣的榜样。那么，这种非农化的取向对于农业、农村、农民意味着什么？

一、对资本减贫和村庄非农化的反思

（一）资本的善与恶

1. 资本的亲贫性。不论从哪种角度进行开发，理论上资本都会给扶贫对象带来一定经济改善。这就是地方政府常常强调的“资本的亲贫性”。

资本的确具有亲贫性。因为贫困地区劳动力、资源成本低，而且国家或贫困地区地方政府可能给予扶贫资本不同程度的财政税收优惠，甚至可能由于参与扶贫是一种公益性事业，企业因而获得额外的社会效益。中国“世界工厂”的历史就是资本亲贫性的体验史。

资本的亲贫性常常与包容性雇佣联系在一起。但是有研究表明，这种益贫手段存在很多不足：（1）忽视了贫困是社会的和多维度的因素造成的。（2）贫困者被“恶意”雇佣，如从事性别化的、低社会地位的、低收入的工作，工作条件恶劣，缺乏晋升机会等。（3）降低了贫困者社会参与和社会支持的机会。雇佣劳动是受薪工作，他们不能自由把握时间，同时时间耗费可能会带来工作-生活的平衡性问题。（4）转向包容性的雇佣意味着无条件的社会福利权利的丧失，从而强调作为道德话语的个人责任。Armstrong 也点明了社会公民范式和积极包容范式之间存有张力。

2. 资本的异化作用。首先，资本改变扶贫对象和土地的关系。资本主导的发展模式导致劳动者成为资本的附庸，劳动者的主体性地位不复存在。在资本中，扶贫对象在土地上的活动，表现为一种“劳动”，即以生产更多更好的“物”为目的，相应的组织和规章都是围绕这一目的而建立。劳动中扶贫对象的人格和尊严得以实现，这是普遍性维度上人的主体性的实现。但仅仅如此是不够的。全面的主体性，还需要进一步在特殊性和个性维度上获得某种程度的实现。这需要扶贫对象通过实践，在土地上以塑造、改变“人/自我”或实现非物化的价值为目的。

其次，资本改变扶贫对象的身份。在资本的雇佣中，扶贫对象成为雇佣工人，是对其由户籍制规定的农民身份的否定。这种身份否定带来的关键问题是，在中国他们不能享有相应的“工人”享有的劳动保障和社会保险，特别是在土地上被雇佣的那一部分人口，他们不能不是农民，却在为资本工作；而且工作在自己的土地上，物质条件得到一定改善，但生产的财富流是亲资本性的，更高的回报属于资本。

再次，资本促进贫困地区及社会进一步分化。马克思早已经注意到，在传统的压迫中资本生产出解放的可能性，即资本生产出自己的掘墓人。但是，Nancy 认为，资本具有双重性。除前一种情形之外，资本还存在另一种异化，即单数形式的复数存在。在资本作用下，单数的人转化为中立的、可交换的产品；而复数性的人转化为商品流通的全球体系或市场。从而在不能察觉中，资本生产出原子化的个人主义，并将作为社会动物的人类转变为不合群的、不可能合群的、技术化的和单子式的存在。人的共存或共同居间的存在仅仅只是“同时出现”，放弃了“在一起”的意义，相互的沟通只是为了维护和保养市场机器。“同时出现”的扶贫对象更可能再生产出资本构建的劳动关系。

3. 资本的文化破坏。

第一，扶贫对象生活世界物化。通过消费主义生产出“贫困即为物质匮乏”的理解，将极大程度激发人们的物欲，严重冲击他们传统的精神生活及文化。反贫困不仅是物质条件的改善，还需要有感性认识，构建共同体需要利益纽带，也需要甚至更需要情感维系。

第二，规模化经营。规模化经营是资本的主要方式，其经济效应这里不必赘述，应该注意到的是，许多小农多样化的经营因此而被破坏。加上许多农业项目并不尊重当地农业文化，往往是从利益角度来要求农民放弃传统，从改良品种到改变生产方式，如种植粮食改为经济作物，改农田为水产品养殖基地等。不仅如此，资本为了加强对生产者的控制，常常选择那些当地市场不接受或者不属于当地人群饮食习惯范围的外来农产品或者中草药种植，甚至是部门垄断产品，这样可以有效防范农户的自主销售。例如，在许多地区，烟草集团扶贫开发的手段就是出资让扶贫对象大面积种植烟叶。

第三，制造新的“公地悲剧”。E. Ostrom 曾经就“公地悲剧”的解决提出多中心主义的管理策略，即通过集体行动和自我组织保证公地生态和公共福利的可持续性。她也因此荣获 2009 年诺贝尔经济学奖。资本对于公地的租用，实际上是一种私有化形式，它将导致的问题涉及以下两个方面：(1) 加大贫困地区的生态问题。许多贫困地区生态系统极具脆弱性，大面积的单一农作物种植不仅不利于生物多样性，而且，这些地区地理特征本身也不适宜规模化集约经营。另外要注意的是，资本并不拥有土地，只是具有一定的使用权，所以，资本对于土地可能的后果没有任何责任。如果不加以约束的话，在寻租的本性驱动下，过度使用、开采和破坏往往不能避免，因为一旦土地不能带来理想的利润率，资本可以轻易抽身离开。(2) 威胁农民的公共福利。许多地区招商引资的结果之一，就是将大片公地租赁给企业，比如褚橙基地。大片公共的荒山、水域本来作为集体所有，农民可以直接从中获得福利，如采摘渔猎、拾捡薪柴。资本将这些公地私有化，消除了这种直接的公共福利的同时，也改变了这些地区人们的生活习惯。

因此，资本本恶。哥斯塔 · 艾斯平-安德森（Gsta Esping-Andersen）曾经用劳动力去商品化概念来研究各国社会政策可能保障劳动者离开工作岗位机会的多少。对于中国的扶贫对象来说，农村社会政策的供给水平极低，而且根本不存在失业，也就没有失业保险，当资本通过加强劳动和剩余劳动，控制另一主体——劳动者，他们的回应只能是劳动、劳动再劳动，给资本有机可乘。而且，正像奈格里认为的那样，在资本的发展中农民阶级的作用被完全忽略。长期以来，中国重工轻农的政策导致工农联盟中农民的主体性被遮蔽，农民缺乏与资本共事的经验，作为个体，更难以对资本之恶进行约束。

资本在生产财富的同时也生产出贫困。富士康以引入新技术作为幌子，用机器人代替工人，实则回避资本-劳动关系问题，是资本之恶的真实写照。当贫困地区地方政府倡导"一切为了市场，为了一切市场，为了市场的一切"时，值得警惕的是反贫困至关重要的问题不是贫困者及其贫困文化，而是资本的生产方式。

（二）大村庄的启示

1. 乡镇企业化是农村繁荣的唯一路径吗？无工不富，这是改革开放以来中国农村地区经济发展经验的总结。事实上，费孝通先生在20世纪30年代对吴江庙港江村的调查时，就提出了发展乡村工业促进农村经济的思路。

以华西村为代表的苏南乡村发展模式以及南街村等地，虽然在发展细节上各有特点，但是根本上是相似的，那就是通过乡镇企业化和非农化实现了地区繁荣。因为这些地区的成功经验，形成了一种共识：农村工业化才是推动农村经济发展、改变农村贫穷落后面貌的根本出路。而小岗村由于村民固守在土地上耕作，没有如华西村、南街村的高收入，则成为反面教材，进一步证明了农村非农化的光明前景。因此，在许多贫困地区，遵循这一思路，引进资本努力提高非农化。

乡村非农化经济一方面是生计多样性的表现，可以增加家庭的经济来源，降低贫困人口的脆弱性，其直接结果就是经济收入的提升，因此，对于改变贫困来讲，乡村非农化是一个非常值得重视的议题。但是另一方面，华西村、南街村的非农化涉及一个长期的经济体结构转化问题，其带来的改变影响深刻。

首先，这种乡村非农化是一种组织化企业化模式。在华西村和南街村，村党委与企业高层管理合二为一，资源和权力高度集中，决策由管理高层完成。石磊在研究华西村时指出，华西集团施行严格的责任制和目标管理制度，面向市场，参与竞争。集团内部实行委托代理制，社区与企业集团合一、村民自治与企业职工自治合一。冯仕政则以路径依赖和文化堕距为理论框架，通过利益、合法性和意识形态三个维度分析了南街村在联产承包制之后为何能再次成为高度集体化、政治化的村庄。周沛在研究中也明确指出，小岗村因为缺乏权威结构，从而在凝聚群众，发挥村民政治参与性、生产积极性等方面失去动员能力。因此，可以这样认为，小岗村经济收入不如华西村和南街村，区别在于前者没有组织起来，在单家独户的劳动中不能实现农业的规模经济效应。

其次，华西村、南街村依靠资本运作。两个村庄组织本身就是企业，从内部成长过程来看，华西村通过大利益与小利益的共谋实现资本统一运作。具体讲就是通过入股分红，将企业利益与个人利益捆绑，为企业就是为自己，培育出忠诚的企业文化，而企业对于村民生活中大小之事一应周全考虑，既是对村民的回馈，也强化了企业对村民的控制。南街村则是从控制入手，一是内部资源控制，使用软硬不同手段将村民资源集中为集体所有，通过再分配共同均等享有。二是外部成本控制。除原材料尽量就地取材之外，南街村集团一个重要的手段就是使用廉价的外来雇工。南街村外来雇工人数大大超过本村居民，通过内外人员的岗位差异以及“工资+福利”制，严格控制了外来务工人员产生的雇佣成本。

再次，身份问题。乡村非农化在中国农村地区本身也承担着这一转化农村剩余劳动力的任务，在减贫中常常是通过资本注入解决农村的剩余劳动力问题。华西村、南街村的企业化从本质上讲只能看作是城市化，农民生活方式的城市化，因为从身份而言，尽管众多村民专职从事着非农业活动，但他们仍然被称为农民，仍然居住在农村。华西村、南街村在高度集权的组织下，成员满足于现有的物质分配方式和物质富足的生活方式，一是现有领导的个人威权和人格魅力所致，二是居民还沉迷于单纯的物质享受，三是与其他地区农村相比，还存在着巨大经济优势。所以，两村居民基于生存伦理的政治认同，都乐意服从“领导”的安排，让渡自己的决策权、自主权，接受各种高压控制，农业、农村、农民主体性消失。但是，一旦这些状况发生改变，特别是当居民开始产生自由、自主、自为意识，追求独特的自我实现时，现有的和谐稳定就孕育着隐患。如果在农村普遍非农化的过程中，不能同时注重发展中小型特别是小型城市，村庄存在的大量从事非农产业的“农民”，这种身份问题将可能引发更加深刻的社会问题。

最后，加深城乡二元对立。华西村、南街村以工养农的发展模式是在农村发展滞后、农业生产贫困的情形中，农民对给定身份的自我否定；同时还昭示着农村对城市的反抗与对抗。在属于城市的产业和经济中占领一席之地，无异于在城乡之间发展竞争。这是原本依附于城市和非农产业的农村用行动向二元结构的宣战。而在走向并参与外部市场的时候，每一个村庄以本身农村、农业和农民的特殊的被隔离的身份，自我保护，合法地、成功地自我封闭起来，将城市排斥在外。这种封闭和排斥，在内部完善的分配机制和高度集权的组织框架中得以进一步巩固，从而表现出唯独只有为其所用的市场元素能够串联起村庄和外部世界。非农化的大村庄仍然充满着“不流动的”“乡土气息”，但又是“现代化”的自给自足的“小王国”，特别是在南街村。

简言之，华西村、南街村是通过集体组织的方式抵制私有化、抵制代表个体主义、自由主义的城市入侵，并以乡村为基础向城市扩张的成功案例，而小岗村在同样的背景下，选择了向内，回归到能够自我控制的小农经营模式。

2. 农业发展是本。农业是农村发展之本，也是国家发展之本。在比较三个村庄时，有学者认为华西村、南街村的经济富裕来自于非农的工业化，而小岗村的产业结构基本上是单一的农业，因此决定了该村至今还停留在传统农业社区，发展缓慢。甚至有观点认为改革后小岗村并没有发展，或者是“有增长而无发展”。如果我们认同这类观点的话，将产生一个问题：为什么农业就不能让农村繁荣、农民生活富裕呢？或者说，为什么只有非农产业才能带来较高的经济回报，能够吸引农民离开农村和农业呢？

家庭承包责任制促进了农业、农民和农村恢复到正常的生产经营，是农民争取到对土地的自治权与自主权，打破了集体经济时期不对等的权利义务关系，这是小岗村领导改革的成效。实践表明，个体家庭经营是维持农业增长的重要保障。在大量农村剩余劳动力逃离土地，当乡村非农化越来越得到重视的客观背景下，农业生产能够得以相对稳定和增长，就是一种发展。

反过来，我们也看到，工业化、城市化并非是消除贫困的有效机制，很多学者认为这是导致农村贫困的重要因素；而且当今世界许多城市逐渐成为贫困人口聚集地。即使退一步，如果村庄非农化能够解决贫困问题，那么推行普遍的村庄非农化，农业要去往哪里？人类最基本的生活必需品能够从工厂和实验室生产出来吗？

在中国，农业的发展最初为工业提供了最重要的资本积累，在 20 世纪 80 年代，农业的发展又从土地上解放出来大量的农民，成为市场急需的劳动力。但是，农业、农村、农民却成为中国目前社会、政治、经济发展中越来越突出的问题，农业在国民经济中的主体地位缺失，越来越多的村庄走向衰落甚至消亡，而且绝大多数的贫困人口是农民。

20 世纪 50 年代，经济学家们普遍认同经济发展就是工业发展，农业部门是“落后部门”。农村的贫困落后根植于农民群体自身的能力缺陷，只有在专家帮助下合理配置资源，采用先进的生产和管理技术，才能走出贫困境地。美国经济学家朱利安 · 舒尔茨提出了与众不同的观点。他认为农业也可以成为经济增长的原动力。“虽然经济学家们已经对经济稳定和经济增长做了大量研究，但在经济学中仍然缺乏带有理论色彩的贫困问题的专门研究……经济学家没能形成一种理论以指导贫困状况的经济组织和分析工作。”

20 世纪 60 年代这种观点被凝练为“穷人经济学”，聚焦于经济发展中的人，特别是贫困的底层人口。从穷人经济学来看，农业的问题不仅是经济问题，同时也是一个价值问题。“穷人经济学”从人力资本角度分析了农村落后面貌之所以形成的原因，提出改变来自农村、农业之外，首先要改变对农业的歧视态度，增加农业的收益率以刺激农民生产积极性；其次通过教育和健康计划提升农业的人力资本存量。舒尔茨认为世界上只重视工业发展的国家都面临重重困难。事实的确如此，不仅新西兰、荷兰等国以农业立国，美国、日本以及西欧众多工业发达国家同时都是世界农业强国。

克莱夫·庞廷（Clive Pontine）曾这样评价农业发展在人类社会文明进程中所起的作用，“农业的发展，带来的是强度更大的粮食生产方式和定居社会。就本质而言，它对世界所有地方都产生了同样的作用。剩余粮食用来养活越来越多的宗教和政治上层人物，以及一个为这个阶层人物提供供应和服务的手工艺人阶层。剩余粮食的重新分配要求一个广泛的控制机制来管理运输、储存和再次分配，这就导致了社会内部一些强有力的中央机构。……这个过程就变得自我增强了。原本为广泛平等的社会，已经被界限分明、在拥有财产上极为不同的社会所替代。”农业的发展诞生了结构日益复杂的社会，而这个社会是否异化为农业发展的终结者？农业是否还会繁荣，又如何繁荣呢？这是中国目前亟须回答的问题。

3. 选择合适的发展道路。乡村尤其是当前的贫困地区，存在高度的异质性，因此，发展的路径千差万别，如何选择适合当地及其人口的发展策略必须从当地基本情况出发，因地制宜。华西村地处沪宁城市带，发挥其劳动力优势发展劳动密集型产业，并在资本积累基础上进一步发展资金密集型产业为大城市工业和服务业提供产品；而地处中部的南街村则利用该地区的农业优势以及村民经商的传统，开始了农产品加工。对于小岗村来说，既没有靠近大城市的市场，又无非农传统，因此选择如何从土地上获得更大回报，是他们分田到户的必然。因此，在不同的地区，农业生产和非农化路径选择，必须基于对本地的人力资源、经济发展状况、传统文化和环境的清醒认识。

如果华西村、南街村等是由村庄向外扩张延续着城乡二元对立结构，那么，褚橙所揭示的则是城市利用资本进一步地向乡村渗透，使乡村呈现“劳动异化”。尽管二者以不同方式，从不同方向，都能减少乡村贫困，尤其是物质贫困，但就其本质而言，在精神、权利、能力等维度存在的贫困仍然不能得以解决，农民、农业、农村问题依然如故。从褚橙、大村庄案例中不难发现“村庄终结”“村庄异化”的核心因素。因而，如何给贫困地区农村以特色，农业以机会，农民以自信，答案不会是简单的资本运作模式下的非农化或农业企业化。相反，我们要从三农的视角思考如何对抗资本和非农化导致的“异化”。因而，将单个的农民动员组织起来，与市场和城市构建出相互依存、相互制约的关系，不啻是一种积极而良好的回应。

二、扶贫对象组织化的背景

（一）全球化的冲击

自 20 世纪 70 年代开始使用“全球化”这个概念以来，关于什么是全球化充满着各种争议。有人认为全球化是一个一直存在的现象，比如丝绸之路上横贯几大洲的贸易、人类社会的地理大迁移等；法兰西斯·福山（Francis Fukuyama）认为这是人类历史的终结点，而吉登斯则将全球化归类于现代性的维度，断言全球化即世界范围内的社会关系的强化。这种关系在时间-空间伸延过程中，将相距遥远的地域连接起来。有学者则对全球化持批判态度，认为这是资本的全球化，是发达国家在应对如环境、能源等问题时对需求的解决方案，是一种以牺牲发展中国家的增长换取工业化国家的持续性增长的方案。

尽管对全球化的理解存在许多分歧，但人们普遍同意，在跨国公司和全球性机构推动下的全球化进程，通过它们所采取的经济、政治措施，深刻地影响着大多数国家，特别是那些贫困的国家及其人民。

1. 经济全球化对贫困的影响。

（1）全球化减少贫困。经济的全球化主要围绕着三个中心：金融、技术和贸易。具体而言，就是资本在全球的自由流动、全球性自由贸易以及新技术的推广和保护。关于全球性自由贸易对增长的积极影响基本达成共识，而中国、印度、菲律宾和印度尼西亚等人口大国近几十年经济增长伴随着的贫困人口急剧下降的事实，也成为人们无法反驳的增长具有巨大减贫效应的佐证。当然，需要明确的是，印度、中国并不是全球化下促成的增长。以中国为例，它的发展首先来自于20世纪80年代农业改革积蓄的力量，然后是通过国内储蓄支持的工业化计划。直到今天，中国仍然没有开放其资本账户，使得它成为世界上经济增长速度最快的国家，在事实上具有很高水平的金融全球化，但根据法律却被归于相对封闭的经济体。

那么是否真如David Dollar、Anne Krueger等人所言，经济全球化有利于增长，增长有利于减贫，因此经济全球化有利于减贫？

从理论上来讲，全球化具有减少对贫困者约束的潜能。贫困国家和地区的市场扭曲是普遍存在的，严重影响贫困发生的深度和广度。而资产和劳动市场的功能，以及提供产品和服务的产品市场明显影响着资产收益和购买能力。因此，减贫的中心议题在很多学者看来，不是简单地通过转移支付一蹴而就的，而是如何消除贫困者面对的贸易、储蓄和投资等多方面的障碍。全球化进程中市场整合和流动增强虽然在多方面可能限制减少贫困的再分配，但它们在消除延续贫困的市场扭曲方面的作用，从长期来看，远远超出其不利的一面。而国际资本的自由流动是双赢的，发达国家资本拥有者通过资本向国外流动获得更高的回报，与此同时，开放的发展中国家得益于资本/劳动比率的改善和工资给付水平的提高，劳动收入增长。

Dollar、Kleineberg 和 Kraay 在 2002 年的研究基础之上，在 2013 年再次利用世界银行和卢森堡收入调查有关 151 个国家的数据，首先对 1967—2011 年间收入最低的 20%和 40%的世界人口的收入增长进行了分析，发现贫困者与国家总体增长保持一致。然后三位学者又利用小学入学率、教育不平等状况、卫生、教育的公共支出和农业在 GDP 的占比五个指标进行分析。结果揭示，促进经济增长的制度和政策同样能提高这些贫困者的收入。因此，他们认为，增长同时还可以实现“共享繁荣”。

（2）全球化对贫困的威胁。以国际货币基金组织、世界银行和世界贸易组织为首推行的经济全球化是典型的新自由主义范式。这种范式试图让人们相信，只要遵循其基本原则，即用规则、规范和标准整合、同化多样性呈现的国家、社区，这些国家和社区经济必将受益。因此，新自由主义全球化范式创造出关于经济富裕、分配公正的愿景：双赢局面将使人们脱离贫困的苦海。然而，许多学者表达了对全球化可能威胁贫困和其他弱势人群的担忧。

第一，竞争性加剧。在全球化中，资本为了实现利润最大化，将地区推向竞争，引发国家之间、地区之间、公司之间为了扩大自身的市场份额而相互对抗。竞争的必要性被广泛接纳并传播的意识形态合法化，从而成为人们共存的行为规则，导致对他人、邻里和人性的忽视。不断升级的竞争会加剧贫困人群的不利处境。竞争分裂了社会，也削弱了有组织的劳工，并使相对贫困的国家和地区缺乏公平的路径进入全球市场。

第二，脆弱性增加。首先，新技术或更先进的技术的推广，将导致整个生产系统大规模的再组织化，规模化、集约化经营引发贫困乡村小农生产模式面临解体。其次，贸易作为侵入性工具，在自由市场的借口下，将有利于强势经济体控制弱势经济体并造成后者的不稳定。如在农产品贸易中，一方面由于贫困国家农民缺乏政府的农业补贴，无法在市场竞争中形成价格优势；另一方面，在中国农村，农民片面追求高产作物，直接造成竞争中农产品失去品质优势。

第三，不确定性加强。一是资本寻租本性带来的流动性，可能诱逼欠发达国家之间或国家内部的向下竞争，使它们的劳动者福利下降、劳动贬值，区域生态遭受破坏。劳动贬值提高了相对贫困水平。二是国际援助的不可持续性。在新自由主义指引下，国际组织削弱了对贫困国家的经济援助。1996 年国际货币基金组织发起了重债穷国计划（Heavily Indebted Poor Countries，HIPC）。该计划向所有希望减免债务的低收入债务国，提出了严苛的条件：政府只有遵循结构性调整的改革才能获得援助。那些拒绝修正性政策措施的国家，被列入“援助合作组织”（aid coordination group）的黑名单，将在债务缓期偿还或获得新发展所需借款和国际援助方面面临重重困难。而事实上，这些借款协议偏离了援助国家经济发展所需资源的轨道，指向对消费性商品的大规模进口。

2. 国际组织倡导组织化。全球化是从全球到地方，从上至下的路径。在全球化进程中，权力和竞争常常便利了大型企业在政治中的决策权力，从而合法化霸权，导致社会失序，产生人际、阶层、地区、国家之间的不平等。所以不难理解，为什么会出现越来越高涨的反全球化运动。然而，正像巴丹（Pranab Bardhan）指出的，我们不应该去反对全球化，而是要反对全球化中的资本垄断。

如何保护弱势人群及贫困地区的权利？在减贫计划中谁的优先权应该被体现？贫困地区的人们“如何防止权力滥用，如何使它服从于某些程序和行为规则”？在善治的条件下获得外国援助，那么这种善治应该是谁的观念？它们又该如何实施？

某些个体或族群在某个社会成为并可能一直是贫困者，是因为他们在这个社会中处于相对劣势的社会、政治位置。他们只有寻求与其他行动者联合扩大权力，实施组织化，才有可能回答上述问题。这里组织化意味着从基层向外、向上，以团结、强化多样性为基础建构社区间真正的对话和合作。强大的社会组织，不仅保护、组织民众，同时可以作为监督者，保证政府不仅有效规范和约束私人部门，而且成为负责任、可信赖的贫困人群基本产品和服务的提供者。组织本身可能不能直接解决问题，但可以明晰问题，提升对问题的认识以及促进相关政策转变。

在全球化中反思人权和少数族裔的保护，促使20世纪90年代以来，以联合国及其分支机构为主体的国际性组织开始在减贫计划及意识形态中倡导赋权贫困者，使他们有能力参与决策，并在各国减贫项目实施过程中积极推行组织化方式。

这里我们以贵州省草海项目为例做具体了解。草海项目又称草海保护区渐进计划和村寨发展计划，是国际鹤类基金会（ICF）、国际渐进组织（TUP）在国家级自然保护区内一个贫困村庄的减贫项目。该项目与贵州省环保局、威宁县政府共同实施。该项目充分体现了参与、组织化的国际减贫思想。第一，整合贫困者的利益和环保目标。一方面通过农户迁移减轻自然保护区的人口压力，同时帮助农户寻找转产机会。第二，建立村民鸟类保护网络。在网络中的村民不仅成为鸟类保护和检测的义务环保员，同时还是首批减贫项目的受益者，并成为贫困村民与扶贫传递系统的中介。第三，以合同规范责任。村民与环保管理处通过契约方式相互明确责任和义务，管理处承诺提供扶贫款，并进行跟踪服务。农户承诺维护草海自然环境，不开垦沼泽地，服从禁渔管理。第四，强调参与式评估。扶贫项目依靠参与式评估方法准确地选择帮扶对象，帮助贫困者界定问题并寻找解决方案。第五，实现自我管理。通过帮助小组成员利用小额贷款实现自身利益，提升了村民管理自己事务的能力。并在村民之间相互合作中促进社区的自组织与发展。

在全球化影响下，减贫实践演化为一个国际性大舞台，国际金融组织从市场层面推动，呼吁贫困者成为有能力的市场参与者，联合国等准政府组织从权利视角出发，激发贫困者的社会、政治和生态的参与热情，国家政府则在全球化中通过不断完善和补充，使相应的减贫政策明确到位。在参与、赋权、善治以及共享繁荣的意识形态中，贫困者的主体形象被不断建构，并通过组织化，展现其公共精神，体验公共生活。

（二）国家政策倡导

国家建设影响社会团体的结构及宗旨。虽然国家在公民精神形成的过程中受其影响，但这种影响并不是被动的，因为它也在塑造着公民文化。一些对东亚文化圈民主转型国家的研究也观察到政策对公民社会中组织关系具有影响作用。

1. 发展农民的联合。20 世纪 90 年代，在政府部门直接参与、鼓励和引导下，新型农业合作化在农村地区出现。新型农业合作化是指发展农民合作经济和合作组织，例如土地股份合作、社区股份合作、专业性的经济合作等。随着市场化程度的提高，专业技术协会、研究会、专业合作社、联合体、服务中心等农民专业合作经济组织逐步繁荣。

农民加入合作社是为了解决在独立的生产经营中独自无力解决或解决不好、解决不合算的问题，并利用合作社提供的服务。中国加入世界贸易组织之后，为应对相应的挑战，进行规范化管理，党和国家进一步明确了发展农民专业合作组织的思路和措施。2002 年 12 月 28 日通过的《农业法》（修订版）明确提出“国家鼓励农民在家庭承包经营的基础上自愿组成各类专业合作经济组织”。

2006 年 10 月全国人民代表大会常务委员会通过《中华人民共和国农民专业合作社法》（以下简称《合作社法》），标志着农民专业合作社进入法制化管理阶段。

《合作社法》指出，“农民专业合作社是在农村家庭承包经营基础上，同类农产品的生产经营者或者同类农业生产经营服务的提供者、利用者，自愿联合、民主管理的互助性经济组织。……农民专业合作社以其成员为主要服务对象，提供农业生产资料的购买，农产品的销售、加工、运输、贮藏以及与农业生产经营有关的技术、信息等服务”。

该法确立了农民作为合作社成员的主体地位，要求在“入社自愿、退社自由”的原则下，构建平等的成员关系，民主管理合作社，共谋福利。法案还对合作社成员的权利义务做了具体规定。

农民合作社组织合法性通过《合作社法》从法律上得以保证。通过农民联合，不仅可以抗衡市场，维护和实现自身利益，同时也为农业和农村的发展提供了制度性友好的环境。

随后，党的十七届三中全会通过了《中共中央关于推进农村改革发展若干重大问题的决定》，指出要进一步培育农民新型合作组织，发展各种农业社会化服务组织，鼓励龙头企业与农民建立紧密型利益联结机制，着力提高组织化程度。通过扶持农民合作社加快发展，使之引领农民参与国内外市场竞争。在现代农业经营组织中，实现家庭经营向采用先进科技和生产手段的方向转变，统一经营向发展农户联合与合作，形成多元化、多层次、多形式经营服务体系的方向转变。

2017年6月新的《合作社法》修订草案正在提请人大常委会审议过程中。对于如何有效推进精细化管理监督，并适当引入退出机制，定期开展检查评估，有序进行规范整顿和清理注销，以及规范高层级的农民合作社，建立中国特色的合作社等议题都在讨论中。

合作是为了获得更好的利益。最早的国际合作社可以追溯到18世纪的苏格兰。今天，世界上成立了超过260万的各种合作社，拥有大约10亿会员，有2.5亿人通过合作社组织撑起他们的生计。合作社促进低收入人群经济和社会发展的潜力使之重返国际发展议程。特别是，日益强调对可持续农业的需求提请人们关注作为农村地区重要的制度——农民合作社的潜在作用。

2. 乡村治理。合作社是为成员所有和控制，满足成员共同需要的一种经济行为。而且，通过入股合作社，借助年终分红和公积金量化份额，可以激励农户关注、参与和管理合作社事务。在这一过程中，农户作为“经济理性人”而存在。这些利益相关的经济理性人聚集在一起，决定以何种方式达成利益分配共识，实际上就是一种治理。因为这里的治理关系是明确的、治理角色是直接和显见的。

治理的概念最早出现在1989年世界银行关于非洲的报告中。该报告认为非洲正处于“治理危机”（crisis in governance）中。在这里，治理不再意涵“统治”“控制”或“操纵”，而是一种新的思维，包含一系列来自政府，但又不限于政府的社会公共机构和行为者。治理意味着政府不再是国家唯一的权力中心。各种公共的和私人的机构和组织均可能成为各个不同层面上的权力中心。

治理在以下四个方面表现出其特质：第一，治理不是一整套规则，也不是一种活动，而是一个过程；第二，治理过程的基础不是控制，而是协调；第三，治理既涉及公共部门，也包括私人部门；第四，治理不是一种正式的制度，而是持续的互动。

需要加以厘定的重要问题是如何建构社会治理的行动者体系。从一般理解来看，社会治理中的行动者是由政府、非政府组织和其他社会自治力量构成的行动者系统。这些参与者最终将形成一个自主的网络，与政府在特定的领域中进行合作，分担政府的行政管理责任，从而得以在某个特定的领域中拥有决策的权威。并且，这些独立自主开展行动的非政府组织在社会生活中的作用将会不断增强，作为社会治理力量之一，参与绝大多数社会问题的解决。因此，在社会治理中，当务之急就是政府采取何种引导方式，调动社会自身的活力和挖掘社会中所蕴含的潜力，由社会力量去解决诸多社会问题。

作为主体的扶贫对象理所当然地成为贫困治理、乡村治理的主要社会力量。因而，贫困者自己需要增强接纳和整合的社区结构性和组织性因素，最重要的是公正与和睦。只有组织起来，创建这样的环境，才能实现社区的自治并促进国家维护贫困者个体和集体的公民权利，才能建立起社区与国家组织以及与其他组织的对话与沟通，改变被“贫困文化”标记的社会隔离。

中国社会建设和社会治理的提出，表明国家开始回归社会，既要全面承担起保障社会、维护个体、促进人与社会发展的使命，又要在社会层面，为社会组织发展提供制度便利，增强社会自组织能力。

（三）作为个体的无力

无论是就其目前的政治地位还是经济区位来说，贫困社区在宏观社会格局中的地位往往是自身不能控制的，而贫困者作为个体的存在，面对困境更可能产生无力感。

首先，没有足够的资源解决自身的问题。贫困生产贫困，这就是所谓的“贫困陷阱”。贫困的确常常表现为匮乏，一种获得必需生产资料的能力“先天不足”。例如，贫困者常常很难获得足够的信息，因此难以把握农产品市场或生活、生产资料市场。甚至由于信息不足，使他们在理解或改进可能的选择时面临种种困难。

其次，个体不能解决的问题却是集体共同面对的。贫困者要面对比其他群体更多的生存问题，这些问题虽然是每个个体的感受，但它们往往同时威胁着贫困者群体。因此，这些必须要个体解决的问题可能在群体力量下更容易找到满意的解决方案。比如农村政务透明度低、农民工讨薪难、农民不能平等地享有公民权利等现象，以及近年来在西南地区持续发生的干旱、西部地区地震等天灾。马克斯·韦伯研究中国时提出一个观点，古代中国的皇帝通过修建水利工程保证农业灌溉、航运，在中国建立起强大的中央集权的官僚国家。这是组织化消解个体问题的极佳证明，而南太行山上的红旗渠则可以作为更近的事实，来诠释“团结就是力量”的组织奇迹。

再次，没有足够的知识帮助自己行动。这里所谓的知识问题，不是指贫困者缺乏本地知识而使自己免于贫困的困境。众所周知，在中国以及世界众多贫困国家，反贫困实践主要是在“计划”或“项目”名义下被执行或完成，这些计划或项目体现的是专家知识，是现代教育在理性中的产物。正如另一个众所周知的事实所揭示的，贫困者的匮乏之一恰好表现为在教育机会不充足的客观条件下形成的“科学的、专业的”知识缺陷。在一套没有贫困经历的专家们精心设计的技术话语表达中，贫困者行动受阻。

最后，自我矮化意识阻止行动。前文述及，贫困者经过各种消除贫困的努力无果之后，转而将主体性的张扬转向内在自我，形成了“贫困文化”。而贫困文化在贫困者不能察觉到有明显的结构变化的前提下，会通过代际传递并内化，表现出贫困群体的“消极”行为的持续生产。这种消极再经由媒体和权力集团话语的扩散和放大效应变为贫困者的标签，生产出社会大众对贫困者的刻板效应。这样的恶性循环过程作用到贫困者群体，不免会造成他们的自我否定，而阻碍他们的反贫困行动。

在现代社会，发展依赖于高度合作的社会分工体系，单个人的力量是不可能达成目标的。同样，走向现代化的农民/扶贫对象所面对的困难，也不能仅凭自己个人力量去克服。所以，在扶贫对象主体性的实践中，首要的任务就是组织起来。组织是扶贫对象主体性实践的载体，组织化是实现和保护扶贫对象自身利益的根本，是农业强大，农村发展的必然路径。扶贫组织化不仅要利用现有组织系统过程，还要建设和完善新的组织系统。

三、 组织化方法

托克维尔指出，人是弱小且相互依赖的。如果人们不学会自愿地相互帮助的话，他们就会发现自己孤立无援，一事无成。因此，人们需要生活在一起，参与共同行动，并在组织中促进自我完善和提升公民能力，即使在许多问题上彼此存有众多分歧。

《吕氏春秋·恃君篇》讲到，虽然作为个体的人，“筋骨不足以从利避害，勇敢不足以却猛禁悍，然是犹裁万物，制禽兽，服狡虫，寒暑燥湿弗能害，不难先有其备，而以群聚邪”。而“组织化生存”更是现代人基本的生存方式与手段。

“组织是一个系统或一个复杂单位内各部件或各个个体之间的关系组合，这个系统拥有其部件或个体所没有的性质。……这一定义保证了联系的紧密度和牢靠性，同时也保证了系统在随机干扰下继续生存的可能性。也就是说组织在改造，在生产，在联系，在维护。”

经历过人民公社时期大兴农田水利建设、绿色革命之后，中国的农业基本上告别了靠天吃饭的时代，农业的生产能力实现了飞跃。但是继 20 世纪 80 年代人民公社的解体，诸如兴修水利等集体提供的公共产品严重缺乏。在中国乡村实证研究的基础上，阎云翔指出，中国农村非集体化后，村庄公共生活迅速衰落的同时，农民个体和主体性的发展基本限制在私人领域之内，导致私人生活发展。他担心，由此发展下去，过度强调个人的权利，可能导致自我中心主义泛滥。因此他认为，如果中国存在独立的社会组织，如果农民能够参与公众生活，或许就可能在关心个人权利的同时也注重对他人或公共领域的义务。而公共产品供给现代化必须推动贫困地区社会活力的再造，以贫困人群的再组织化为前提。

组织化强调的是主体性，也就是说，改变贫困不是只通过外于扶贫对象自主性的机构或组织以自上而下的方式进行干预，而是要求扶贫对象实现自我管理、自我规划和自我决策。强调扶贫对象的组织和力量与外部不利因素进行持续的对抗，是组织化的基础。

（一）赋权

组织化意味着通过群体的共同努力，来决定关于什么事务由谁决策的过程，其目标是通过建立组织，提升那些对影响他们生活的决策很少能发表意见的人们的权力。组织化的结果一般来讲是权力的分享，甚至是权力结构的根本改变。所以，毋庸置疑，组织化是一个政治过程，涉及如何通过赋权以使人民的问题由人民解决。

赋权的概念很早即已出现，然而直到 1976 年芭芭拉·所罗门（Barbara Solomon）出版了她关于黑人社会工作的著作《黑人赋权：在被压迫社区的社会工作》，赋权这一概念才开始引人注目。

赋权理念真正被推广，得益于 20 世纪 90 年代包括联合国、世界银行在内的国际组织在反贫困工作中的倡导。赋权最有影响的成功案例是经济学家穆罕默德·尤努斯及其创建的孟加拉乡村银行（Grameen Bank）。该金融体系改变了贫困人群特别是女性金融市场的可进入性。这就是目前世界各地广泛应用的“小额贷款”扶助贫困模式。

芭芭拉·所罗门指出，赋权是这样一个过程，由此那些属于被污名化社会类别的个人，在他们的生活历程中，能够受到帮助，得以开发和增强技能以实施人际影响并扮演受尊重的社会角色。社区心理学家认为，赋权乃是个人、组织与社区借由一种学习、参与、合作等过程或机制，获得掌控自己本身相关事务的力量，以提升个人生活、组织功能与社区生活品质。

Rappaport 这样总结赋权所包含的哲学思想：（1）每个人都有优势、能力和领悟力使自己变得更为称职；（2）个人未能表现出胜任能力，不是由于他内在的不足，而是社会系统未能提供或创造机会使能力被表现或获得；(3) 在现有的能力需要得到加强或需要学习新能力的情况下，最好的学习是通过经历，使之能够对其影响重大生活事件的能力做出自我归因。

赋权强调人们参与社会结构变革的能力，强调个体作为发展进程主体的重要性，不仅仅在经济领域（比如收入）。但是，赋权过程中存在着内在障碍和外在障碍。以扶贫对象为例，由于长期受到诸多负面的描述、评价甚至批评，可能将污名内化，成为改变贫困时，他们内在的障碍。而外在障碍则是指由于排斥、歧视、压迫以及其他社会力量可能阻止贫困者获得社会、经济、政治等方面的机会。

赋权始于地方、家庭和社区层面，其核心在于理解什么是权力。

1. 关于权力。马克斯·韦伯在《经济与社会》一书中，将权力定义为"社会关系中的主体在面临抵抗的条件下仍具有的强行执行其自身意愿的可能性"。从"意愿""关系"的角度把权力解读成人为主体具有的特质。

达尔通过对美国利益集团与政府关系的研究，提出权力通过团体对政府政策的影响显示出来。卢科斯（S. Lukes）将之称为第一维度的权力——决策路径，也就是控制决策，涉及谁得到什么、什么时间以及如何得到。但是这一维度权力显然忽略了决策过程中那些没有发生、没有决议的但同样也是权力所为的议题。这就是权力的第二维度——议程控制。卢科斯强调，权力还存在第三维度——政策辩论发生在社会、文化、经济、政治和体制的框架内，对某些人更有利。这是权力的思想控制维度。因为它形塑人们的行为偏好，Johal 等人称这一维度为霸权（hegemonic power）。对于卢科斯来说，第三权力在哪里出现，哪里就有权力的支配方以及被他们支配的被支配方。很显然，权力的第三维跟布尔迪厄的惯习概念有异曲同工之处。布尔迪厄认为，权力是文化地、象征性地被创造出来，并在惯习中合法化和再合法化。而在场域中，权力通过惯习在场域中呈现出不同。场域就好比一个社会的、制度的舞台，人们在此表达和再生产他们的性情倾向/惯习。惯习可以结构行动者如何思考政治及生活的其他方面。作为前意识（pre-conscious）的惯习可以被理解为一种机制，在这个机制作用下，权力第三维影响行动者，再生产出社会结构。权力第三维意味着社会场域的一部分被主体内化，由此生产出心理。

基于以上关于权力的理论，在赋权实践中，VeneKlasen 和 Miller 为邻里和社区团体分析权力提供了基本框架。

首先是关于控制的权力（power over）。这是一种权力的负面含义，包括“压制、强迫、胁迫、歧视、腐败以及滥权”等，它们常常嵌在制度之中，如家庭、教育、法律和意识形态。VeneKlasen 和 Miller 提出三种方法识别控制的权力：第一，可见的或可观察到的权力，主要是通过考察法律条文、政党、公司政策以及预算等；第二，隐藏的权力，主要通过一系列有关机构的报告，如有毒污染之类的环评报告、家庭暴力、雇佣童工、土地和水使用权利等进行分析；第三，看不见的权力。这个提法类似权力第三维和惯习，是指一种能形塑人们的信仰以及诠释意义的权力，这种权力在社会化过程中，通过文化、意识形态定义何为正常的、可接受的和安全的，使被排斥、不平等的各种关系变得“自然”。

其次是行动的权力（power to）。这是一种个人的权利，是指个体通过学习能力增强，能够控制并改变影响他们个人的环境。

再次是共享的权力（power with）。这种权力来自人们相互合作，在一起解决问题或实现目标的过程中，形成共同利益和集体力量。

最后是内发的权力（power within）。这一权力关注人们的“自我意识”：自信、自尊和自爱。它允许人们重视自己的观点和个性，但同时也尊重他人差异。这是权力的心理层面，意味着主体性权力，对于贫困者来讲尤其需要重视。因为一个人的自信自尊意识不是必须与他拥有的社会、经济、政治的地位相关，例如贫困文化可能导致的向外能力缺乏。主体性权力对于不同的个体而言，由于他们的经历不同、所处社会预设不同，个体所表现出来的对于荣誉、抱负、安全感、认同意识等方面的意愿大相径庭。

2. 赋权的方法。

第一，以人权为基础。使人们得以免于贫困，是一项基本人权。人权是赋权的主要原则，而不是一种强制性的法律标准。

人权框架下进行赋权，可以充分认识到扶贫对象的技能、知识和经验，并帮助他们了解安全生活和社会支持权利。这一框架有助于扶贫对象理解挑战一切形式的压迫的手段，如司法、识别、自决、发声和行动。这种赋权方式被 Ife 命名为“来自下面的人权”，它不只是作为一个法律框架，还必须作为一个道德框架来加强社区实践。

对个人、组织和社区的赋权路径不是只要对个人或社区做什么，而是与社区一道去创造适宜的社会环境和条件，以促进和发展社区能力和自我决策能力，使人们可以主张他们的权利，在有效的分析框架下，对面临的问题确定并实施解决策略。

第二，自我效能和集体效能提升。这两个概念来自社会学习理论。社会学习理论强调在理解和调整人类行为的过程中认知的重要性。无论是人的思考和感知能力、反思能力、信任能力，还是回忆与预见能力，都对行为具有深远的影响。因此，在减贫中，如何使扶贫对象能获得高水平的自我效能，将是主体性建设和实现的很重要的内容之一。

班杜拉指出，人们通过个人能动性机制对他们的心理作用进行因果归因。在所有机制中，最为重要和最具说服力的是人们对个人效能的信念。

根据班杜拉的观点，自我效能意识可以提高人们对其生活环境的控制，并通过问题解决提升成就感。自我效能评价高，而且有过成功经验的人，会产生普遍希望感（universal hopefulness）。反之，当人们感到问题超出了任何人能够控制的范围，普遍的无助感就会出现。贫困文化即是这种普遍无助感在贫困人群中的表现。

自我效能涉及学习新技能、提升能力、学习鉴别和获得优势等具体内容，具有个体和集体两种形式，其中集体效能的基础来自个体成员的自我效能意识。班杜拉从以下三个主要方面提供了提高自我效能意识的建议：（1）充分利用成功经验。这是建立强烈的自我效能感最为有效的方法，真正的成功案例为人们建立个人效能提供了有利证据，使个体对自己的能力充满信心。（2）学习间接感受的经验。这是一种榜样的力量。从他人的成功中获得鼓励，获得关于自我可能性的认识。（3）进行社会劝导。通过外界积极的评价、鼓励、建议、劝告，建立信任，培养人们增强其自我效能的能力信念。

第三，优势视角。对贫困的理解，人们习惯从物质匮乏、环境恶劣、贫困人口文化水平低、思想意识落后等方面进行总结归纳，并称之为“对症下药”，就像美国副总统斯皮罗·西奥多·阿格纽（Spiro Theodore Agnew）曾经在反对贫困人口管理反贫困项目时做的一个类比：就好像是在允许病人告诉医生如何治疗。而优势视角颠覆传统的贫困者是“问题”的观念，倡导从可能性和优势寻求改变贫困的途径。从认识贫困者自身、贫困社区的优势开始，即从他们所拥有的能力、天赋、资源和资产开始，积蓄力量，这种“由内向外”的认知能力可以给予人们一种自发的顿悟力，从而改变他自己的生活，也改变他周围的人。

优势视角强调建立抗逆力和激发人们的希望。所谓抗逆力是指人们能成功适应逆境的能力，一种面对磨难而抗争的能力。每个人都有抗逆力的潜能，但抗逆力是一个过程，只有在自我适应逆境的过程中，抗逆力才能逐渐被激发出来，如源于个人感知被世界所需要的信念。Bernard 指出，培育抗逆力的个人优势包括：社交能力、认识和解决问题的能力、自主和认同感、对于未来的使命感和信念；而要促进抗逆力的形成，则需要在以下三个方面加强工作：（1）形成相互关怀的关系；（2）保持积极和高度的期望；（3）提供有意义的参与和奉献的机会。保持积极的期望，也就是要求人们心存希望。希望是优势视角的核心动力，正好与恩斯特·布洛赫希望哲学的思想相吻合。激发希望意味着激发在扶贫对象内心深处的那种超越环境、发展潜能、能够被认同、感受或获得更多公共精神的渴望。S. Taylor 认为，积极的假象有益于希望的成长，如相信未来更加美好，相信个人有能力去应对问题，相信个人控制不利环境能够成功等。Sydney 等人则相信动机与希望密切相关。他们提出，具有更高希望的人更有动力挑战各种目标。从优势视角出发，反贫困可以从提升处于贫困中的扶贫对象抗逆力和战胜贫困的希望，而这也是培育主体性的重要因素。

（二）参与

如果说赋权是聚焦于扶贫对象的能力、意识、信念、希望的培养和提升，以促进他们作为个体也作为群体的主体性生成和发展，并进而在向外的行动动机驱使下，去分析、判断和决策如何克服贫困，那么参与则是在此准备基础之上，以组织为载体，用集体行动展示扶贫对象反贫困的主体性实践。在组织化中，扶贫对象的主体性得以进一步提升和发展，并由参与促成“更多更好的公共性的社会”。

参与是扩大对自己生活控制的一种方式。乔·萨托利建议，参与的含义应该理解为“亲自参与”，是自愿自发的，而不是“仅仅被卷入某事”，所以参与是与动员不同的。潘泽泉、许新认为，在中国，农村贫困往往与地方政府对农村经济发展的强制性发展干预和自上而下的社会动员策略有关。如果没有扶贫对象的参与，要解决贫困问题就会变成一句空话，因为缺乏参与将导致那些着眼于人类发展、减轻贫困、地方发展、社区健康、消除边缘化和社会排斥的政策和规划实现的可能性大大减少。从本杰明·巴伯（Benjamin Barber）的说法来看，公民的参与还意味着与其他成员的责任分担和共享，因此，参与又具有一种与共同体相关的“我们”意识，“参与是创造一个统治自身的共同体，并且创造一个发生参与的共同体”。

参与既是扶贫策略的手段也是反贫困的目的。它强调扶贫对象参加扶贫决策过程，以提高他们在发展过程中的社会和经济地位。同时参与还被视为彻底摆脱贫困、保证农村获得长期发展的重要条件。美国人类学者艾瑞克·沃尔夫（Eric R. Wolf）讨论乡民社会时认为，“乡民之间的结合起自为对抗三种压力，第一是自然生态的压力，第二是来自他人的压力，第三是大社会来的压力，如租税、利息或政治等。面对这些压力乡民乃相结合以达分享资源及克服困难之目的。”

“内生性发展”要求提高内部的造血功能，因此只能从“三农”内部做文章，通过参与解决发展问题。不同的参与就是不同关系的重新建构。市场参与是在私人部门以经济利益实现为动力，与其他产业构建协商关系；政治参与是权利、权力的实现，重塑农民与国家、其他群体的平等关系；社会参与实现的是责任，通过投身于公共领域和公共事务，培育公共性，与国家、市场及其他社会组织构建伙伴关系；文化参与则是从认同、意义的角度重构乡村社会共同体；生态参与侧重于重构人与自然的关系，这是发展获得持续性保障的根本。

1. 市场参与。1978 年以来，中国农村经济体制改革主要是从两个方面进行，一是分田到户的家庭联产承包责任制，一是农副产品市场化。通过市场化，国家将农副产品价格决定的地位让渡给了市场，农户的生计体系不可避免地卷入市场系统中。

从经济自主性角度来看，不能单独关注农产品的商品化率，从谁是主体这个问题来看，更重要的是关注农产品市场是如何形成的，特别是定价机制由谁来参与决策。市场经济条件下，占有竞争优势的往往是那些拥有优质资源的主体。长期以来，由于农村基础设施建设落后，农民经济收入低，农产品很难直接进入市场。加之严重的信息不对称，造成了农产品被动市场化。农民缺乏市场话语权，具体表现为：第一，农民在产品市场中没有竞争力和定价权。以家庭为单位的经济活动，其生产的农产品及加工品不具备成本优势和技术优势，加上农产品市场缺乏规范，导致中间商层层盘剥，获利目标难以实现。第二，由于经济实力弱小，受到资本市场排斥。第三，不合理的分配体制导致农民的消费行为受限。由于农产品价格偏低，而且农业边际收益下降，决定了农民的收入偏低，农民的消费能力不足。最终农民被市场淹没，从销售、消费到金融借贷，都呈现出主体性缺失。

卡尔·波兰尼（Karl Polanyi）曾提出，在面对市场侵蚀时，社会本身必须开展动员。王曙光认为，可行能力不足造成的农村贫困，在市场方面表现为源于农民市场参与的自组织不足形成的竞争能力不足。因此，扶贫对象要从经济角度改善状况，必须通过组织直接参与市场。

为了保证农民利益，中国政府倡导专门从事同类农业生产、加工和流通的农民，按照自愿、民主、平等、互利原则而组织起来各种专业合作社。中国的农民合作社因为《合作社法》保护，不需要为其合法性而抗争。这种合法性对于组织发展很重要，因为它将影响合作的绩效以及限制其效能。但是自由主义和结构调整使农民/扶贫对象依赖于国家的合作式微，许多贫困地区的合作社，以各种不同发起形式被地方精英俘获，极大程度约束了农民/扶贫对象在合作社的自主性。

市场参与意味着城乡、工农的双向互动。一方面是工业产品及其文化向农村的输入，一方面通过市场革命，向城市输出农业产品及其文化。人类社会系统如果只是单向输入或单向输出，系统的稳定性或有序性必然会受到威胁。

从主体性角度反贫困，并不反对资本的注入，但是更加关注来自于社会、国家或市场的资本如何实现替代性创构，由扶贫对象作为经营者，主动把握生产、流通、消费、分配各环节，与资本构建一种契约关系、合作关系。这是扶贫对象市场参与对资本“亲贫性”的利用，也是利用组织力量要求资本承担起社会责任，去遏制资本的恶。与此同时，市场参与中，扶贫对象通过合作社能够突破仅以合同为纽带构建的契约-经济关系，在合作社的社区性和社会性原则指导下，以劳动者为本，在普遍获利的前提下，兼顾弱者，增进地缘基础上的组织内部人际信任，以经济利益的共同实现促进村庄社会资本的积累。

市场参与可以遵循两个思路：

第一，走进市场参与竞争。国际合作社原则倡导组织起来的经济合作组织，社员贫困内部化解决。经济合作使得扶贫对象以集体形式成为市场主体，不单是壮大了个体扶贫对象的力量，还因为组织的市场地位能保障农产品获得更多的市场回报。同时，围绕内部市场进行“本地生产”与“本地消费”，以合作组织对接外部市场，乡村经济主体性将得到重建，农民的能动性和创造性得到更充分的发挥。在一种良性循环中，贫困问题得以最大程度的化解。

第二，抵制吞噬扶贫对象利益的市场。市场为社会增加价值，是一个古老的经济命题。2004 年，C. K. Prahalad 在其名为《在金字塔底部的财富》一书中提出，私人公司，特别是大型的多国公司正从那些生活在“金字塔底部”（bottom of the pyramid，BOP）的人们身上获取价值不菲的利润，同时也帮助减少了贫困。这个关于资本“做好事有好报”的命题引发热议并获得许多支持。但也有一些学者提出了不同观点，比如 Karnani 曾将这种提法称为“充满谬误的”“海市蜃楼”。

Karnani 认为要理解走向贫困者的市场，首先，可以从判断产品对贫困者是有利还是有害开始。自由主义经济学认为，如果贫困者购买某些产品，那么他们必然受益。发展经济学家 Esther Duffo 将此称为“白痴的显示偏好”论点。贫困者和其他人一样也会有许多错误选择。问题的解决需要超出表达的偏好之外，去了解贫困者的真正的自我利益是什么。其次，在贫困者的市场，出售的产品是否有利于公司。基于以上两点，Karnani 以“4C”（cell phones，cigarettes，condoms，colas）产品进行分析后发现，

condoms 类产品如洁净水、眼镜等对贫困者有益但资本不能获利，由此研究者建议加大政府或社会的资助，寻求创建获利的企业模式；就 colas 类如糖果、冰激凌对贫困者和资本均无利可言，无须干预。cell phones 对贫困者和资本非常有利，市场运行正常。但 cigarettes 类的商品，包括烟草、酒，是资本获利丰厚的领域，却对贫困者非常有害，一方面是健康方面的潜在威胁，另一方面是消耗了贫困者收入中很重要的一部分。因此需要政府规范、企业自我约束以及社会行动。

所以，从已有研究来讲，消费市场的接近并非是完全有利于供给和需求双方，特别是在资本获利却有害于贫困者的领域，扶贫对象的组织也要参与其中，而这一方面目前在中国还是空白。如何在市场参与中，减少产品对贫困者的危害，以较低的价格获得一定质量的商品，是作为消费者的扶贫对象行动的场所。

2. 政治参与。汉娜·阿伦特（Hannah Arendt）认为，无论何种类型的支配和统治都不是真正的政治。政治应该产生于纯粹的人与人的共在性，是平等的主体之间通过言语而进行的协商一致的行动，权力由此产生，而公民参与就是权力的本质。这就是她所提倡的，人类社会政治发展要彰显人本趋向，即“本真政治”。她认为，劳动和工作存在于私人空间，作为前政治的生活出现，只有行动才是公共领域的具有政治性的活动，才能揭示人的政治存在和行动者的身份，使人成为真正的人。

政治主体就是实现政治关系中的人，他们既支配政治又被政治支配。作为政治主体的人，他应该是政治权力、政治权利的掌握者和运用者，政治文化、政治思想的承载者和传播者，政治行为、政治规范的发动者和制定者，政治制度、政治设施的创建者和铺设者。作为政治的存在物，人必然会在政治生活中显示自己积极主动的一面，通过自主、主动、能动、自由、有目的的活动，体现自己作为政治主体性的存在。政治观念的形成、政治制度的创设、政治体系的构建、政治思想的演变、政治力量的角逐，都是政治主体性的一种表征。

尽管众多关于农民抗争的研究试图表达一种观点，即中国农民的维权逐步政治化，但是由于巨大的谋生压力，贫困者的群体行动常常是经济利益为主的具体利益，政治参与缺失。但是，要协调利益关系，首先考虑的问题应该是利益表达。没有有效的利益表达机制，其他都无从谈起。

政治主体以法制政治社会中的“公民”为最佳人选。“公民身份”意味着，（1）连接个体与国家的一种想象；（2）一种成员资格，同时隐含了包容和排斥的问题。迈克尔·沃尔得认为没有成员资格，就好像处于“无限危险的状态”。而当今人类社会以取消其成员资格，限制自由作为对异己、越轨行为的惩罚；（3）是一种社会地位，可以对国家所主导与提供的福利设施提出要求。

主体并不一定具有主体性，二者常常分离、错位，主体一直存在，但缺乏主体意识，或主体意识被压制，则难以有主体性建构。政治的正义在于对人的终极关怀，并促成人的真正自由发展。这一发展目标应该以公民个体为本，从生计出发，发展民生政治。也就是说，要实现公民能力建设和具有挑战性的大规模整合的目标，组织不仅必须培养有力的公民身份，而且还要培养积极的公民个人。哈贝马斯曾这样评价普遍性的主体：“用关于对人人都平等有益的公正的共同生活的规则的道德政治问题取代了什么从总体上看对我有利的生存问题。那些对每个人来说都均等有益并因此可望得到理性主体普遍赞同的规范被认为是‘公正’的。”

赵丽江等人建议从四个方面建构政治主体性：第一，确立民主政治。这是一种程序性的制度安排或政治过程。第二，聚焦民生政治。民生问题不仅仅只是经济问题，这涉及当今世界达成共识的基本人权，关于生存的问题因此不可避免地成为政治问题。同时，历史也告诉我们，民生是农民阶级政治底线。因此，民生政治所要求的就是政治回归生活，关注民众的需求并能及时积极回应。第三，培育公民精神。公民意识是公共精神的基础。公民精神所突出的公共性，是具有公民身份的个体实现权利主张和义务履行的驱动力。第四，优化政治生态。它包含一定经济制度基础上生成的社会政治制度体系、政治运行模式、公共政策制定及执行方式、舆论宣传方式、执政党及其政府与民众的关系等因素。

中国农村贫困很大程度上是制度性因素造成的。第一，与土地的利用与分配有关的制度。在计划经济体制时期建立起来的集体土地所有权和国有土地所有权的物权不平等关系继续适用。国家和政府对农村集体土地所有权进行严格限制，使得产权所有者缺乏实际意义上的支配权和转让权。以住宅为例，由于农民的宅基地与地面附着物——房屋的产权相分离，造成物权的财产特征难以体现，转让和抵押面临重重障碍，这种状况还造成农民金融市场可入性问题。第二，不平等的社会政策。一是教育、医疗卫生等资源的城乡不平等分布，造成农村人口受教育水平普遍低下，婴幼儿死亡率较高，人均预期寿命较低。二是有差异的社会保障成为农村社会问题的主要诱因，如医疗保险水平低，因病致贫现象严重。在贫困状况下，缺乏足够的社会保障，农村老年人养老成为令人担忧的问题，使得农村自杀问题成为研究热点。三是前述问题进一步通过水平过低的人力资本存量，影响农村进城人口在劳动力市场的竞争力，造成他们只能拥挤在劳动力密集型、社会保障低的行业，进一步加剧和扩大了贫困的内涵。

因此，扶贫对象作为政治主体，通过建构公民社会/组织，获得自身所属群体的利益、权利和权力，不平等的制度就是他们展示主体性的首要场所。扶贫对象的政治参与就是要通过必要的财富再分配，分享生产成果，实现必要的纠偏，是制度和政策向民生倾斜，向农民、贫困者倾斜，建立平等的高水平的保障体系，改变直至消除影响他们进入市场经济运作的各行为主体之间现存的不平等。更进一步的发展，是经由对话、交流和沟通的方式表达自己的意愿，促成城乡互助关系、整体发展。

C. Taylor 觉察到多元民主进程中的一些危险：一是权力集中；另一个

是分裂的公众。对于前者，其解决方案很简单，在他看来：权力下放以便开放公共领域。第二个危险，即“政治分裂”或“公共分裂”，则较难以治愈。泰勒描述了这种碎片化是如何产生的：“由于政治社会存在的断裂，民主决策也会受到阻碍，甚至完全受阻。这些断裂可能由多种方式引起：一个是‘阶层之战’模式，其中最不受青睐的公民意识到他们的利益被系统忽略或拒绝……另一种可能性出现在一个族群或文化社区感觉无法被更大的社会认同时，他们会变得不太情愿基于多数人的共识来行动 。”

这正是汉娜·阿伦特所认为的，政治即是存在/交互存在的场所：政治不是无数群体仿佛作为一个人的行为，全体一致的联合性基本上是反政治性。

所以，农民的政治组织在实际存在冲突的政治场域中参与，协商谋求自身利益的实现，其目的不应该是为了达成共识，而是要通过共谋在某方面达成一定程度的一致。

3. 社会参与。农村贫困是社会变迁中的乡村社会问题。扶贫对象的社会参与就是为了实现主体社会性，获得包括“知识、信息、技能、参与机会和金融资源”在内的社会权力，在社会领域进行减贫活动。

主体社会性是指现代个体主体的社会共通性维度，是指主体性在无差别的、抽象的、普遍统一的维度上得以实现。主体性的实现是在不同层面和维度上进行的，因此这种社会性不是对主体性的特殊性和个性的否定。无视主体的社会性构成根基和运作逻辑，直接设定主体的个人内在性本质，将导致无法真正理解主体及其实现机制。本真状态的“人”，不仅是对自己及活动成果拥有自主性并且自由自觉活动者的“主体”，还通过日益复杂的社会交换/交往把自己的社会特质实现出来。

扶贫场域以权力和经济利益区分出两个子场域，同样由于参与扶贫的主体位置不同，形成了不同的互动和沟通关系，从而建构出社会子场域。社会参与即是将组织行动范围和目标聚焦于这个场域，在社会治理、乡村治理、贫困治理的语境中，以“第三方”与政府、市场建立和展开合作。

扶贫的社会场域中一个重要的概念和工作重心围绕着“公共空间”概念。埃文斯-普里查德（Evans-Pritchard）在其著名的人类学著作《努尔人》中最先指出了空间的社会性。他将空间的概念从三个层次进行解释，其中之一被称为“结构空间”，即置身于特定社会制度中的人们，与价值观相连的群体之间的距离。汉娜·阿伦特最早使用“公共空间”这一概念。她以个人与社会的关系为背景，将人类之间的互动关系定义为公共空间：“这个作为人类活动的有限空间以及有机生命生存的一般环境的世界，并不等同于地球或自然。它更多地与人造物品以及人类双手的创造相连，与共同生活在这个人造世界中的人类的事务相连。”

在汉娜·阿伦特的思想影响下，哈贝马斯以国家与社会的二元对立为出发点，利用理想类型方法，描述了国家公共权力领域与私人领域之间的公共空间：公共空间随着社会与国家的分离而产生，随着国家与社会的融合而消亡。公共空间的存在为社会参与提供了机会。

对扶贫对象来说就是要创造出这个空间，使社会权力可以在其中实现。然而，类似前面分析过的，以往的扶贫公共空间都是事先安排好、给定的，对于扶贫对象而言，他们只能接受，或以不情愿、不合作进行消极的但同样展示主体性的抵制。

从主体性角度来看，扶贫对象需要在这样安排的社会位置和空间中，做出调整，以使空间适应他们的行动，并从抽象的空间生产出生活空间。这种改造公共空间的方法被称为“空间熟悉化”。

支配实践的社会权力既不是绝对的，也不是毫无争议的。来自不同文化背景的主体不可能像空间设计者设想的那样占据空间。特别是对于扶贫对象来说，他们往往缺乏预期需要的知识。相反，作为主体的他们可以将自己的文化和世界观与所处环境建立起关系，从自己的背景，如社区、历史和记忆来理解既定空间。社会空间和文化实践的特征就在扶贫对象自己的世界观中发展出来。空间的熟悉化是由激情和憧憬所指引，依赖主体的改变能力并通过组织化才能实现。

4. 文化参与。马歇尔·萨林斯（Marshall Sahlins）认为，人首先是社会存在，而社会存在首先就是文化存在。

扶贫要给予场域以文化视角。费孝通把文化定义为："共同生活的人群在长期的历史当中逐渐形成并高度认同的民族经验，包括政治、文化、意识形态、价值观念、伦理准则、社会理想、生活习惯、各种制度等。"文化的视角主要关注作为社会轴心的认同可以使更进一步的集体行动得以持续。汤普森认为，一旦人们离开了赖以生存的大地，失去了与原初意义、文化的联系，就会进入一种被迫的无依无靠的个体境地，体验到只有靠自我努力才能活命的感觉。

全球化、工业化、城市化冲击下，乡村的衰落同时伴随着乡村文化的衰落。文化参与赋予扶贫对象/农民乡村文化重建的角色和使命。这种文化主体性代表了一种对现代化"自主的适应"。如何在新时期实现文化共有、共创，费孝通先生提出了"文化自觉"概念。"在人文重建的整个过程中，我们可以接收外国的方法甚至经验，但所走的路要由自己决定。文化自觉、文化适应的主体和动力都在自己。"对文化的自觉是在世界体系的文化交往与建设中体现的。

文化自觉，不仅是文化上的自我认同，同时还是求同存异、相互渗透、和谐共生的多元文化认同。它一方面保存自身原有文化的特征，另一方面却通过不断的文化交流与叠合身份的建构，形成新的文化主体。在传统与现代的交织关系中，行动者不断地赋予其意义，文化自觉成为可能。

以传统-现代为主线，杨敏认为，文化重建可以在"传统-现代""大传统-小传统""大社会-小地方"这组标题下实施。第一，传统与现代的延续。传统与现代是一组连续光谱，现代总是在传统的基础上成长和发展，两者始终是相互规定和彼此揭明的，是一体相连、互为表达、彼此推进的。因此，乡村文化的重建必须在自己独有的文化基础上吸收融合新元素，同时有必要向外界输出自己有生命力的文化；第二，“大传统”与“小传统”的结合。较大社会的原则常常与地方化的规范产生冲突。要充分认识到，大传统提供的规范性要素、价值内核，对整个文化的方向起着范导作用。但是，较大的结构只能在认识到地方层次的规范后才可能存在；第三，“大社会”与“小地方”相平衡。这里涉及都市文明与地方性的关系。在快速强劲地推进城镇化的过程中，农村地方性文化小传统的生存与传承面临困境，受到“被吞食”和“被同化”威胁。所以，就小传统的发展而言，乡村文化的自我保护和发展是一个很重要的问题。

5. 生态参与。农业是与自然环境关系最为直接也最为密切的产业，自然生态环境也更直接地影响到农民的生存条件。所以促进农业和生态的共同发展是农民主体性实践的又一个场域。

生态参与对于扶贫对象来说，更加具有急迫性。首先，许多扶贫对象生活在生态脆弱性较高的高寒、干旱、石漠化或水土流失严重的高山、高原地区。其次，贫困地区的人口压力和现代农业技术的推广增加了自然灾害发生的风险，也带来了水土污染。再次，缺乏完善的规范管理条件下，资本对贫困地区的资源采取了剥夺式、破坏式开采，直接威胁和破坏贫困地区的生态。最后，由于地区经济落后，贫困地区往往不可避免地成为污染的输入地，或是垃圾填埋场，或是污染产业的再安置地。贫困的劣势无处不在。在地方想尽一切办法摆脱脱贫时，环境保护和生态保护常常是被忽视的一个方面，而“环境不正义”行为还可能进一步导致贫困人口健康以及农业生产等方面的问题，从而带来“再贫困”的风险。

生态参与从主体的角度看，涉及两个方面：

第一，平等的生态主体地位。环境正义议题是环保运动伦理发展的新方向：关注人际关系。美国国家环保局对“环境正义”的定义为，“在环境法律、法规、政策的制定、遵守和执行方面，全体人民，不论其种族、民族、收入、原始国籍和教育程度，应得到公平对待并卓有成效地参与。”该定义提出两个方面的关注：一是平等的环境权利；一是平等参与环境保护的义务。

第二，环境问题的界定者。环境问题本身是一个涉及多学科的焦点问题。但是，环境议题中，占上风的现代科学主义对受到破坏的环境完全依赖科学技术进行治理，忽视当地人的本土经验和知识，也不在意这种“科学的”治理方式是否会对当地人的生活系统造成新的问题。受影响的当地居民一般被定义为“受害者”。作为一种“隐藏的权力”，本身由社会建构的环境问题就这样被一套科学的标准、测量方法和语言所掩盖，环境中的生活者/受害者总是被排斥在环境问题界定之外。

主体角度的环境参与，如生活环境主义则倡导从生活者的立场出发，以保护当地人的生活系统作为最重要的目标。换言之，生活者作为环境议题的决定者，在充分理解事实的基础上，依照下述三个行为准则决定环境有无问题：一是重视效率的“有用准则”；二是重视价值观的“原则准则”；三是重视与其他生命共鸣的“共感原则”。

从生活者的角度思考环境和生态问题，一方面意味着扶贫对象根据生活的权利来对社区进行共同占有和管理。其中，共同占有权意指社区居民依据习惯性“利用”的事实，共同占有某区域。另一方面，改变单纯保护环境的行为，以生活体系/生活系统是否得到保护为标准来判断环境问题。生活系统不仅表达居民的生活方式，同时由于它是文化和历史的，因而也是可以改变的。用改变的生活系统来看待环保，是对僵化的强调不变的传统生态保护模式的挑战，因为它表明环境不仅可以保护、恢复，还可以有创造。

· 第六章 ·

扶贫对象组织化的反思

案例

仇岗环保卫士

仇岗是安徽省淮河边的一个普通的小村庄。但是，2004 年随着三家生产有机化工品的化工厂进入村庄，村庄的宁静和安详因此打破。由于污染，村庄农渔业绝收，田地荒废，早年清澈见底的鲍家沟已变成纳污沟，鱼虾绝迹……

同年村民张功利发现，其中最大的一家化学有限公司，排放的工业污水浸漫了自家自留地，导致土地颗粒无收。为了索赔，张功利开始自学法律走上了无限期的上诉之路。

2007 年 4 月，仇岗小学 40 多名小学生在作文时间不约而同地写下了渴望改变村庄环境污染状况的心声，引起了安徽环境保护 NGO“绿满江淮”的关注。在机构工作人员的帮助和引导下，张功利以群众领袖的身份动员和组织村民集体行动。他们一起搜集数据，村中 1802 个村民一起联名上书。张功利还通过“绿满江淮”，与北京的环境专家和市民团体取得联系，参加相关会议，进行村庄污染状况宣介。此时，张功利不再是一个孤独的村民，而是作为一位活动家和社区领袖，与环保组织、媒体结盟，与化工厂展开谈判。2008 年底，最大的一家化工厂被当地政府强制勒令停产。2009 年 4 月，全部化工厂着手搬迁，撤出仇岗。

仇岗又恢复了往日的宁静，村民继续着平淡的日子。农闲时，张功利还会参与“绿满江淮”的活动，帮助收集和发布有关环境数据。

然而，“村里的池塘仍是一池没有生命的绿水，田地里仍然覆盖着一层白色的粉末”。多年积累的污染如何消除？

这是一个村庄的故事，也是许多村庄正在发生或已经发生的故事。不同的是，很多村庄没能够像仇岗人一样获取胜利。这不是幸运或偶然的机遇赐福仇岗人，也不能归功于张功利个人的睿智和勇敢。如果没有“绿满江淮”组织化的指导和资源链接，没有村民的万众一心，没有地方政府的高度关注、没有舆论压力，张功利个人上访之路将会遥遥无期。

仇岗经历除了解释组织化的力量之外，也带来了引人深思的问题。在乡村反贫困中组织应该如何建立，如何保持其生命力，如何回应变化中的乡村生活，如何恢复和振兴乡村社会呢？

组织在乡村扶贫中并不匮乏。但是，从组织的角度说，项目组织不同于常规性的组织，是一种临时性的组织形式。它并不归属于常规组织结构的某个层级或位点，而恰恰要暂时突破这种常规组织结构，打破纵向的层级性安排（“条条”）和横向的区域性安排（“块块”），为完成一个专门的预期事务目标而将常规组织中的各种要素加以重新组合。

组织化是现代社会的产物和表征。“现代农民面临的困难再也不能凭自己个人的力量可以战胜。”所以，在扶贫场域中，扶贫对象的组织化是一种必然。一方面它反映出农民从传统社会向现代社会转变的工具性手段，另一方面也是农业社会在抵制现代性冲击方面展示的集体行动的力量和优势。

一、 扶贫对象组织化优势

数量就是力量。因此组织代表着权力，并且成为其成员获得权力的通道。借由组织赋权和参与，扶贫对象可以改变过去在扶贫场域中单一的服从或屈从地位，成为政府和社会力量的合作伙伴，并显示出其独特的优势。马丁·吉伦斯（Martin Gilens）认为，组织作为独立的政治力量可以弥补经济/财富的影响。

（一）扶贫-脱贫的精准化

农村贫困治理，如同其他层次的社会治理，需要的结构或秩序只能由扶贫对象自身从农村内部产生而不能由外部强加。贫困治理要发挥其作用，从治理主体角度看，在多种互相发生影响的行动主体互动中，需要扶贫对象的有组织的集体行动。

1. 从个别化保障精准性。扶贫、脱贫是全面小康的“最后一公里”。习近平在 2015 年 6 月提出，扶贫工作要做到“切实落实领导责任、切实做到精准扶贫、切实强化社会合力、切实加强基层组织”，并将精准扶贫思想概括为“扶贫对象精准、项目安排精准、资金使用精准、措施到户精准、因村派人精准、脱贫成效精准”。因此，精准化意味着“从扶贫机制上由主要依赖经济增长的‘涓滴效应’到更加注重‘靶向性’对目标人群直接加以扶贫干预的动态调整”。精准扶贫的“靶向性”在于精准地识别扶贫对象，以个别化的方案设计和服务提高扶贫效率。

在扶贫对象的组织中，这种个别化服务可以得以实现。

从组织外部形态来看，它常常表现出集体性和统一性，整体对外。但是，从组织内部形态而言，异质性对组织的民主、良好运行至关重要。因而，关注异质性使得扶贫对象的组织在反贫困的行动中，对组织成员在

"差异性平等"原则下采取差别对待，达到共同目标的实现。

2. 从动态目标促进精准性。一个组织的成立在于实现某一特定的目标。因此，组织目标给予组织发展活力；相反，目标不能实现将导致组织的存在出现危机。因此，扶贫对象的组织要想在反贫困以及以后的农村发展中继续发挥作用，同样必须以动态的目标设定作为基本。动态目标保证了组织运行的连续性，将有利于组织不断回应变化中的社区发展要求，使得扶贫-脱贫的精准性在动态中得以实现。

第一，近期目标和长远目标结合。组织的成长需要凝聚人心，而组织行动的效率是最好的说服手段。事实上社区发展是长期的、持续的，因此各种以此为目标的行动努力"永远在路上"，理想和目标虽然崇高而伟大，但往往不能在短时间内充分实现。对于组织成员而言，那些过于遥远的目标设定似乎不切实际，无疑会挑战他们对组织的信心。因此，组织在目标设定中，通常以可以实现的近期目标为基础，围绕发展的终极目标，循序渐进。在每一个发展阶段，一个好的组织能够将关注始终投向发展正面临的、成员最为关心的领域。组织近期目标的实现使得成员能够保持对组织的信念。这种对社区特殊阶段的特别关注即是扶贫组织对扶贫-脱贫的精准性的把握。

第二，以变动的环境为基础，不断调整组织的目标。比如，中央在精准扶贫中提出"四个一批"，即"通过扶持生产和就业发展一批，通过移民搬迁安置一批，通过低保政策兜底一批，通过医疗救助扶持一批"来实现全面小康社会的目标。那么各种扶贫对象的组织就要改变主要的生产性扶贫的主旨，鉴别以哪种或哪几种手段构建综合方案解决贫困问题。而且，扶贫-脱贫是一个持续的过程，而不是时间点上的两个独立事件。由于贫困的多维度性以及偶发性，脱贫的人口或非贫困人口返贫风险总是存在的。因此，扶贫组织要随时关注变动着的环境，采取必要的适时的回应，预防或干预可能发生的贫困。而要做到这些，精准性必然被考虑在其中。

第三，促进组织权力的获得。扶贫对象组织的形式主要依赖于社区要解决问题的类型，与政府合作的组织形式从组织权力来说，是一种共享权力，这只是权力的源泉之一。组织权力的获得主要依赖于组织解决问题的能力。因此社区组织需要从一个小的层面着手，才能具有灵活性，有效解决不同问题。也就是说，注重贫困问题的精准性，是组织获得权力，自我发展的好路径。而且，基于人际关系的社会网络可以促进组织的和政府的行动。当组织不断积极行动变得足够强大，就可以产生力量说服政府或其他强大的组织听取他们的意见，保证扶贫项目能够真正有利于扶贫对象。

3. 提高组织承诺实现精准性。组织承诺一般是指成员对组织的认同。在组织承诺中有两个核心概念：对组织的满意度以及可感知的组织支持。通过对二者的评价，成员表现出不同的组织承诺度，并随后影响他们对组织应该承担的责任。

对组织的满意度主要是指组织目标实现程度形成的成员评价。这是一种情感因素，影响成员与组织的情感联系。一般而言，目标实现程度评价越高，成员越可能热爱组织，从而会激发其在组织中的主动性、创造性。

可感知的组织支持则是指组织如何评价成员的贡献以及如何关注成员的福利。可感知的组织支持反映成员对组织的信念，用来作为成员和组织之间进行社会交换的基础。如果可感知的组织支持评价高，那么，成员对组织具有较高的认同，就会对组织做出较高水平的承诺。

因此，组织要促进成员能够在组织中保持行动的热情，并为组织做出较高的贡献，就必须通过不断地实现组织工作目标和加强对成员的关照。异质性的组织中，要完成这样的使命，其结果是实现精准性。

4. 建立问责制强化精准性。问责制是一种需求驱动路径，它依靠在公共行动和成果方面公民的参与，包括个体形式的普通公民以及社会组织。Brown 和 Moore 认为，问责制应该被视为有利于实现组织最高价值的一个关键战略议题。越来越多的问责倡议目的在于促成积极的发展成果——更加积极的地方政府和市场，赋权边缘群体，确保穷人和处于社会边缘的人的需要能够得到回应。

问责是一种义务，即根据达成的规则和标准，进行公正、精准地报告，以确保既定计划得到遵守，即按照适当的程序和获得的反馈在公开透明的原则下处理各项事务。任何组织和机构都必须对受其决策和行动影响的人们负有责任。治理机制是确保问责制的前提，因为它允许不同的组织之间互相追究责任，迫使他们为自己的行为进行解释。

问责制的核心包括可责性（answerability）、可实施性（enforceability）。可责性是指机构或机构工作人员有义务提供行动的足够报告，充分说明为什么作为和不作为；可实施性是指义务实现机制和在必要时对其不履行义务进行制裁的机制。其中可实施性是确保信息需求得以实现的关键。

但是，如果不能实现可责性和可实施性，扶贫对象在扶贫领域的声音是没有效果的。

以扶贫领域的资本为例，在指导其活动的调节系统不完善的情况下，资本流动的力量形成了对民主善政的一种威胁。包括跨国公司在内的许多公司并未足够重视自身的社会和环境责任，从而导致它们在发展和减贫中可能没有履行应尽的义务或善行。比如公司在一些部门较轻易地迁移，使政府和工人彼此竞争，破坏了贫困社区对这些公司的问责制的要求。再比如，在没有相应机制确保信息披露时，工业化学品使用信息缺乏，人们可能会在危险的条件下“工作、生活、娱乐”，却没有意识到他们的权利受到侵犯，直到损害发生。此外，企业和社区之间的权力资产和能力的实质性差异扩大：公司通过增加纳税和提供更广泛的就业对经济发展作出贡献，保证了其获得决策权和特权；而许多跨国公司投资的那些社区，往往远离政治权力的中心，经济上被边缘化。因此，问责制不能简单地理解为一种实践，更应该是围绕问责关系而体现的政治。在治理话语中，扶贫对象组织化有利于问责制的实施，使得扶贫实践体现扶贫对象真正的需求，实现利益向扶贫对象和贫困地区倾斜。

（二）全球化的适应和应对

1. 以组织回应组织。随着全球化的推进，出现了一系列跨国的地区性组织，如欧盟（EU）、亚太经济合作组织（APEC）、北美自由贸易区（NAFTA）。这些巨型组织的出现，使得众多弱小的经济体，特别是个体，不可能在世界范围内与之竞争。但是，很显然，不太可能通过反全球化运动产生逆向改变。这是因为，一方面全球化是普遍的趋势，不论是从经济还是社会、文化等方面而言，都带来了地域间、族群间的良性互动和交融；另一方面，事实证明，如果不能积极主动并有准备地迎接全球化的挑战，全球化的入侵具有极大的破坏力量，比如东欧社会主义的失败，或是由于极端民族主义的兴起。所以，在全球化的情形下，要求从国家、地区到社区不同地域水平上，在社会、政治、经济、生态等层面进行内部整合。在反贫困实践中，通过扶贫对象/农民的组织化，整合内部资源和地区发展规划，强化内部协同作用，可以减少贫困人群及贫困地区在全球化下可能面临的新的脆弱性和风险性，同时避免闭关自守、自我中心的行动策略。

2. 减轻外部约束。在全球化进程中，谁将是减贫项目的受益者？外来援助是否强化了贫困地区的资源依赖性？如何降低这种依赖？如何改变不公平的贸易？

这些问题代表着贫困人群在减贫过程中不能回避的客观条件，更多情形下，由于缺乏必要的手段加以把握和控制，它们往往成为改变贫困的外部障碍。扶贫对象的组织化，正是在这样的外部约束条件中，通过数量带来的力量，尝试纠正贫困不可改变的“宿命论”。组织化的目的就是要在自我决策原则下，促成扶贫对象高扬主体性，成为主宰命运的主人，在日益增强本地控制时，逐步地、有选择地加入全球化。不仅如此，组织化还是一个资源集中的过程：第一，通过成员间的知识重组和分享，有利于问题解决的经验和知识的积累。比如利用本土知识，发展多样化生计策略，以减少对外来资源和市场的依赖。第二，增强的资源能力有利于获得专业支持，如雇佣专家指导，帮助鉴别与厘清发展的阻碍因素，确立问题的解决方案，推动乡村与现代化的结合。第三，联合可以成功地动员的成员进行投票，增加民众的决策分量。同时将极小的个人资金积累起来办大事，比如，将资金集中起来，以保证扶贫对象打破金融壁垒，获得发展计划的资金援助。

3. 激发创造力。全球化是一个全新的现象，在不同的时间和空间背景中，它所带来的机遇和挑战各不相同。因而，具体的应对策略要求因地制宜、因时制宜。面对挑战，要充分认识到全球化带来的不仅仅是可以加以利用，促进本地发展的资源，比如投资、新技术、新产品，而且也带来了各种各样的发展新问题。在一个全球化的世界，受规模经济和自然资源禀赋的制约，产业增值更多地依赖于科技竞争，依赖于国家和地区的科学技术创新能力。换言之，一个国家或地区的经济实力、生活质量、国际竞争力以及在政治经济格局中的地位，无不涉及科学技术的发展和进步。然而科学和技术的发展是一个过程，而不仅仅是通过购买商品的方式获得。在知识和信息社会，发明创造、技术创新和科技成果转化，不再是科学家、专业人员垄断的封闭世界。发挥科技帮助地区的可持续发展、能源的高效利用，提高人民的生活质量的效力，还需要有一个积极、包容和参与的社会。人、才智、协作和企业家精神将是未来社会的灵魂和驱动力。具体来讲，科技创造力的激发需要公众的积极参与，需要“从下往上”和“从上往下”双轨制合作去完成和实现。一方面，生活的需求激发和加速新领域的研究、成果转换和开发；另一方面，专业知识积极回应生活之需，并接受公众或使用者评估和检验，在公众参与过程中，进一步发现存在的问题或不足，明确公众需求以不断改进产品质量与提升服务水平。民众在发明创造中的参与，不仅能促进科技在个性化与标准化之间找到平衡，还可以缩短改进的过程，加强科技本地服务和产品进入其他市场的能力。除此之外，在这一过程中，还构建起企业—公民—政府伙伴关系，即灵活的服务和技术创新的生态系统，降低新技术发明和使用的成本。组织化提供了充分发挥这一集体智慧的平台，使得扶贫对象能够参与到农村发展的创新过程之中。

（三）社会资本的培育和积累

Portes 认为，社会资本的研究具有深刻的社会学渊源，其中关于参与集体行动将有利于个体和社区的主要观点，与涂尔干及马克思的思想同出一辙。对于涂尔干而言，这是强调群体生活克服失范和自我毁灭，而马克思则用以区分自在阶级和自为阶级。

当代第一个系统地分析社会资本的是布尔迪厄。他认为社会资本是“现实或潜在的资源的集合体，这些资源与拥有或多或少制度化的共同熟识和认可的关系网络有关”。他的这一概念，关注的是个人通过参与集体活动持续，收益及以此为目的而刻意建构自身的社会能力。他甚至断言“通过成员身份增长的利益是使它们成为可能的团结的基础”。Portes 指出，社会资本在布尔迪厄看来，是由两部分构成：一是社会关系本身，它使个人可以对群体拥有的资源行使权利；一是这些资源的数量和质量。

不过，社会资本研究的热点在美国。在经济学家格伦·卢里的研究基础之上，科尔曼从功能角度将社会资本定义为“具有两个共同元素的不同实体：他们都包括社会结构的某些方面，他们促进结构内部某些行动者（个体或集体）的行动。”他把社会资本表述为义务与期望、信息网络、规范和有效惩罚、权威关系等一系列变量，其中可信任度至关重要。

延续上述研究，普特南将社会资本放置到组织层次，他指出：“与物质资本和人力资本相比，社会资本指的是社会组织的特征，例如信任、规范和网络，它们能够通过推动协调和行动来提高社会效率。社会资本提高了投资于物质资本和人力资本的收益。”“如果一个社区拥有巨大社会资本存量，共同努力会更有可能。”

边燕杰对社会资本的功能进行了总结。围绕核心概念“资本”，他认为有四种观点：(1) 在信息不对称的情形中，网络的信息桥作用将产生有效的价值，因此是一种资本；(2) 在社会网络中，资源相异、权力不等的个体，通过长期互惠和面子机制，实现非正式的社会性交换。因此，人情网络通过重组和配置资源产生价值，是一种资本；(3) 社会网络，特别是高密度网络，培养和鼓励人际信任，使相对隐秘的互动关系和行为生存于正式结构约束之外，促成秘密交易，由此产生价值，也是一种资本；(4) 社会网络产生社会资证作用：一个人的信誉首先在关系网络中建立“口碑”，形成声望，因此是一种资本。

Woolcock 和 Narayan 指出，所谓社会资本“不是你知道什么，而是你知道谁”。其基本想法是，家庭、朋友和组织构成一个人的重要资产，当处于危机之中时可以依靠、利用。对于个体来讲什么是真正的利益，那就是成为群体一员，“抱团取暖”。那些拥有一个多元化的社会网络和公民协会的社区在对抗贫穷和脆弱性方面处于更加有利的地位，有利于解决争端，并且或者可以利用新的机会。“贫困者的社会网络是他们用来管理风险和脆弱性的基本资源之一。”

在普特南看来，一个依赖普遍性互惠的社会比一个没有信任的社会更有效率，信任、规范以及网络这样的社会资本存量有自我强化和积累的倾向。由公民参与构建而成的组织，增强了互惠的规范，促进了社会信任的产生，进而有利于成员间协调和交流、提高组织声誉。特别是组织内部形成的信任和规范，将约束成员行为，因而有助于解决集体行动的困境，减少机会主义、搭便车行为。

而福山直接将社会资本定义在文化范畴。他认为，社会资本“根植于文化，它是信任的熔炉，是一个经济体健康与否的关键”，是“社会关系中真实存在并能够提升社会合作的共同的社会规范或价值观念”“社会资本的积累是一个极其复杂甚至可以说是神秘莫测的文化过程”。正是在参与组织化过程中，这些规范和价值观得以形成和发展；它们将促进社会交换、降低交易成本、减少信息成本，使得缺乏协议的贸易可以存在，并鼓励有责任的公民成长，以及集体管理资源成为可能。

扶贫对象的组织是必须重视的重要的社会资本。这些组织的出现，源于扶贫对象自主地、集体承担责任的主体性。它们是促进政策发展和政策本身的行动者。许多经验表明，这类组织具有巨大的能力来影响社区的发展计划，并参与社会治理。许多组织并不会囿于制度的限制，具有很大弹性；源于在社区的深层经验和知识，使得倡导和行动充满创造性；虽然缺乏资源，但反而刺激了扶贫对象行动的想象力，使行动适应于社区的资源和能力。在直接的民主参与中，不仅促进了民主文化和公共政策效率，而且在福利低下的社区还可以成为福利的提供者。

（四）社区应急功能增强

近十年来，一系列重大灾难性事件，如西部地区地震、泥石流、干旱等地质性和气候性灾害，以及上海外滩踩踏事件等人为因素引发的重大事故，使得社会组织作为社会管理机制的一环在救灾应急中的作用越来越受到关注。党的十八大报告也明确指出：“要加快形成源头治理、动态管理、应急处置相结合的社会管理机制。”

我国社会组织因此不断得到推动和发展。如在2008年汶川地震中，除了传统的与政府有密切关系的红十字会等组织之外，其他社会组织仅有“K388临时团队”，以及灾后完成注册的壹基金等屈指可数的几家机构活跃在现场。到2014年鲁甸地震时，以壹基金、爱德基金会、思源基金会为中心的多家社会组织迅速构建起救灾协作平台，包括中国扶贫基金会、中国妇女基金会、青基会在内的136个非政府组织参与救灾，充分展示了社会组织在救灾应急中的作用。

社会组织参与应急管理领域的宏观策略分别为技术介入策略、行动介入策略、资源介入策略以及理念介入策略。具体而言，技术介入策略是指通过组织专业技术优势参与到应急管理过程中来，行动介入策略是指组织实际投入到应急管理的运作之中，资源介入策略是指社会组织通过款物保障所需的资源基础，理念介入策略是指通过理念与价值倡导使个体、群体、组织乃至整体社会的应急行为模式发生转变。

从目前社会组织参与的过程来看，社会组织主要出现在应急管理的事中及事后阶段，即参与救灾与灾后恢复，尤其是在政府的社会动员之后，基于救死扶伤的献身精神，积极配合政府进行现场救助、物质捐助等。而灾前参与进入应急管理过程的减灾与整备阶段的则很少。张海波和尹铭磊对鲁甸地震的实证研究发现，许多参与救灾的社会组织具有“突生性”，即灾害发生后未满足的救灾需求促生各种组织。“突生性”成为应急响应适应机制的重要特征之一。“突生性”也回应了陶鹏、薛澜的观点：社会组织应急参与局限在救灾和灾后重建阶段。

实践和研究都表明，社会组织参与应急管理近年来有长足发展，同时也暴露出不少问题，比如事前参与缺乏、行动具有一定程度的盲目性、角色地位偏差、专业性不明显、参与具有随机性和片面性等。在这些问题以外，应该注意到，人们关注的西部地区参与应急管理的社会组织基本上来自于灾区之外。这反映出灾区本土社会组织缺乏，而这一问题早在汶川地震中即已暴露，而在2014年12月上海外滩踩踏事件中问题的严重性呈现得更加清晰：由于缺失维护公共秩序的能力或品质，无法完成从有序的自助到有序的互助。在“自顾自”的慌乱中，灾情加剧。有鉴于此，扶贫对象的组织化，将弥补本土应急管理机制中存在的空白。

第一，及时反应。本土组织可以迅速地回应遇到的问题。Henig 在对不同的邻里社区组织进行研究后指出："最为令人惊讶的发现是明显存在于现有组织和邻里回应速度之间的关系。……很显然，一旦组织形成，它们早期的感知功能和评价功能比那些使组织规模壮大的资源更加重要。"这是因为发展过程中组织将会关注各种相关议题，并迅速与成员交流以采取应对行动。特别是在地震等灾害中，时效性与生命具有同等意义。只有灾难现场的人们才能做出最快速的反应。而且，由于贫困地区一般都处于相对隔离的地理位置，基础设施不完备，给外界迅速进入带来了困难。本土组织的及时回应，使得社区能够展开及时有序的自救，有利于减轻灾难的危害。

第二，彼此熟悉。村庄是人们聚集的空间，把工作、生活场所作为组织活动的地理位置，极大地降低了组织化的合作成本，以及组织化的信息成本。同时，长期以来构建的人际关系，使受灾人员在自救和帮助政府及其他组织实施营救方面优势明显。斯托林斯和克兰特利对应急中突生的公民群体的研究凸显了受灾人员的这种优势。他们认为，受灾民众可以充当以下角色：(1)"损失评估群体"(damage assessment groups)，提供关于损失严重程度和地点的第一手信息；(2)作为"运行群体"(operation groups)，参与应急响应具体功能的运行，例如收集和发放食品、衣物，清理垃圾等；(3)作为"协调群体"(coordination groups)，在引导救援和化解争议中发挥作用。

第三，持续性的参与。首先，在社区内部，组织之间的网络、人际网络都具有持续性地关注本社区事务的可能性。所以，组织化有利于社区内部事务的持续性关注、解决。这样，Stallings 和 Quarantelli 所指突生的公民群体规模小且维持时间很短的问题将被克服。其次，组织化依赖于参与者之间的集体认同。共同的经历对创建社会的集体性具有重要的影响，可以作为组织认同的基础。再次，由组织产生的"照顾"价值观将加强扶贫对象彼此之间的社会连接，这种网络关系对社会与组织行为的影响与嵌入的概念相对应，如关系、结构和位置嵌入。嵌入与社会资本概念密切相关，是指社会关系中固有的资源可以为有目的的行动所有或调配。因此，组织化可以促成成员利他主义行为倾向。最后，灾前已经存在的社会关系/网络/组织有利于灾后突生组织的出现。因为在已建构的价值观的影响下，一旦受灾，原有组织成员很自然地进入救灾过程，即使是嵌入另一种组织结构之中。正如 Robinson 等人的发现，在救灾方面，先前组织中的网络关系，可以帮助建构应急救灾网络，尽管这些关系以前并不与应急相关。同时，扶贫对象的组织化，有利于加强与外部组织的关系。这种关系不仅表现为事中及事后的协调，还可以体现在事前的风险防范和能力准备上。

二、 扶贫对象组织化困境

许多研究表明，贫困对社区参与有负面影响。普特南则指出，乡村/社区衰落的主要原因是在“社会行动和社会公正的话语中，太多强调了政府角色，而在社会问题的解决中，社区角色被遮蔽……社区消亡。”普特南号召回到社区自助，保证社区自我永续。

（一）贫困地区“碎片化”

1. 关于碎片化。科学发展、工业主义、资本主义、城市主义和官僚主义界定了现代社会的基本特征。但是随着社会世界的进一步发展，尽管这些因素仍然表现出极大的重要性，但人们开始关注到在社会生活中的许多领域出现与前期截然不同的现象。如在微观层面上，私人关系、生活方式和认同的形成，以及在宏观层面经济结构重组，文化碎片化和相对主义，以及不同维度的全球化。

迈克·费瑟斯通（Mike Featherstone）强调高度的文化碎片化来自于加

剧的全球传播导致的多种不同文化的并置，并与日益扩散的美国消费文化产生对抗。伊曼纽·华勒斯坦（Immanuel Wallerstein）提出，人类正在目睹一场威胁资本主义未来的相互关联的重大危机，这将使长远未来成为一个变数。而安东尼·吉登斯（Anthony Giddens）则将这种全球体系的变动比喻为难以驾驭的猛兽：这个体系本身就具有风险性，并失去控制。在权力和财富极大不平等的基础之上，全球化导致了世界文化与以前的断裂，也使其与其他文化断裂。

"碎片化"概念正是由此而来，它与工业化进程密切相关，并常被用来描述城市社区因文化、社会地位、收入、职业等因素造成的不同群体在社会、经济、制度和地理空间的彼此分离。比如，李强、葛天任认为，碎片化是城市社区的深层结构变迁，并通过实例概括出城市社区的碎片化表现在社会空间结构、居民利益结构和权力结构三个方面。我国学者在研究社会分层时，还提出了"社会碎片化"的概念，描述了总体性社会解体，整个社会断裂为无数碎片，彼此缺乏联系的社会过程，并将"碎片化"作为包括农民的底层社会的基本特征，具体表现为自身缺资源、内部缺组织、外部缺互动。

2. 贫困社区碎片化及其对组织化的影响。

（1）自然的碎片化。目前我国主要的贫困地区从地理分布来看，一般表现为较大区域的分散性和较小区域的聚集。在狭小的地理空间，如村寨层次，由于密集的人口构建出紧密的初级关系，有利于类似组织的群体出现。但是，村寨之间却因空间的破碎性被分割：小农所经营的土地呈现"碎片化"的井田分割状态，小农所居住的村落也呈现出自然分割的"碎片化"。甚至在某些区域，为了争夺有限的水、土资源，村寨之间充满利益冲突或仇恨。因此，空间的碎片化成为贫困人群组织化的自然性障碍。

（2）政府规划下的碎片化。近年来，为了改变广大农村地区落后面貌，改善地区生态脆弱性，各级政府普遍实施了新农村建设、清洁水工程、生态移民、农村地区基础设施建设等举措。这些举措的目的在于通过各种规划和规则，更好地管理土地。因此，在政府主导下，农村区域的许多土地因为用途不同被区隔为各种功能性地带。在此背景下，许多农业用地变更用途，引发了农村人口内部大规模的空间变动。特别明显的流动有以下表现：首先是贫困地区的道路交通建设，间接地引导贫困人群自发地或有计划地流向新的交通便利区域；其次，规划性生态移民，将分散在脆弱性地理空间的居民集中安置在某些新的居民点或插花式地安置在其他村寨；最后，某些厂矿企业在贫困地区从事开发性扶贫，形成地区性新的经济中心，促成一定规模的移民。

贫困人群的空间再分布的出现，在经济上具有很重要的意义，但是，在社会关系方面却呈现显著的碎片化，面临再建构的问题。因此，在相当长的时间内，新的人口聚集只能表现为数量上的集合、单纯的社区空间的集聚，呈现出“居民的公共支持和社会支持双向不足”的困境，组织化所需要的一定程度的集体认同和人际关联明显缺失。

（3）经济发展中的碎片化。一是，传统小农经济体制下，自给自足的生产特点决定了农业生产经营规模小，家庭即可成为一个独立的经济实体，从而造成小农经济带有强烈的封闭性。农业经营因土地的“碎片化”和生产组织间彼此独立，使得农村的社会结构也呈现明显的“碎片化”。二是，从资本输入来看，贫困地区许多公共用地被租用，从某种意义来讲，类似于这些土地的私有化。而且，由于地方政府给予资本的优惠政策以及资本规模经营和现代管理体系的优势，不仅从空间上分割了当地居民与资本及其雇佣的劳动力，还通过削弱贫困人群在经济获利方面潜在的或现实的可能性，产生贫困人群和资本的冲突关系。对于工业发展带来的好处或影响，社区总会存在相互冲突的态度，这给企业提供了机会，使它们可以青睐那些愿意合作的人，而故意忽略反对意见。谁愿意、谁可以“受邀”参与合作决策，同样也依赖于社区的权力关系。资本由此进行权力操纵，影响问责制形成的可能。三是，由于不同地区的资源能力不同，在开发式扶贫过程中，一些地区因为资源优势而获得优先发展的权力，如采矿业、制造加工业、农产品贸易、乡村旅游业等，并且实际上得到了更快的发展成果，从而可能形成资源贫富地区之间不平等地角逐。四是经济发展中的不安全感上升。一方面表现为在经济合作中由于规定的义务和约束可能限制行动者的权利和能力；另一方面表现为城市和乡村资本流动的不稳定性，而且资本的寻租本性可能无视贫困人群其他的社会权力和利益。五是贫困人群之间的张力明显。目前在许多农村地区，包括贫困地区，许多高收益的非农产业在家庭经营模式下得到长足进展，成为家庭增收的主要方式之一，例如经营农家乐。因为某些家庭内在的人力资源或地理位置或其他优势，先发展起农家乐，改善了家庭经济状况。但是，在农家乐之类产业发展的同时，这些家庭可能出现对资源的占用或破坏、对其他村民的资本式剥削，带来日常生活的不利影响等。如果农业用地可以变更为非农用地，将会产生更高的利润。因此，有些农户可能不会顾及开发土地对邻里的影响，从而造成人际冲突。

所以，在经济增长促进下，地区的交通和通讯能力提升，大大克服了地理距离带来的阻断，增加了不同群体合作的可能。但是，由于前述几方面的原因，过去平静生活中的原有结构的平衡被打破，形成新的人际或群际关系、价值观、利益等方面的冲突，为组织化从扶贫对象主体性角度展开各种反贫困实践设下了障碍。

（4）文化认同上的碎片化。Johnson 指出，日益便捷的全球通讯和交通导致传统的地理和文化边界被破坏。作为结果，扶贫对象同其他群体一样，面临着如何接纳或抵制全球性文化、城市文化、工业文化与如何保存他们自身本土文化传统之间的选择。在激速的制度变迁和文化碎片化中，当代个人化的文化表达成为可能。因而允许社会个体可以在不同的文化中通过挑选契合主张的认同或意义体系来建构符号性表征。这些主张几乎只关乎个人的品位和偏好，甚至在有些时候超越了日常生活世俗的和常规的事实，而非以往认同和意义体系限定在日常生活的社会环境常态中。这种改变的后果是人们对于真实的社会世界以及身居其中的社会位置和认同的安全感被侵蚀，取而代之的是不稳定性和不确定性。在一个流动的社会和文化环境中，碎片化削弱了长久以来稳固人们社会位置和强化人际关系的社会和文化的支持，人们不得不面临如何管理他们的认同和关系的问题。对于那些具有足够资源的人来说，生活方式的选择反映在消费和休闲模式的区别。因此，它们成为当代社会确定个人地位和认同的主要因素。以消费来建构和确立认同，导致在贫困地区，扶贫对象以获得更高的消费能力作为消除贫困的驱动力，将使反贫困更多表现在经济领域，并且更可能发生在个体的私人范畴中，从而使得建构共同体面临困难。

Fagg 等人指出，“社会碎片化是指社会资本的各方面，如社会规范、信任和互惠变得越来越难以维系”。由于“碎片化”存在，扶贫对象难以进行利益的群体性表达，使得通过协商维护自身利益的集体行动几乎不可能，而且分散化的治理主体还有可能加重碎片化。

（二）村庄“空心化”

1978 年改革开放以来，在市场经济席卷下，乡村社会面临工业化、现代化的巨大转型。村庄“空心化”问题在转型过程中开始受到学者关注。刘彦随、刘玉认为，农村“空心化”“本质上是城乡转型发展进程中乡村地域系统演化的一种不良过程，是复杂的社会经济过程在村庄物质形态中的表现”。刘祖云、武小龙将农村“空心化”界定为一种社会现象或状态，主要是指受农业经济和就业结构转变的影响，农村劳动力、资源向农村、农业之外转移而导致农村人才、农村产业、社会服务、基础设施等多方面“空心化”的一种变异现象。

刘鸿渊将“空心化”研究归纳为两个不同视角：一是以刘彦随等为代

表的学者从地理学角度所研究的村落“空心化”，即由原来相对均质的聚落，发展为新旧二元结构的“空心化”聚落的过程；一是人口学、经济学学者关注的农村人口流动引致的人口“空心化”，即农村劳动力资源缺乏现象。所以，村庄“空心化”是一种“去中心化”的趋势，同时表现在村庄空间形态和村庄人口年龄构成。

对于村庄“空心化”的形成，张春娟认为存在两个方面的原因。第一，农村中有知识、懂技术的年轻人到城市工作，造成农村人口在年龄结构上的“空心化”；第二，由于城乡二元体制和户籍制度的限制，以及村庄建设规划的不合理，村庄外延异常膨胀伴随着村庄内部急剧荒芜，形成了村庄空间形态上的“空心化”，“空心村”出现。刘彦随等人对“空心化”现象的阐释则借用了刘易斯的推拉理论：“农村空心化是城乡系统间要素流动及乡村系统要素结构演变的综合反映，如果把收入、投资、非农就业等看作是离心力，把乡土观念、邻里关系等作为向心力，那么，在‘空心村’形成初期，城市对乡村系统具有的拉力与乡村系统自我推力构成了乡村系统演化的离心力，并远大于乡村系统拉力与城市系统推力所构成的向心力……当某些外部约束因素对乡村系统开始产生作用时，离心力与向心力逐渐达到均衡，农村‘空心化’趋于稳定状态。当制度约束与规划引领作用得以发挥时，乡村系统的向心力超过离心力，促使农村‘空心化’进入衰退期，甚至转向‘实心化’状态。”

张志胜认为“空心村”表现为：人力资本空心化、土地抛荒化、村庄空心化、家庭空巢化、集体空壳化、科技空心化以及公共服务空心化等诸多类型。本节将从组织“空心化”、人口“空心化”、个体“原子化”三个方面理解村庄“空心化”。

1. 组织“空心化”。由于集权制的传统，中国农村地区社会组织的发展相当缓慢，乡村治权弱化。农民作为一个群体性主体，其治理角色在小岗村改革浪潮中呈现，但昙花一现，而且其主体性在商品化和城市化冲击下，显得不堪一击。在改革开放最初的二十年中，农村各地区集体经济完全依赖于村庄税费提留，使得贫困地区因为积累少积累难问题，其集体经济名存实亡。因而集体经济支持下的村庄公共空间逐渐萎缩并消逝，最后导致扶贫对象的集体主体性随之消亡。村庄治理日趋“私人化”，缺乏社会价值规范，村民对村庄公共事务冷漠，村庄治理的公共性弱化。村庄组织中以经济合作组织发展最为显著，因为农村经济合作社是农民与市场相衔接的重要组织载体。但是由于较高素质且年富力强的农村劳动力外流，导致农村合作社组织化程度低，发展缓慢。特别是在广大的中西部地区，分散的家庭经营模式下，集体财产几乎为零，大部分农民对发展农民组织的作用认识不足，政府等涉农主体不规范的行为没有为组织化营造良好的外部环境。加之在前期收缴“三提五统”为名目的税费工作中，乡村干部表现出来的低下的工作能力，以及由此引发的激化的干群冲突，使得农村干部威信丧失，基层政府组织凝聚力降低。这些因素都是造成农民组织程度弱化的重要原因。组织“空心化”的后果具体表现为：

第一，政权“悬浮”。税费改革后，基层政权逐渐由一种“汲取型政权”变为与农民关系更为松散的“悬浮型政权”，具体表现就是乡镇财政的“空壳化”促成乡镇政府“空壳化”。乡镇政府为了应对财政紧张和“空壳化”，由过去的“要钱”“要粮”变为“跑钱”和借债。结果作为农村社会中国家与农民的“中间层”——农村干部，一靠上级政府，二靠民间的有钱人，乡镇政府处于“半瘫痪”状态，不能完善地提供公共服务，在国家和农民中间造成一种“真空”状态，从而以乡镇政府为中心的基层政府行为“迷失”，导致整个国家政权“悬浮”于乡村社会之上。与此同时，“另一个也许是更加深远的影响在于，基层政权运作的基础正在悄悄发生改变，民间的富人和富裕阶层正越来越成为乡村两级政府组织所依赖的对象”。

第二，公共产品提供乏力。税费改革使政府权力“悬浮”于乡村，乡村治权弱化，形成乡村社会无人组织动员、组织动员无力的局面。焦长权在研究乡村农田水利这种基本公共品和福利品时指出了基层政府提供公共产品的能力困境：一方面“悬浮”的基层政权希望援引市场和社会的力量来为乡村提供最基本的公共品服务；另一方面，在找不到供给回应时，“悬浮”的基层政权只能不断“变卖”相关公共财产，形成公共福利流失的恶性循环。韩鹏云、刘祖云也认为，市场经济实现了生产要素在城乡之间的流动：农村劳动力流向城市以及“货币下乡”，村庄共同体的向心力和凝聚力逐步衰弱，给农村社区公共品的自主供给带来了困境。而王伟勤则从社区共同体与社区公共精神角度，指出了农村公共产品供给能力问题。他认为，村庄共同体孕育着社区的公共精神，它的存在意味着对村庄公共利益的认同和维护，以及对村民参与公共事务的意识和责任感的强制性培育。组织的“空心化”导致乡村经济和社会活动逐步衰落，村庄共同体瓦解，最终乡村公共空间与公共精神沦丧。在空心化状态下，乡村面临公共生活组织困难的危机，公共事务无人问津，原本供给不足的公共服务供给问题更加凸显。

第三，组织化基础缺失。原有组织是扶贫对象组织化的基础和出发点。但是由于农村基层政权的涣散，以及民间组织发育的困难，弱势群体的组织资源往往相当稀缺。在村庄公共空间的日益破碎和流动性增强的背景下，村民自治制度自身成长的空间愈来愈小，村民自治实质愈来愈虚化，组织化基础薄弱。组织化是扶贫对象用以维护自身利益的主要方式，是他们的共同利益得以表达的渠道，在组织缺乏的背景下，当与强势群体发生利益分化和利益冲突时，扶贫对象将被置于不利地位。这种组织缺乏产生的负面效应，在缺乏强有力的组织手段时，将导致扶贫对象进一步分化，从而组织“空心化”程度加剧。

2. 人口“空心化”。农村人口“空心化”是指改革开放以来，农村人口逐渐向城市地区的流动，造成农村人口年龄性别结构的一种不平衡：农村人口总数下降和农村青壮年特别是男性人口比例下降，农村留守人群大多为老人、妇女和儿童。周祝平认为，农村人口空心化与人口城市化所带来的历史性机遇和挑战是同样重大的，对中国的未来具有划时代的历史性意义，它意味着中国正在逐步走出传统的乡村社会，迈向现代社会。这是因为，一方面农村人口流动可以减轻人口增长对土地的压力；另一方面，有可能为乡村发展带来紧缺的资金、技术、人才和需求，从而重建乡村文明。然而，人口流动也有可能使乡村发展的紧缺资源进一步流失，从而带来乡村发展困境。而这正是目前广大农村，特别是贫困地区面临的真实情景。

根据国家统计局公布的人口数据，继1949年以来，中国农村人口经历持续增长之后，1995年达到最高峰8.59亿，其后持续下降，2011年农村人口首次低于城市人口，到2015年下降至6.03亿，农村人口比重占43.9%。农村人口比重下降意味着在经济发展的推动下，中国城市化水平提升。由于改革开放以来，中国人口的增长被置于严格的计划生育政策控制下，所以城市化水平提升很大程度上是依靠乡村人口向城市的流动实现的。翟振武、段成荣等发现城乡人口迁移表现出明显的性别、年龄偏好，特别在跨省流动人口中，青壮年人口的比例更高。由此破坏了农村人口年龄性别结构平衡，加重了农村地区的老龄化，并形成了中青年男性人口偏少的人口“空心化”。对于边远的贫困地区而言，由于户籍制度以及地域性城市经济相对欠发达，迁移导致的统计意义上的“空心化”程度可能低于近城市的农村地区，但是，因贫困逃离土地而造成的事实上的人口“空心化”情形却不容乐观。

人口“空心化”给乡村社会生活带来了不少负面效应。第一，阻碍了农村经济的发展和农村稳定。首先，由于农业劳动力不足、资金流失，造成了土地抛荒以及普遍的粗放式经营。其次，农业新技术的推广受到农业劳动力素质的严重制约。加之农业资本稀缺，土地流转制度不健全等，农业规模化生产方式难以形成。第二，过快的老龄化使得社会保障水平较低的贫困地区老人面临严峻的自我养老问题。随着我国工业化、城市化的加速发展，可以预见，在相当长的一段时间内，优质的公共设施与服务还将在城镇聚集，特别是集中在大中型城市，同时城市预期收益仍将高于同期农村水平。也就是说，目前城乡之间的推拉效应依然得不到彻底改变，而且农村社会保障不能满足人们对于舒适生活的要求，那么改变贫困的动机将继续推动农村青壮年劳动力资源持续、大规模地流向城市。随着新生代民工潮进一步强化，农村家庭组织不完整性将进一步加深，家庭养老功能被市场行为消解，乡村社会物质再生产和人口再生产的基本能力衰退，留守乡村的老人养老问题将成为农村社会，特别是贫困地区普遍存在的严峻的社会问题。第三，新农村建设主体缺失。有文化、懂技术、会经营的新型农民必然是新农村建设的主体，但是在一定的政策和社会经济条件下农村人口可以自主选择，因而这个主体是在动态中不断演变的。温铁军指出，大多数发展中国家追求工业化的进程中，国家都一直在“剥夺”农民。中国也不能例外，长期以来对农民实施“负保护”政策，形成大量农村资产流向非农领域。在城市优越于乡村的社会背景下，接受了新思想和获得良好教育的年轻人具有向城市迁移的倾向。在建立强大的独立的能对国家政治产生明显影响的社会组织时，最主要的困难就是领导人才的培养。因为那些拥有资源、最有可能成为政治领导的农民，一有可能就脱离农民阶级向上流动。主体缺失很大程度上正是这种不断的阶层分化中人才流失造成的。谁是未来新农村的建设者？人口“空心化”提出了对农村建设主体的思考。

3. 个体“原子化”。农民个体的“原子化”可以追溯到改革开放以前。中华人民共和国成立后，严格的户籍制虽然制约了农村人口的自由流动，但是，随着医疗卫生和食物条件发生巨大变革，在稳定而和平的生活环境中，中国农民终于获得了史无前例的良好生存机会，存活率大大提高，寿命普遍延长，真正实现了儿孙满堂、承欢膝下的天伦之乐。然而，中华人民共和国成立后基于血缘、家族、宗族关系基础之上的农民自组织基础被持续破坏。首先是传统的文化符号被作为“封资修”垃圾扫地出门。祠堂作为封建迷信和压迫的工具被摧毁，长幼秩序的封建伦理被批判，随着对传统文化的压制，宗法社会解体，个人本位逐渐盛行。其次，合作社和人民公社时期，分配制度以个人工分制为基础，实施平均主义的分红，削弱了人际关系和家庭间联系，传统互助在极其有限的资产支配权中萎缩。最后，特别重要的是，在以“阶级斗争”打击一切“传统”认同的年代，人人自危，人际关系扭曲到极点，信任丧失。而人民公社的集体经济制度之所以能够由国家成功控制，其原因在于农民“各顾各”，缺乏互助，无法齐心抵制这种控制。

互助不应该仅仅理解为简单的生产、生活上的帮助，而是相互支持、同舟共济的信念与精神，表现在一致努力、共同对外方面。这种互助是组织化的基础，也是加强组织化的内在自组织机制。但是，在当代，一个传统向现代过渡的时期，“空心化”的无序状态淡化了村民的集体意识；同时，强调效率、理性和经济利益，又淡化了个体的交往网络，从而个体“原子化”进一步发展。

首先，流动性动摇了地缘关系。改革开放后，以年轻人为代表的集团集体逃离贫困的农村，脱离土地，使得农村以地缘为纽带的社会关系松散，农村社会结构与功能弱化，集体认同削弱。当第一代农民工中的绝大多数未能成功地解除与土地的关系，重返农村重新做农民时，他们的子女也就是被称为“新生代农民工”的年轻人，却在父辈的经济和精神力量支持下，其中很大部分成功地居住在城镇，继续着打工或创业生涯，变为远离自己的土地且不会也不想种田的农民。传统社会的地缘共同体被人口的流动打破，原有社会整合机制失效，然而私人空间的扩大，并没有带来新的“公共空间”产生。

其次，村庄空间格局变动影响人际关系。在迁居和迁移交相作用下，传统村庄相对集中、同族临近的居住格局被改变。“四世同堂”、亲缘邻近、邻里和睦的关系逐步弱化，并影响到各种社会经济关系的重构。原本紧紧地以血缘关系或家族关系为核心的差序格局正在变得多元化、理性化。理性全面进入农民的日常生活，一方面正式关系被赋予更多的人情味，同时另一方面又将非正式关系改造得具有更多理性；并且，如果需要并可能的话，他们会尽量将正式关系转化为非正式关系。这就是步入现代化的中国农民对他们的人际交往和相互对待的标准的原则所做的选择。

最后，市场改变了人们的价值标准。经济利益的考量，使得各种人际关系以利益为标准被重新建构，即使是那些亲密的初级关系，如父子之情、夫妻之情，亦被利益关系重写。人的价值以其在劳动力市场的表现为依据。“只有婚丧嫁娶等礼俗活动中的互助仍然在延续。可以预见，在不久的将来，村民之间的交往将被以契约、竞争、平等、自由等市场经济理性所支配。”“一旦村庄历史单纯地利益化之后，村民之间的联系便进一步被割断，他们越来越成为原子化的个人，不愿参与与自己利益无关的事情。同时，自己的个体利益与其他人无关时，其他人也不会来评说。”

市场化导致利益主体分化，个体进一步原子化。面对“原子化”的个人而要进行社会治理是不可想象的。自古以来，人就是社会的、政治的动物。长久的人类历史中，人类通过互动形成共有规范和价值，并在此基础之上建立社会秩序，建构起社会共同体。在现实的市场利益追逐中，理性的个人主义分化了人际关系。由于个体之间缺乏相互联结的中间组织（intermediate group），最终社会原子化（social atomization）。这不仅使个人缺少确定性、安全感和价值归属，还使整个社会陷入整合危机。

汉娜·阿伦特认为，随着公共空间的崩溃，集体行动的可能性被排除了，社会使得个人的独特性无法在公共空间中展现，而不得不退缩进隐秘的私人性中，从而形成了大量孤立、隔绝的个人。整个大众社会就是孤立、隔绝的个人的松散组合，他们之间无法建立一种联系，个人无法通过与他人的交往而得到自我的确证，从而日益失去了对自我的信赖，导致对自己和人类的命运漠不关心，最终个人在大众社会中陷入一种寂寞无依的状态。同样，汉娜·阿伦特还指出，由于公共空间被摧毁，共同的观点无法形成，个人已经完全丧失了对事实的判断能力，他们已经不能够在对与错之间做出区分，而只是接受同一化的观点和规则。

正是因为贫困人口缺乏组织化的生活空间，从而在独自摸索改变贫困的实践中，村庄表现出个体农民的充分发展与村庄总体的原子化并存。原子化的状态致使扶贫对象的自我丧失，从而造成他们在大规模的以国家为主导的扶贫开发中，难以产生集体的行动。改变村庄“空心化”、实现农业现代化，需要有效的组织主体来推进生产要素的重新配置，比如发展各种具有专业性质的农村经济合作组织，推进贫困地区扶贫对象组织化、专业化。而且，贫困治理也需要各级政府组织与扶贫对象组织，及其他组织多部门协同分治。所以，目前贫困地区的“空心化”状况既是组织化面对的现实困境，也是组织化发展的客观要求。

（三）乡村政治文化保守

组织化是一个政治的过程。因而扶贫对象必然被要求在这种政治生活中展示积极主动的一面，体现自主性、权利意识、主动性、责任感等作为主体性的存在。这种个体主体性在社会公共领域的表现即为公民主体性。宋爱忠认为，公民主体性作为我国社会组织思想根基的出发点和立足点，在当下中国面临的困境之一，就是中国传统政治文化因素对公民主体性成长的制约；而缺乏主体性公民这一人格基础，就不可能体现“人民当家做主”宪法精神，成熟的现代社会组织也就无法生成。

1. 传统的政治文化。中国传统的政治文化主要是指封建政治文化。它以封建主义的专制政治制度为物质依托，本质上是为了维护封建帝制和君权为核心的专制主义和人本主义。传统政治文化中单向度的个人与（社会）国家的关系与民众自由的缺失密不可分。专制呈现出在国家和无助的个体之间无法逾越的权力鸿沟。因此，以中国传统的政治文化中的思想、观念、价值规范和行为准则培育社会个体，在更深层面上制约着人们的思维方式和行为方式，政治主体性被吞噬和湮灭，生产出的是政治奴性、臣民和臣民观念。具体表现为：

第一，消极被动的义务主体。传统中国偏重于社会、家庭或群体本位，社会结构同质性强，尤以家族政治化和国家家族化为特点。个人只能通过对社会、国家的被动适应，才能被纳入家族、社会系统。人作为一种消极的主体，最终沦为社会、国家的派生物。在臣民身份和臣民观念主宰下，人们重视人伦秩序，只尽义务，不讲权利，从而保证传统的忠君义务观念形成。在这种义务观念的制约和作用之下，知命安分的求和个性引导人们只通过尽忠、报国等形式表现出政治期盼和利益表达，进一步加深了参与政治的从属性和被动性。因而，中国传统的政治文化给予国家、社会、家族绝对的支配力量，致使个体的权利和尊严被神性或群体性淹没，主体性被遮蔽或缺失。

第二，价值主体被否定。中国传统政治中充满了伦理色彩，伦理与政治合二为一，个人道德修养是政治生活规范化和秩序化的起点。人们作为道德义务主体，以修身、齐家、治国、平天下的自我修养模式，参与全部的社会和政治生活。在道德优先的原则指引下，人的独立和自我被忽视。同时，政治生活贯穿着伦理道德规定的等级制和等级观念，整个社会就是由无数个等级隶属关系建构起来的关系网络，人们无条件遵从着不平等的隶属关系，从衣着服饰、言谈举止到思想意志。“奴性心理、奴性文化和奴性人格因此而生，内敛性、封闭性和依赖性的奴性人格对自由、平等、权利及个体价值的诉求自然无从产生，从而必然丧失主体性的本质纬度。”这种臣属人格妨碍了行为人作为主体追求和实现自身的利益和意愿。因而，在中国的传统政治文化中，伦理道德成为衡量、评价人的一切行为的价值尺度。矛盾和冲突的化解不是依赖于个人的发展和平等的协商，而是借助于对个人权利的否定，即以个人自身价值的丧失为代价。

第三，个人公共参与受阻。首先，对于结社的限制。结社就是一种组织化，是多数人有组织的集合。结社是基层民主发展、公民社会发育的必由之路。通过结社扶贫对象可以集中力量处理自己的事务，参与到社会治理之中；同样也正是通过结社，扶贫对象的身份由社会个体转为具有公共精神的社会公民。一般来讲，结社有以下几类：政治型结社、经济型结社、军事型结社、社会慈善型结社和文化型结社五种。中国古代闻名的朋党、行会、民团等分别对应前三类结社。而文化型结社名目繁多，而且单纯的文学性结社并不占主体，常常演变为政治性的文化活动，造成思想上的冲击，如明末的复社。因此，这四类结社一般都会被认为是社会不安定因素，受到国家严格控制和打压。只有慈善性的结社，符合儒家“仁政”思想观念，并有助于分担中央和地方政府的社会职能，发挥维护安定团结的功能，才得以幸免，但往往被吸纳到官僚体系之中，以便官方插手管理。其次，官僚政治文化削弱了社会成员公共参与的能力。以儒家思想为指导的官僚政治以地主经济为基础，在这种文化影响下，统治阶层倾向于强化国家权力而较少改善社会精神。科举制虽然打破门第限制，在官僚人才选举中开启了平等进阶的可能性，但它也几乎成为人们参与公共活动唯一的通道。因此，社会中的一般民众习惯性置身于公共事务之外。最后，小农经济缺乏社会凝聚力。在差序格局中，人们依靠内部成员的相互扶持和责任担当解决面临的问题。而重农抑商的儒家思想又大大弱化了个人追求经济利益的冲动，从而农民自觉地禁锢在土地上。所以在小农经济的生产条件下，封建的中央集权成为最佳政权组织形式，一方面代表着分散的小农，帮助维持简单再生产模式；另一方面以统治阶级的利益为出发点，强制农民履行各种义务。因此，小农的经济地位与生产方式决定了“他们不能代表自己，一定要别人来代表他们。他们的代表一定要同时是他们的主宰，是高高站在他们上面的权威，是不受限制的政府权力，这种权力保护他们不受其他阶级侵犯，并从上面赐给他们雨水与阳光。所以，归根到底，小农的政治影响表现为行政权力支配社会”。

2. 政治联盟缺失。在碎片化和原子化状态中，现代社会只是表面上的人在空间的集聚，即“复数形式的个体”。这种集聚完全不能等同为凝聚在共同的文化价值中的公民共同体，因此出现了“居民的公共支持和社会支持双向不足”困境。

中华人民共和国是人民民主专政的政治体制，工农联盟作为一种政治性联盟，是人民民主专政的统治基础。这种联盟是通过特定的组织形式产生出一个新的政治主体而完成的政治结盟，其目的就是争取农民与工人阶级组织成为共同的革命力量。然而，中华人民共和国成立以来，城乡二元对立结构下工农联盟的政治基础从根本上被瓦解。具体表现如下：

第一，工人阶级和农民阶级地域上的分隔。在严格的户籍制度和计划经济管控下，农民与土地捆绑在一起，而工人被限定在城市或矿山。两个阶级在两个不同的产业部门之间，在缺乏市场的历史情境中，通过国家的计划调拨间接地发生联系。而代表两个阶级的组织工会和农会也各自在中国共产党的领导下，在各自的区域独立地展开活动。

第二，工人阶级和农民阶级利益上的分隔。中华人民共和国成立以来，国家大力投入对农业的改造和农民的动员，在发展中以向城市和工业倾斜的政策，培育出工人阶级的优越感，同时又将农村作为解决城市问题的工具，一方面以牺牲农业、农村、农民为代价，向城市进行利益输送；另一方面，农村成为城市缓解人口和环境压力的疏散地。

第三，工人阶级和农民阶级权利上的分割。由于农民阶级在政治中的影响弱小，在没有真正地与工人阶级结盟的情形下，农民阶级从来就没有获得普遍性权利，社会公共服务享有水平低下，并且在很长一段时期内权利缺失，一是长期没有农业补贴，二是农村基础设施落后，三是农民社会保障严重不足。

由于工农联盟成为完全的虚构，在市场社会的转型中，工人阶级同样遭受了巨大冲击。以“政党国家化”为标志的政治转型不仅标志着经济形态的转化，而且也是一个去政治化的过程，资本和权力的联盟，使得工人阶级丧失了享有普遍利益的权利，与农民同时被抛向市场。而伴随着刻意疏离的精英阶层，同是无权的大众阶层——工人阶级和农民阶级——维持着彼此的隔离。

三、扶贫对象组织化应注意的问题

（一）组织规模

对众多组织而言，数量就是力量。组织最重要的权力来源是它们能够吸引到的成员的数量，成员的技巧、热情和坚持。但是，从辩证的思维来看，并不是组织规模越大越好。其一，大规模的组织拥有力量优势，但是规模愈大，成员愈多，使直接的民主参与和决策活动变得愈加不可能。曼瑟尔·奥尔森在《集体行动的逻辑》一书中提出，集团的规模越大，成员越多，就越需要有“选择性的刺激手段”以约束成员达成集体的一致行动，但这将产生高昂的成本，而且随集团规模扩大而上升，从而会造成集体行动的困境。所以只有当集团足够小，单个成员在最大利益收获预期的驱动下才会完全提供组织行动的成本，集团才能采取一致的集体行动。其二，行动效率即组织获得成功的概率，是组织得以成长和进一步发展的关键因素。因此，在组织化初期，如何在较短的时间内解决问题达成任务目标是至关重要的。而经验表明，众多组织的成功往往是由少数的对组织议题热心的，愿意投入更多时间的人引领下实现的。其三，组织规模愈大，愈可能挑战领袖能力。在大规模的组织中，如何体现代表性、如何才能民主地决策、怎样的组织结构才能保证充分的参与等都是实现民主面临的问题。而领袖人物在组织中将积累越来越多的经验，获得越来越高的威望，致使权力将越来越集中在他们手里，而且他们可能会越来越习惯于自我决策，并认为代表着众多成员的利益。其四，大规模的组织往往会更加重视普遍存在的问题，忽略小地方的特殊问题。由于常常不能回应特殊的、具有差异性的需求，造成大组织目标实现缺乏精准性。因此，在情境中进行组织是组织化开端必须重视的策略，从组织的效率获得权力，而不是一味追求数量。

根据卡特罗·佩特曼的观点，公民参与最恰当的领域始于与人们生活息息相关的领域，如社区或工作场所。乔·萨托利认为，不具有的社会自治才是公民自我管理的真正场所。而且，赵鼎新在分析中国的群体行动时曾经提出：中国政治性的中间组织缺乏发展的空间，因此，人的居住和活动环境以及以人的居住和活动环境为基础的网络关系就成为群体行动者唯一可利用的动员手段，扶贫对象组织化的起点在社区/村庄，组织规模不能贪大。

鹤见和子在讨论欠发达地区的发展模式时，强调指出它应该不同于西方发达国家的发展道路。她认为，地区的发展应当由当地共同体的人们通过共同的劳动和努力来实现，即依靠自我的帮助，建立起地方支持网络。她强调发展必须以“地区”为单位，这个“地区”的规模不能太大，“‘规模小’之所以重要，是因为只有在这种条件下，居民本身才有可能对生活与发展决定采取什么样的方式”。因为在面对面熟悉的社区生活中，人们才能深刻体会发展遇到的问题和障碍所带来的对社区和个体生活的影响，才更有可能在相同或相近的认同之上进行交流、沟通或对话。对情景的熟悉是组织化的良好基础。

（二）组织化路径

基于社区的组织化路径可以自上而下进行，即基于设计的目标，寻求合适的组织领袖，然后招募成员，进行具体组织的构建。目前很多地区推行的农业专业合作社，往往采用这样的路径，先是有组织的构想，然后在领头人物/企业确立的基础上，形成某一合作社的雏形，最后通过农户的加入，完成组织建构。这种路径进行组织工作的优势在于，它获得了外界，特别是政府或专家的支持。由于设计的专业化程序使得组织的目标和实现手段充满技术理性。而且，组织可以获得更多的资源。但是，专业化的手段在组织中也会产生成员的依赖，因为对于专业语言的陌生感，对于专业手法的不理解，一方面，扶贫对象表现出参与能力的不足；另一方面，特别是在初期，对于短期内的组织目标的成功实现，将严重依赖来自外界的专家。这样的结果就是，那些“已经赋权的”少数人的卷入即可，扶贫对象仍然被排斥在外；同时，成员的能力不能在参与中得到锻炼和提高，使得组织的宗旨不能得以体现，组织将消亡，或者至少是名存实亡。

为了避免上述组织化的问题，在扶贫对象组织化时，自下而上的路径近年来在我国农村许多地区都有出现。这种草根组织往往起源于社区具体问题，草根领袖进行动员，从而组织得以建立。环境和发展问题受到明显的利益侵害时，这种组织会应运而生。自下而上的草根组织以共同面临的问题为导向，具有很坚实的群众基础，因此组织领袖具有强大的号召力，成员参与度比较高。因为成员参与组织行动，可以不断积累经验，而且为了真正解决问题，成员也会积极学习他人的经验、寻求更多的资源，因此能够避免前一路径存在的问题，成员能力得以提升，参与信心增强。

但是，由于草根组织缺乏专业的现代组织技术，特别是在包括谈判等行动中缺乏必需的技巧和知识，导致或触及政策法规底线，或沟通不畅，或不能切中对手要害；因为草根组织的资源有限，无法雇佣专业人员以帮助避开前述缺点，所以组织失利成为一种常态。此外，由于草根组织生成的突发性很强，组织的目标通常过于具体，缺乏更长远的安排，加之成员和领袖人物的能力问题，组织的维系往往面临严峻的挑战。

因而，理想的组织化路径是二者的结合，一是专业的技术支持，二是基于社区问题和需求的目标设计，注重扶贫对象的参与。这样就意味着要在社区之外引入专业的组织或人员参与组织化。

（三）组织效率

组织化是一个民主的过程，旨在以组织为载体，以参与、赋权为媒介，强调个人的潜能，通过问题的解决，促进民主，并改变财富和权力的分配。其中，参与是目的而非工具。科恩认为，民主是一种社会管理体制，在该体制中社会成员大体上能直接或间接地参与或影响全体成员的决策。达尔给民主下的定义是“民主是所有成年公民都可以广泛分享参与决策机会的政治体系”。熊彼特则视民主为“一种为做出政治决定而实行的制度安排，在这种安排中，某些人通过争取人民选票取得做决定的权力”。所以，在他们看来，民主是一种制度安排或政治过程，将民主视为一种程序性要求。而从实际政治生活来看，民主政治是发挥政治主体性的最基础性条件，因为民主程序内含自由、平等、公正、尊重等张扬政治主体性的要素，同时也意味着对专制、依附、偏私、轻视等反主体性因素的排斥。

扶贫对象社区组织化反映的就是这种民主政治氛围中的基层民主，是扶贫对象直接行使民主权利，进行自我管理、自我服务和自我发展的主要形式。基层民主因政治主体参与程度高而成为最能体现公民政治主体性的一种形式。在反贫困的实践中，发展基层民主，是人民当家做主，实现自己政治主体性地位最有效的途径，扶贫对象通过民主选举、民主决策、民主参与、民主监督建构和管理自己的组织。

在组织中，首要的问题是人们的联合，但是联合的同时需要在尊重和发展人们的政治能力的方式下。组织的民主性意味着允许成员提出议程以及质疑组织领袖的决定。从另一个角度来讲，组织者要鼓励成员在组织内讨论和持有不同意见，培养组织的民主文化。

然而，一个组织的管理能力以及推行其目标实现和发动长期抗争的能力才是最终评价组织是否成功的标准，所以，组织更倾向于关注效率，关注组织目标的达成，其结果是可能将成员赋权、建立民主政治的过程目标搁置一旁。换个角度来看，强调效率会强迫组织过多注重一致性、普遍性，忽视特殊性、忽视民主的价值观。同样的逻辑下，大多数人会对少数人的创新观点进行压制，并强化社会同一性的观念。从而，多数人暴政的情形导致那些作为少数派的成员被迫服从，失去或放弃表达自己独特观点的机会。Portes 也指出，团体或机构可以作为一种社会控制的形式，在其中的个人被置于强大的社会压力之下，不得不折中妥协，以避免做出抵抗。政治奴性的问题，导致个体怀疑是否值得为他们自身不同的想法而抗争，组织民主由此失去其真正的含义，并将进一步造成组织自主创新的机会和能力的丧失。

（四）组织类型

民主赋权性组织不同于科层制组织。Townsend 等人研究发现，制度性结构倾向于权力的集中，以及对参与的控制，并且偏爱以标准的模式行动。因此，假如女性要参与到正式的权力中，常常会处于不利地位，因为她们会发现很难与那些早已同社区官员建立起非正式联系的男性竞争。O' Brien等人对贫困者的研究还发现，许多贫困者可能更乐意选择具有“松散的网络、扁平化的结构、分散的权威和责任”等特点的不太正式的联合，因为在其中成员可以获得自主性，管理更加弹性化。

那么，扶贫对象采取何种组织形式为佳？这主要依赖于社区要解决什么样的问题。

鹤见和子认为，发展不能仅仅限于提高物质生活方面，而且还需要通过包括精神的觉醒和智慧的创造性，使人们成为社会变革的主体。她从四个方面界定发展的要素：粮食、健康、居住、教育。她主张地区的发展要维护自然环境的和谐，各地区应该分别为其社会内部的结构变化而采取相应的行动。

在反贫困中，扶贫对象的组织形式选择可以考虑以下内容：

第一，以生计为出发点。生计问题不仅是经济问题、社会问题，同时也是环境问题、政治问题。生计不仅关乎扶贫对象的基本生存安全问题，还关乎他们的发展机会、发展能力以及权益保护。作为生计组织，在内主要致力于发展，着力改善基本生活条件，并通过建立多样性的生计策略减少对外依赖，特别是对于市场和资本的依赖，提升社区问责企业的能力；对外则主张权利实现和充分的社会保障，促进政府积极回应切身需求，以获得更多更好的公共服务，并进一步加入更大的社会世界，参与治理，追求社会的公平正义。

第二，注重社区心理。非经济的、心理的因素是理解权力性质的关键。这一重要性曾经在"贫困文化"中得以反映。这种社区心理以"马太效应"的方式扩展，不仅是目前贫困地区发展落后的结果，而且还可能是贫困地区将来进一步落后的原因。当然，社区心理不单有束缚和妨碍社区发展的消极作用，同时还有对社区发展的积极作用，比如前文提到的集体效能因素。由于肯定性评价能强化人们已有的行为，能在一定程度上激发人们积极、健康的心态，并克服焦虑、恐惧和敌意等消极情绪，因此如何优化社区心理，是组织化不能回避的一个要素。

第三，寻求联盟。反贫困实践十分重视社会资本存量问题。对贫困社区内部而言，往往存在丰富的结合型社会资本，即社区建构了非常强的网络关系。在市场化中，这一强的关系可能会减弱，而与此同时贫困社区桥接型资本匮乏的状况未有改善。因此，在扶贫对象组织化中，社区要寻求与占据更佳位置的其他行动者或社会运动结盟，来扩大自身的权力以增强影响力。尽管当前中国社会的阶层分化显著，但是从人际关系来看，阶层的超越，尤其是贫富隔离的超越，并非是不可能的。首先是相互依存的价值观。贫困不只是影响贫困者，它对于非贫困者具有同样的影响。Kerstenetzky 认为，贫困是包括富人在内的人们都不愿看到的事实，因为这将是政治、经济等其他不稳定因素潜在的源头。其次是看待贫穷的价值观。人们普遍同意贫困所表现的是社会的不公平与不道德，正如郑杭生批判的社会逐利弃义现象。对于富人而言，贫穷所揭示的社会事实或社会问题是他们的价值观所否定的，并且对于民主进程是巨大的挑战。因此，存在贫困、贫困者、贫困地区同样是他们不能接受的。联盟的形成，且不断地超越地域限制，将促使社会广泛关注贫困问题，作为扶贫对象的合作主体，参与反贫困。

第四，提倡利他主义。组织不能单纯以自我利益实现为机制，动员人们参与行动，同时要注意不能低估利他主义在其中的作用。特别是在乡村，人际互助一直存在，这是农村地区组织化明显的优势，也是我们开辟公共空间和组织的良好社会基础。利他主义可以理解为在时空延伸中的互惠或实现自利。在这一原则下，扶贫对象可以争取更多的社会力量的支持，并且与其他力量建立起平等、互惠的合作和支持关系。

第五，重视社区草根组织。尽管乡村社会组织的基础遭到巨大破坏，但近年来，随着乡村治理话语的渗透，以及乡村文化的复兴，许多民间草根组织在民俗文化、维权上访以及环境保护方面涌现。在社区为基础的组织建设中，民间这种自组织力量是扶贫主体组织化不能忽视的切入点和基础。这些草根组织在扶贫理念宣传、合作社孵化、扶贫资源整合、乡村生计项目推进、乡村人文重塑、乡村能力建设、农村扶贫主体参与以及创新扶贫手段等方面都具有重要作用。

（五）孤岛效应

扶贫对象组织的“孤岛效应”是指组织之间缺乏相互的联系和合作，每个组织犹如孤岛一般挣扎在自我利益之中。Ferman 指出，一个内部取向的组织，在建立社区社会连接时，可能一方面呈现狭隘的地方主义特征，一方面又过度关注抵制外部威胁，而导致地方自治孤岛的风险。“孤岛效应”产生的原因主要表现为：

首先，以社区为基础，在个体原子化、社区碎片化中组织扶贫对象建构的扶贫组织最常见的形式是“自助型”。在缺乏向外连接其他资源的桥接型资本时，这类自助组织常呈现出显著的封闭性。而且，即使抛开组织形态，扶贫对象作为底层社会的一部分，同其整体一样，通常既缺乏向上一层社会流动的机制又缺乏与其他阶层和组织的联系，因此可能会发展成为一个与社会其他部分相对隔离、自身相对封闭的形态，甚至存在被正式社会结构抛弃的可能。

其次，“施由亲始”是中国传统的组织文化特征，再现了“差序格局”的社会结构。推己及人，由亲及疏，被墨子批评为爱有差等。这种文化一方面可能促使扶贫对象限于地缘和亲缘关系进行组织化，另一方面也将形成不同组织之间“自然”的相互分隔。

最后，为获得有限的资源，各组织在自我利益驱动下彼此竞争，使得相互的合作不能实现。

组织的“孤岛效应”与原子化的个体并没有太多的差异，以组织内部利益作为组织的终极目标，不可避免地陷入“以私作为合理性的行动逻辑”。因此这种组织并不能从本质上克服孤军奋战消除贫困所存在的问题，更不能企图通过如此的“组织化”推动现代化进程。要改变这一状况，扶贫对象组织化一方面要立足社区，另一方面要注重建立与政府、市场和其他社会组织的连接关系。要注意将某些社区的议题转化为一个共同议题。

比如如何重建社区人口系统，如何利用社区已有资源，如何加强贫困社区农业的市场竞争力，如何保护农业生态和农民居住环境，如何保护农业文化和社区文化，等等。应该说贫困地区有其具体的问题和需求，精准的意义在于此。但是贫困地区也有共通的问题和不利的发展环境，比如如何从市场获得合理的经济利益，公共服务建设如何均衡化、城市化进程中如何维护自身独特性，面对农村社区的衰落如何培育社区认同及提升社区自信等问题。

·第七章·

社会工作参与扶贫对象组织化

众所周知，随着国家改革的全面深化，我国经济发展进入了新常态。在这种背景下，以社会政策托底，社会生活领域展开了一场深刻的变革，即国家战略从主导社会，以维稳为目的的社会管理，发展为倡导多元主体共建共治的社会治理。这场变革决定了我国社会服务也将进入新常态：从行政化的非专业性的服务转变为多方提供的专业服务为主导的局面。中国社会工作作为专业的社会服务组织必然要响应时代的召唤，肩负起专业的历史使命，参与到各种社会治理领域之中，首当其冲的就是助力精准扶贫，通过参与扶贫对象的主体性建构与组织化，服务社会治理。换个角度来看，贫困的农村社区经历巨大的社会变迁之后，原有的系统或内生性资源被严重破坏，其内部自组织功能破坏或丧失，缺乏足够能力完成社区重建，也要求社会工作作为一个传递组织协助完成社区重建。

一、 社会工作介入的合理性

根据后结构主义和后殖民主义的观点，社区的意义是在形塑社会政策的主流话语的不断变动中获得的，其中最有影响力的是“社区衰落”话题。这种说法来自普特南，后被阿米塔·埃齐奥尼重复和强调，其理论依据是持续的贫困与社会资本匮乏。根据普特南的观点，社区的衰落主要原因之一，是在社会行动和社会公正的话语中，过多强调了政府的角色，而社区自身在社会问题解决中的角色被遮蔽。“社区衰落论”呼吁通过公民社会提升社会资本，重建自我维持的社区，以修复极端个人主义造成的伤害。

鉴于前文对贫困地区和贫困人口的现状分析，扶贫对象组织化如果单单依靠扶贫对象的自我组织，还存在着资源困乏，能力不足，组织化所需要的领头人储备不够等多方面的困难。因此，社会组织从非政府的第三方进入，将有助于化解由此产生的扶贫对象与政府、市场之间的冲突和悬殊的力量对比问题。而其工作将如特纳所说，“社会机构是群体或社会活动的一种有组织的形式，这种组织形式能够使社会个体成员通过理解他人对活动的态度来采取适当的、社会性的行动。”

（一）社会工作在当代贫困治理中的同构性

王思斌认为，尽管社会工作者作为群体或组织，其专业角色是社会服务的提供者或传送者，服务于社会上有需要的，特别是有困难的群体，并不能进行利益的分配或调节。但是由于他们的工作被纳入某种利益分配关系，所以也就直接或间接地参与着治理活动，承担了某种治理功能。

1. 要素的同构。具体来讲，社会工作参与扶贫对象组织化，在要素方面主要体现在：

第一，主体的同构。这是精准扶贫关于“扶助谁”的问题。社会工作主张的反贫困主体就是贫困者自身，涉及个体、小组以及整个社区成员，这也正是组织化所考虑的主体：个体的和群体的扶贫对象。

第二，工作内容一致。扶贫的内容就是精准扶贫关注的另一个问题“扶什么”。从宏观和全局来看，精准扶贫不仅要把公共管理及公共服务体系建设、劳动力素质和人才队伍建设、社会服务体系等作为重点，在人力资本、社会服务和公共管理方面超常规地投入，也要在贫困地区的自我发展能力方面做文章。社会工作介入脱贫攻坚其核心任务就是加强贫困人群及贫困地区的能力建设。顾东辉也提出精准扶贫确实应该从扶持硬件、

“输血”的模式向兼顾硬件软件、注重“造血”的模式转移。这种模式转化为社会工作进入扶贫领域提供了行动空间。不断提高解决问题的能力，是精准扶贫和精准脱贫持续性和有效性的根本保证。

第三，工作目标的同一性。扶贫对象的组织化的目标在于，通过能力和力量的增强，改善和改变社区的生存和发展的环境，提升社区成员的福祉。社会工作则是通过微观、中观和宏观的专业工作，以解决具体的贫困问题、实现一定的社会福利为基础，最终使得贫困人群和社区通过分享的权利和增进的能力彻底摆脱贫困制约，不断解决问题、回应需求、发展社区。

2. 价值伦理的同构。不仅是工作要素的契合保证了社会工作专业在精准扶贫中服务主体的地位，同时社会工作秉承的价值和伦理也使得它在精准扶贫中具有切适性。这是因为，社会科学领域的众多研究表明，尽管致贫因素多种多样，但主要来自外部的各种障碍。社会工作专业秉持的终极价值就是追求社会的公平和正义，因此专业的实践目标就是通过各种努力改善贫困人群不公平的境遇，并不断致力于人类社会福祉提升。与此同时，社会工作主张“助人自助”，在追求目标过程中逐步接近终极目标，这与精准扶贫包含的“take targeted measures to help people lift themselves out of poverty”意义一致。所以，有学者指出，社会工作从反贫困实践层面的要素到所恪守的价值伦理，都与精准扶贫存在着同构性、耦合性。

社会工作价值体系是专业存在的基础和灵魂。Levy 曾指出，社会工作价值既不是一套随机或可随意变更的规范，也不是对外在社会价值的全部照搬，而是一种对集体责任的思考；它蕴含着社会工作在社会中应该扮演的特定角色。

首先，对于扶贫对象主体地位的肯定和尊重。社会工作价值伦理承认人与生俱来的价值、生而平等，在自由意志和人生目标的指引下，能够充分发挥潜能，接受、参与和实现改变。因此，在由价值到行动的社会工作实务中，社会工作者恪守平等合作、充分尊重案主自主决定的操守，帮助案主行动，并自行解决问题。这种工作伦理将保证案主以行动主体的角色，完成转变；在精准扶贫中，扶贫对象主体性的身份地位进一步得以肯定，有利于扶贫对象自我建构为反贫困的主体，并通过组织化践行主体性。

其次，强调关系。利他主义、相互依赖、明智的利己主义是社会工作价值生成的源泉。相互依赖是人类社会的核心价值，只有在人际交往中，人才能成其为人。正是在这一核心价值范导下，明智的利己主义和利他主义尽管在不同的范畴中，但是二者都呈现出对他人福利的保护和关照等相似特征，从而促进了整体社会的福祉。由此发展起来的社会工作专业价值通过倡导和支持贫困人群及其他弱势群体，在不同的群体和社区之间建立起联系、互助和合作。扶贫对象组织化的方向和目标也在于此。

最后，重视人的社会功能。发挥人的社会功能是社会工作者的发力点。这里比人际关系更广泛的内容是促使每一个社会成员能自我完成角色扮演。社会工作的这一价值表明，在为案主利益服务的宗旨下，专业工作并不放弃强调案主责任。权利和义务结合的价值观体现了案主作为完全主体的角色，在组织化中扶贫对象才有可能从私人空间走向公共空间。

（二）作为扶贫对象的“发声人”

在当前的扶贫情境中，由政府自上而下推广的小额信贷、劳动力转移和其他形式的扶贫措施，在减贫的同时，却不断使穷人被标签化和亚文化化。通过贫困文化群体的标识，形成新的贫困圈层和穷人隔离区。因此，重构社区，意味着需要在社区结构、社区心理和社区组织方面展开工作，加强对贫困人群的生命救助。而最重要的是反贫困追求的公正、和睦，需要贫困人群能够与社区、其他自治单位及国家组织对话与沟通，以实现权利的维护。

虽然长期以来农村人口一直占中国人口的绝大多数，但是他们的力量相对弱小，往往由于缺乏一个较为通畅的渠道从而阻碍其利益的表达及实现。换言之，中国农民，特别是贫困的农民，他们在政治决策、财政转移支付、国家投资分配、公共服务等方面，均缺乏自己的政治代表，也缺乏有效的社会声音，更缺乏影响政策的制度渠道。当遇到社会底层没有或缺乏能力进行自我表达，而且原子化导致他们不能主动合作起来时，常常需要一个能代表他们的利益的发声人。社会工作因其关注贫困问题的视角一般聚焦于社会性原因，而且主张用群体的力量解决问题，在扶贫对象组织化中成为当仁不让的专业的组织者、推动者、倡导者和代表者。同时，社会工作者还可以作为调解人，代表弱势群体与强势团体谈判，既维护个人利益又维护社会正义。通过他们的呼吁，政府与大众将更加关注贫困者，促成“底层历史”的书写。

（三）整合碎片化社区

中国的社区建设在各级政府部门强力的介入和推动下，自治的制度空间、硬件设施和组织结构都发生了巨大变化。但是，农村地区的社区建设依然落后于城市地区，而且作为主体的社区居民原子化、社区碎片化格局在城乡地区并未发生根本性的变化。作为强调关系的社会工作，可以将组织化作为专业方法之一回应反贫困的行动需要，通过集体的、联合的努力，构建网络、整合分散化的资源和治理主体，推动扶贫对象进行社区治理。

二、社会工作促进扶贫对象组织化的优势

（一）立足贫困社区

1. 尊重地方知识。任何社区都拥有丰富的地方性知识，从而具有自身

优势。这是优势视角的理论视点，但也是一种不可否认的事实。

地方性知识在世界粮农组织的定义中是指人们关于周围世界的各种概念、信仰和看法的集合体系。这包括人们如何观察和测量环绕四周的万物，如何解决问题并确认新的信息，以及知识借以生成、存储、应用和传递的过程。地方性知识为不同人群所拥有因而呈现出差异性。但同时每一种地方性知识都是各自人群不断适应生存环境的历史经验的积淀，嵌入在社区的实践、制度、人际关系和仪式中，被形形色色的社区生活方式所表达。

社会工作秉持的“文化的敏感性”就是告诫社会工作实践者，要在与贫困者一道工作时，充分尊重这些地方性知识，从中发掘解决贫困的地方性经验。扶贫对象在文化自信激发下，可以在其中做出贡献。这种参与，首先是从扶贫对象的生活经验出发，在自己的文化中确定个体和集体的身份认同，重新界定贫困；其次，重新评估现行扶贫方案，然后通过协商确立出有效地为扶贫对象和其他扶贫主体接受的新方案。

在许多贫困地区，小农家庭式生产是主要的农业经营模式。社会工作要充分认识到小规模生产的地区优势：一是决策灵活，能避免大规模雇佣引致的劳工荒等问题；二是这些地区常常处于难以采用大型集约化、机械化耕作方式的状态，而小农经营可以通过精耕细作、套种、减少撂荒，获得土地最大回报；三是产品容易进入市场；四是主要依靠本地生产的食物，减少生态破坏。因此，社会工作不能在减贫中为追求农业生产效益，简单粗暴地推行大规模、单一品种的大型农场经营模式。

2. 扶贫的空间转向。

第一，将问题转向地区、贫困。Weil 认为社区可以有三个概念来定义：地方，利益和认同。因此以社区为基础的反贫困实践可以分别侧重于三者之一，并由此产生对不同的社区凝聚和社会变迁理论的理解。其中，因其目标的高度可视性、易接近人群以及有可测量的结果便于问责，采取地域性路径设计反贫困策略最为普遍，即贫困项目瞄准和实施聚焦于由地域边界界定的物理性社区的战略。基于社区和贫困具有空间特性的事实，空间路径强化了把社区看作是实施反贫困战略的自然地点的认识。但是，这一路径可能导致决策者倾向于视社区为发展反贫困策略的“自然”的预设。

但是，地方不能被化约为地点，而要与当时当地的日常生活密切相关。Gambal 和 Weil 指出，社区/地方是人们体验/经历面对面交流的地方，是集体认同和社会文化承继的空间。它是发展培育文化意识的物理空间，为居民提供了立足之地。作为空间概念的社区，意味着生活的获利和生机。相反，将社区简约为地理空间，以此构建反贫困策略将降低代表性——社区仅是一个简单的人口空间聚集。如此产生的结果是使社区内的社会、文化、政治层面丢失，进而使它们的变革和解放的潜能减弱。这正如列斐伏尔关于城市空间-权利的论述，空间概念包含着地域公正的内涵，是对不公正的城市化的批判。常规的空间生产通过隐藏的权力规则控制着主体的行动，以物与物（空间）之间的关系来遮蔽人口，使得城乡工农对立，在直接意义上造成了居住空间的分开和隔离。由于社会利益关系分化和差异化，空间制造出差异性社会。

我国反贫困实践以政府为主导，因为政府拥有足够的资源，并且能够通过社会政策和项目实施减贫。但是，政府行动仍然存在不足之处，因为对于贫困者需要什么，仅凭精英们缺乏贫困经验的专业知识是不能给予满意的回答的。项目扶贫通常是利用资金或其他资源进行针对人的活动，只是基于地域而缺乏空间指向。

作为主体，扶贫对象自己如何理解贫困原因是非常重要的，并且作为主体来生产这个空间，克服“公共”与“私人”之间的分离。空间的差异来自主体的行动、权力的运行和日常的实践。空间的本质并不暗示必然的区分，只有这样，空间才蕴含着自由和可能性，对弱者而言，才有机会。

日常生活就是以介入、挪用权力和空间的方式，彰显人在空间生产中的能动性，人们在空间中的主体性行为和空间的生产和再生产。

随着空间转向，有关人权、社会融合与社会排斥、贫困和环境政策等重要的公共话题的讨论开始逐步介入，因而，空间成为扶贫对象主体性实践的又一场域。

社会工作强烈的务实性质就是将各个扶贫项目进行规划、策划，落实到具体社区，并使贫困从“人”转向“问题”，与现实的社区、村寨相联系，完成扶贫项目的空间性定位，同时实现扶贫对象与“贫困”分离，使建构扶贫对象-贫困的主客体关系成为可能。这样的优势在于扶贫对象由被动接受反贫困实践转变为主动参与改变：（1）重构反贫困的主客体关系；（2）将贫困从个体因素放大到更宏观层次的因素；（3）贫困是贫困者面对的问题，因此他们必须自己解决。由此进一步生产出解决贫困的可持续发展观：对贫困地区（农村/空间-环境）、贫困者及与此二者结合的产物（农业/经济）系统性地加以思考，形成必须且可持续的解决方案。

第二，扶贫主体的空间建构。越来越多的研究认为，只有贫困者才能最清楚地了解他们的处境和需求，因此，扶贫对象必须能够被卷入到那些为其福祉而产生的政策和项目计划的设计过程之中。将空间的意义赋予反贫困行动，实质上是社会工作将贫困问题的解决放置于扶贫对象的日常生活世界：在他们充分熟悉、有丰富生活经验的社区，通过主体建构过程体现扶贫对象的价值。传统的反贫困实践中，权力和金钱往往是组织的中介，侵蚀了人们的生活世界，特别是扶贫对象群体的公共空间，公共领域对于主体建构的价值被忽视，从而使得社区和大社会的整合成为问题，出现“生活世界再生产”的危机。因此，社会工作进入贫困社区，以动员扶贫对象通过个体或集体形式进入扶贫场域，参与到政治、经济和社区文化、生态等领域，实际上就是打破唯权力和金钱减贫的系统观，消除贫困乡村生活世界被“侵蚀”的过程。在这一过程中，扶贫对象在社会工作者的辅导下，从自发或有意识地开辟或涉足公共领域，到逐步自觉地、主动地拓展行动的公共空间，营造反贫困主体。并进而建立与扶贫场域其他主体之间的关系，在协商对话中，将扶贫项目从一个以金钱、权力等为中介的系统世界，转变为服务于社会世界的物质力量。这样，在社会网络中，扶贫对象不仅重新赋予生活世界以积极的意义，而且通过成为反贫困的真正主体，同时创新中国扶贫制度。

社会工作帮助扶贫对象重构社区公共空间，就是发现或创造机会，将私人利益转化为普遍利益，引导扶贫对象完成“治理型增能”。

（二）多维目标的整合

作为多层次、复杂的社会问题，反贫困策略必须从其表现、结果和根源等多方面进行考虑，通过综合性的、合作的/共同的努力，实现消除贫困。因此，社会工作者和扶贫对象必须认识到孤立的基于地理社区的减贫项目，将是社区反贫困策略以及扶贫对象潜能实现的障碍，只有基于这样的理解，才能有助于社会工作者和生活在贫困中的扶贫对象能够合力投身于更加具有合作性的、多组织的、有计划的和长期的反贫困干预。

当前，关于贫困的理解已经不再单纯地局限于经济发展，人们普遍同意，社会制度、政治制度均有助于改变贫困。同样，在社会工作中，受“人在情景中”这一理论视角驱动，对贫困问题的应对，早已不仅仅是个人条件的改善，案主家庭、邻里、社区、健康、教育、生理和心理等因素均已被纳入考虑范围。但是，长期以来，作为人类生存条件的自然常常被忽视，甚至其重要性被质疑。随着社会工作的社区实践的不断发展和深化，关于贫困的认识进一步丰富，可持续性发展理念在治理改变贫困的社区发展中逐渐获得认可。

1987 年，G. 布伦特兰夫人领导下的世界环发委员会（WCED）在《我们共同的未来：从一个地球到一个世界》里提出：可持续性发展是既满足当代人的需求又不损害后代基本需求的人类发展途径。可持续性发展观带来了社区发展模式的大变革，即要求整合社区人力/社会资本、自然/生态资本、经济/建构型资本，促成社区的社会、经济和环境的共同繁荣。这一可持续性社区发展模式具有三重底线：经济发展、生态完整性和社会公正，三者在发展中同等重要，不可割裂。结合乡村实际，三重底线直击“三农问题”：农村——生态保护、农民——社会公正、农业——经济发展。乡村扶贫问题的实质是如何在保护农业生态的前提下，利用现有资源创建出好的农业产出。这其中要求实现三个关键概念：平等、机会和责任。平等意味着在反贫困中，贫困人群和其他弱势群体同样受到尊重，同等地获得工作、教育、社会服务和自然资源等资源。而机会是指给予扶贫对象获得社会、经济和环境资源的权利和可能性，为自我的充分实现创造条件。因为文化的多样性，社会和经济系统创造平等的机会的路径因而呈现纷繁复杂的特性。但是生态系统是唯一的、脆弱的和有限的，因此，这里的责任一是要求从人际伦理出发，倡导社会公正、人权，为扶贫对象的利益和需求服务；二是从生态伦理角度出发，在社会、经济繁荣中，敬畏自然、敬畏生命，通过促进政策、技术、效率和生活方式的改变，保护自然资源和生存环境。所以，在可持续性发展观指导下，社会工作的工作内容可以涉及以下几个方面：（1）充分满足扶贫对象的基本物质需求；（2）促进社会和经济公正；（3）强调扶贫对象的普遍参与；（4）减少冲突，促进社会和谐；（5）重视发展中的生态保护。

（三）基于合作

1. 权力的分享。传统的冲突理论认为，权力关系是一种竞争关系，即权力在一方的增长意味着对另一方权力的消解。所以，以这种观点进行的社区组织，其本质常常是以政治强势方的对立面出现，着力于政治力量和权力的改变或从根本上取而代之。这也是为什么中国政治传统中，结社被视为危险之物而被官方提防和限制。在多元主义视角下，类似于整体大于个体之和的辩证法则，权力在不同主体之间的分享，有利于它在实施过程中产生更高的效率。例如，市场组织具有更有效的资源配置能力，政府组织因为其拥有的资源和强大的权威，可以在提供公共产品时通过政策法规产生强有力的规范效应，而社会组织则因为其灵活多样的特质，在实现社会服务和代表民众的呼声方面具有不可替代的地位。因此，根据多元主义的建议，在公共领域，在平等、协商的原则下，多方构建合作关系，将有利于在公平和效率上达成最优，共同完善公共领域治理。

对于社会工作机构而言，作为一个专业性极强的社会组织，进入乡村社区，参与并协助扶贫对象组织化，正是基于多元主义关于权力的理解，帮助组织形成，并且作为推动者、中间者和协调者，促进乡村本土组织与其他组织的合作，提升社区的社会资本。

2. 共谋富裕之路。贫困常常伴随着关于社会排斥的话语。因此在发展中体现社会包容成为反贫困的一种行动策略。比如包容性的经济增长、包容性的社会政策等提法。虽然应用在不同领域，但存在共通点，那就是将贫困者处理成需要特别关照、保护的人群。针对贫困的弱势特征，这种保护和关照对于改善贫困者的生存机会具有重要意义。但是，这只能是社会层面或市场层面所体现的责任，而从贫困者自身改变来理解，社会排斥的对立面应该是社会整合，也就是贫困者能够、愿意参与到社会生活各个方面。

贫困者参与的倡导使人们聚焦于社区，讨论在贫困者生活场景中实现改变。社群主义也正是在反思前一时期新自由主义时应运而生。社群主义“试图定义一个传统的、封闭的、有机结构的、同质性的社会空间，在其中政治运动或实践没有任何出现的可能”。他们声称这种政治原则的生成方式“并不是要演绎和实施同一的基本原则，而是为了诠释和提炼那些内在于社会和社区生活中的价值观”。这一理论的预设是，同质性的社区拥有规制人们生活方式的内在的和共同的关于“善”的原则。

20 世纪 90 年代，Taylor 觉察到在多元和民主的进程中蕴含着危险或失败。对于前者，他提出的解决方法是权力下放以开放公共空间，而对于后者所引发的碎片化问题，他认为难以妥善解决，最好的办法就是尽量不让此类问题出现，即通过追求非对抗性的利益协调。

总的来讲，将反贫困落实在贫困的社区，参与重建新型社区是社群主义对于理想政治体的谋划。但是对于达成共识的倡导，否定了冲突的常态性和一致的暂时性。他们似乎认为，一个好的社区就是一个在伦理范导下的高度同一的系统。在这样的环境中，政治成为多余。而且，按照社群主义的设想，在高度流动、高度异质化的现代社会，好的社区几乎成为不可能。

所以，在社区从事反贫困的社会工作，倡导农村社区的重建，并不等同于上述社群主义的提法。社会工作者充分理解，共谋富裕之路，只是暂时的、动态中的一致；好的社区不仅充满着亲密、守望相助的初级关系、自主性，还有一定程度的成员间的认同与成员的异质性并存；既有权力的分散又有适度的社会控制；一定程度的冲突将为社区的活力提供永恒的动力。

三、社会工作增促组织化的手段

（一）评估需求与界定问题

1. 需求评估。社会工作者可以被视为专业的需求界定者。他们总是在不停地鉴别，并尝试满足不同的需求。美国社会工作者协会伦理守则指出，社会工作专业的首要任务就是增进人类福祉，帮助满足所有人的基本需求，特别要关注那些弱势群体、被压迫群体和生活在贫困之中的人们的需求和赋权。社会工作中需求评估的理论基础来自三个方面。

首先是马斯洛的需求理论。马斯洛认为人的需求具有层级性，从个体最为基本的生存或生理需求，依次上升为保障性需求、社会性需求、自尊的需求和自我实现方面的需求。利用这一需求理论对扶贫对象进行评估，可以了解并评估他们的基本需求是否得以满足，最迫切的需求是什么，还存在哪些问题，以做出有针对性的回应并改善相应的服务。

其次是布拉德肖的社会需求评估框架。布拉德肖认为，在社会服务中最关键的问题是鉴别社会需求。他通过分类法分析了四种社会需求：(1) 规范性需求。这是一种被认为应该的需求，一个为专家、行政管理或社会学者广泛使用的概念，比如贫困线的设置标准。作为规范性需求有可能有“父权主义”之嫌，而且由于专家们意见相左而难以界定。(2) 感到的需求。这是对人们主观需求的评估，常常用于特殊群体和社区发展之中。感到的需求测量在民主建设中很重要，但是由于人们的认知是有限的，或者人们思想上存在顾虑，会偏离“真实的”需求。(3) 被表达的需求。当感觉的需求转化为行动即为被表达的需求。(4) 比较性需求。这种需求的测量来自于对具有类似特征的人们福利接受状况的比较，存在的差异就是需求。在进行福利标准化或均等化时可以使用这一变量。对不同类型社会需求进行实际的综合分析，评价结果可以帮助评估者厘清决策思路，提供优先次序确立的解释。由此产生的服务提供不再只是泛泛地回应需求，而是满足特定条件的需求。

最后，人权理论。人权是指每个人因其为人所应该享有的权利，是关于基本权利的话语。而人类需求话语则是通过评估“什么需求和谁的需求”，为关于权利的道德优先顺序提供依据。人的需求不同于人权，但人权可以将需求诠释为一个关于尊严的问题。

1948 年 12 月 10 日联合国巴黎大会通过 217A（III）号决议，即《世界人权宣言》，首次规定了应该得到普遍保护的基本人权，并通过 29 个条款从民事和政治权利、社会权利和文化权利三个方面界定人权，作为人类努力的目标。

2006 年 Ife 提供了一个人权分析矩阵，将人权划分为生存权利、社会权利、经济权利、民事/政治权利、文化权利、环境权利和精神权利七大类，并赋予每一类不同的具体内容。按照 Ife 的解释，该分析框架不仅可以追溯任一权利在某一国家或地区的发展历史和现状，还可以在国家或地区之间进行比较分析。而且，在不同的时间序列、不同的文化中可以发展出不同的权利体系。这就是说，当某一个地区以某种人权优先发展时，另一些地区则可以根据具体情况发展另一套适合需求的人权。

免于贫困本身就构成一种权利。因此，要充分认识到免于贫困与人权的内在一致性。传统的关于贫困的观点回避了一个深层次的问题，即用传统人权如公民政治经济文化权利来描述贫困问题，难以将“免于贫困的权利”从人权系统中离析出来，因而并不能够对彻底解决世界范围内的贫困问题提出根本性的设想，最终依然是将减贫视为富人救济穷人、发达国家对欠发达国家进行施舍的老路。因此，以人权为基础进行贫困者的需求评估，可以将基本需求满足和尊严政治关联在一起，能有效地调动扶贫对象建构主体性，并充分体现了社会工作追求社会公平、正义的伦理要求。

2. 问题界定。社区或组织存在许多现象，可能带来麻烦甚至危害，比如乡村的衰落。但这些境况是否能成为问题，必须通过正式的确认。这一确认过程表明，包含贫困在内的社区一系列问题从本质上而言是一个社会问题，是人为的、社会建构的。维纳指出，社会问题的确立涉及三个相互影响的方面：问题的动员、问题的合法化、问题的展示。其建构过程体现为三个程序间的循环互动。Netting 等建议将问题与社区/组织、人口结合起来考虑，提供了关于界定问题的工作思路：（1）了解社区/组织的境况；（2）回顾相关的文献帮助理解这些境况；（3）收集相关的支持性数据；（4）确认社区关键人物对境况的认识；（5）如果将境况界定为问题，那么可能会存在哪些障碍；（6）问题的确认。这里主要是指如何通过说服，让社区/组织的决策者相信某种境况就是问题。

3. 参与式评估。值得注意的是，评估和界定的过程不能回避这样的问题：谁来界定？谁的问题？因此，在进行需求评估和问题界定时，要求社会工作构建起由研究者、服务使用者/扶贫对象以及地方官员组成的贫困研究网络，形成以实践为本、寻证为本的研究文化。这种参与式的研究和评估方法可能不能满足宏大叙事的要求，但从专业和政治上而言却是实用的，而且很可能产生更成功的和更合适的问题解决方法和结果。然而，由于仍然存在污名问题，加之物质条件低下和经济制约会导致人们的选择和自主性能力有限，扶贫对象的参与问题将使得参与式研究复杂化。

评估的目的是确定社区组织的现状、需求或问题的优先级别，明确组织的形式，组织的内容以及组织化的策略。好的评估要多方面、多方式和多阶段进行。从精准扶贫观出发，参与式评估要注意评估的系统性、多方式、动态性、可行性和可持续性。

（二）提升组织能力

社区组织化是一个社会生产过程，借由组织的发展，社区服务能力和社会资本得以提升，而社区赋权又将助力社区能力建设。社会工作提倡对贫困社区和贫困人群的资产—能力建设，以期贫困者成为积极又有能力的社会成员，并阻止返贫的发生。基于 Gambal 和 Weil 的实务经验，社会工作可以从组织资产、组织技巧、资源整合、组织联合、领袖培养等提升扶贫对象的组织能力。

1. 评估组织资产。评估主要针对现有或潜在组织的领导和组织性资产，通过与个体、小组和社区的不同部门进行沟通，鉴别社区拥有的资源和存在的优势，明晰组织发展的障碍，以及建立未来愿景。

一方面，促成社区成员的联合。社会工作者通常采取组间对话的方式，将社区不同利益所属、持不同观点和意见的成员聚集起来。在交流互动的过程中，通过关注彼此的差异，了解成员具有的优势，促进成员间相互学习，发现共享的价值观和共同的目标。当人们开始相互理解和欣赏，创立联合的基础即已形成。

另一方面，促进组织效率。在评估过程中，社会工作者可以从社区成员的交流中了解社区变迁历史、人们思考未来的方式、居民对社区的价值观以及他们如何理解阻碍社区发展的各种内外部力量。这将有助于社会工作者确立相应的行为策略，并正确评价社区组织的优势。

2. 提升组织技巧。社会工作的主要方法是培训、工作坊、一对一辅导以及组织咨询等。整个过程具体包括：（1）利用社区地图对社区资产进行参与式评估；（2）基于年龄、性别、社会阶层等特征的差异分析；（3）通过工作坊进行权利的分析；（4）可能的对先进社区的参观、学习，并建立地区性联系，消除社区隔离感；（5）通过协商、对话和协调技巧的培训，提升冲突解决能力。

3. 整合多渠道的扶贫资源。精准扶贫精准脱贫是一个涉及多学科领域、存在多部门合作的大工程。但在扶贫行动中，由于不同渠道的资金常常以分散的方式注入，导致一方面资源有限，另一方面某些扶贫区域却出现资源的堆积和滥用。社会工作可以通过资源链接、获取、整合，确保资源在贫困地区内部得以公平分配的同时，使扶贫对象组织的需求与外部资源有效结合，在精准的需求评估下，以“订单方式”来申请或协调资源的有效分配。

4. 引导联盟。目前扶贫实践中倡导的组织化一般是以扶贫对象消减绝对贫困为工作目标的重点，以扶贫对象社区为中心。随着组织的不断进步和强大，对于国家和社会的关注将成为组织新的发展方向。也就是说，农村组织不能也不会一直眼光仅局限于自己的社区，必须与其他农村社区、非农村社区建立广大的联盟，才能彻底改变目前不利的、闭塞的状态。

联盟有利于通过组织的空间拓展将社会资本从本地向外发展。在这一过程中，社会工作者作为资源链接者，利用专业的技巧和资源，帮助社区与外部社会融合，发展社区桥接型社会资本。

5. 培养领导力。领袖人才培养是影响组织能力提升的另一因素。虽然在新技术的支持下或突发事件中，社区领袖很容易建立结构松散的组织，但碎片化使得领导人才在社区发展中的角色更加关键，一方面是因为农村人才流失，另一方面是如何引导社区共同利益的形成。

根据 Chaskin 的观点，领导力的培育要求社区领导班子的发展，以及对于进一步的领导力培养必需的组织能力。查尔斯·泊罗（Charles B. Perrow）认为，领导力培育成功与否还依赖于组织具有的特质，比如组织的规模、组织任务的性质、组织存在的时间长短，组织中人际关系以及组织承受的压力等。社会工作机构可以基于前期对社区的认识、准确的需求及组织的评估，有针对性地选择潜在的领袖人物，通过创造合适的环境，在自我意识、自我认知、同理心、认识他人能力等方面进行培训，使他们能够善于表达、承担责任。

（三）确立组织目标

农民组织化并不取决于政府及学术界的主观愿望，而在于农民的合作愿望与合作能力的统一程度。因此，社会工作助力组织化，重要的工作就是如何建立合适的组织目标，提升扶贫对象的合作意愿。

中国许多关于农民组织的研究认为，中国农民的小农意识以及市场经济冲击，使得农民自身很难团结成为集体，与现代社会“有机团结”的理性形成强烈的对比。但是，早在 1964 年舒尔茨就明确指出，农民并不愚昧，他们能够并且已经在既存的约束条件下实现了最优配置资源。传统农业“贫穷但是有效的”。他还认为，传统农民缺乏的是廉价的有效投入，而非经济理性。林毅夫也认为，许多被视为非理性的小农行为却恰恰是外部条件限制下的理性表现。

从根本上看，扶贫对象组织化的目标是参与社会治理、社区治理。基于目前的实践，社会工作围绕“治理型增能”可以将组织目标分为三个阶段：

第一，重构贫困社区文化，正视贫困者价值，促成社会接纳。在碎片化和原子化的贫困地区，社会工作者主要任务之一就是如何与社区成员一道重建社区意识。重新建立社区意识，使人们在文化的脉络中参与社区建设，反思其间的信念、价值、品位等可能潜存的压迫现象，这是社区反贫困行动的前提。目前，在许多村寨，通过各种社区活动，组织化日趋活跃，自我组织、自我管理粗具形态。但是，针对贫困群体的差异性、被隔离状态，仍然需要更多领域的、更具有实际意义的组织化实践。重构社区文化，就是从提升扶贫对象自信和改变他们的精神状态着手，以积极态度主动打破被隔离状态。

第二，加强组织化，构建社区治理关系。社会治理理论否认了国家——社会等主体间权力零和博弈观点，认为多方合作的权力分享会带来更大产出。所以，如果说第一步通过构建出良好的人际关系，抵抗隔离，那么，在社会治理语境下，精准扶贫则要求第二阶段的工作重点在于提升贫困人群的自我效能和集体效能，增强主体意识。通过不同形式和不同领域的组织化，培养他们参与社区社会生活的信心和热情。进而与其他群体、组织及政府在平等互惠的原则下构建治理关系，为行动做准备。

第三，进入社会公共空间，参与公共事务或议题。扶贫对象的隔离体现在贫困群体与其他群体间的社会隔离，还表现为贫困个体之间的隔离。因而，在反贫困中，贫困者多以个体或家庭为单位在市场中单打独斗。那么，如何促成这种私人领域的个体性关注向公共领域的参与转变，使贫困者真正成为反贫困的治理主体呢？

很重要的一点就是社会工作要引导贫困者注重日常生活的“微问题”“微治理”，寻求创造新的利益生长点。在追求一致利益的过程中，使扶贫对象自觉成为公共空间的行动主体。至此，“治理型增能”实现。它将保证贫困群体主体性的发挥，还将持续性地生产出精准扶贫精准脱贫必需的能力。

扶贫对象参与治理是组织化的长远目标，为保持组织的吸引力和发展活力，如前所言，组织必须不断调整近期目标，作为组织基础，以保证不断成长及其长远目标的实现。

（四）改善组织内部与组织之间的关系

社区是地域性社会生活区域，社区生活、社区发展要有秩序地进行，离不开一定的组织去维持和执行。一个好的社区，不仅要有初级人际关系，在现代社会，开放的农村还需要有更为高层次的社会组织来与外部联系。在一个非农部门占比愈来愈大的社会，严重依赖于农产品的供给保障，决定了农业的非自给自足的特性。那么现在的问题是，农产品的剩余如何转化为现实的需求满足呢？在计划经济时代，由国家以计划的方式划拨外调，在联产承包初期，是通过承包合同由国家收购，多余的农家可以自由处置。通常情况下，是农户的个体行为，或者通过商人上门收购。这两种方式本质上都是农户与商人或消费者的个体性交易方式。在取消农产品税费制度后，如何处理大量的剩余农产品，简单的市场物物交换已经能力不足，这造成农户的产品市场化更加依赖暴利商人收购这一渠道。很明显，目前这一渠道成为中间商严重牟利的手段，农民和消费者均是这种消费链的受害者。要改变这种不利局面，让农民及消费者得利，农民必须自己有能力直接进入市场。然而，单单依靠个体形式的农民，是办不到的。组织正是在这种情境下提倡起来的。但涌入社区的大量人口再组织化过程，不是一个自然过程，而是一个社会建构过程。

目前中国社区人口组织能力薄弱，需要专业组织的帮助。提高社区组织化程度，是建构社区支持，增进社区福利的必要前提，也是加强社区团结的必然要求。组织不仅在生产中重要，在生活中亦不可缺。传统乡村社会依靠宗族等组织实现相互支持。在当代，这些组织生存的基础不在，但并不是宣告不需要组织。而是寻求建构可以生长的现代乡村组织来替代，甚至来填补乡村社会组织的空缺。因为只有他们自己的组织才能够了解他们日常生活实际的问题和需求。

Warrenton 认为，社会组织一般具有两种网络关系，即社区组织内部、组织间的民主参与、平等的水平关系，以及这些组织与社区外组织构建的合作与依赖的垂直关系。迈克尔·武考克在微观层面把社群内部的联系称为整合（integration），把社群外的网络称为链合（linkage），并认为高整合-高链合情境为社会成员带来发展所必需的社会机会。所以，对一个健康成长的组织来说，就是要对内整合，对外便于链接。社区组织化过程强调利益相关者积极参与，建构多主体秩序；在自下而上与自上而下相结合的选择过程中体现各主体的协商。

程同顺、黄晓燕曾就国内学者关于中国农民组织化问题研究进行综述时指出，尽管学者们对于地位的界定有所不同，但对于建立地域性和全国性的专业性、综合性的农业组织已达成共识。

构建扶贫对象地域性组织，社会工作机构和社会工作者有义务将组织化工作从社区扩展到其他乡村、扩展到城市，甚至完全超越地域的限制，构建出反贫困的功能性组织；但是由于社区内部以及不同社区之间常常在愿景、代表性、边界等方面存在着差异，致使组织进程中面对和处理冲突是一种常态，并可能在人际交往中不断加剧。社会工作者在此任务中不仅是中间人、组织者，还将承担调解人、谈判者等重要角色。

四、可持续性生计发展：社工参与组织化案例

（一）可持续性生计发展概念

可持续性生计发展（Sustainable Livelihood，SL）最早由布伦特兰环境与发展委员会提出，在1992年联合国环境与发展大会上被拓展，并成为全球减贫的主要目标。可持续性生计发展是对传统的以低收入等定义贫困的减贫思维和路径的一种突破，旨在通过关注经济、生态和社会等因素对人们能力的制约或强化，以及贫困的脆弱性和社会排斥问题，促成贫困者生活方式的可持续性。1992年R. Chambers和G. Conway给出了一个关于农村生计可持续性的定义："一个完整的生计维持系统包括能力、资产（包括资产存量、自然资源、合法权利和机会）以及维持某种生活方式所必需的活动。持续的生计意味着：能够应对各种压力和打击并从中恢复过来；能够保持或者提高自身的能力和资产；能够给予下一代可持续性生计机会；并能够在近期和更长远的时期，在地方和全球层面给其他人群的生计带来净利。"

一般而言，生计发展包括三个方面的内容：生计资源、生计策略以及相应的制度和组织。其中第三个要素不容忽视，因为可持续性生计发展要求扶贫对象的参与，以保证他们的观点、知识和利益被关注。国际发展部（DFID）曾提议，为贫困者提供持续性生计发展的机会更为重要。这就是说，要注重政策的制定和促进生计发展的行动。在众多的生计发展路径中，大体存在三个方面的相同点：聚焦贫困者生计；强调贫困者的参与；反对以专门部门如健康、水等为切入点的常规做法。

根据上述理解，社会工作介入常常通过两个方面，一是直接进行倡导，在政策和行动方面进行扶贫对象的发动。但是，如果要体现持续性，其工作往往是长期的，而且在缺乏可能的物质基础时，会变得非常艰难，

难见成效；二是从生计策略入手。这是一种基于扶贫对象的需求和知识之上的社区发展路径，能在短期看到明显的改变。但不足在于，其只是促进物质的改善，很多情况下不能从根本上与传统减贫项目分离。因此，最好的工作思路是将两者相互融合，以物质条件改变为基础，在改变的过程中运用倡导技术。

（二）平寨实践

广东中山大学绿耕社会工作服务中心（以下简称“绿耕”）在云南平寨的扶贫工作就是以生计发展为起点，培育乡村组织的成功案例。

通过组织的方法开展工作，目的就是通过成员的相互联系促进关系建立，并在协商达成共识的基础上，一起行动，改变困难的处境。但是，如何帮助扶贫对象成为扶贫主体，是贫困地区社会工作最艰巨最为核心的任务，因为在以家庭为单位的农业生产模式和全面市场经济的冲击下，传统的乡村社会早已支离破碎。以平寨为例，这是一个具有悠久的稻米种植文化的少数民族山村，在最近一段时期，由于追求高产，许多传统的种苗和耕作方式被高产品种和新技术所替代。虽然粮食增产使村民收入水平提高，然而付出的代价是物种的简化和生态环境的变化，以及由此带来的村庄文化的衰落。

2001 年“绿耕”进入仍然处于贫困的平寨后，即确立培育各种生计组织为其工作中心。农业合作组织的益贫性，使它成为精准扶贫精准脱贫的理想载体。在合作社中，要把已经原子化的家庭连接起来，使他们共同管理合作社，一致行动，在抵抗市场侵蚀的活动中重新建构出信任和规范。例如，平寨生态种植合作社，其成立的初衷是基于对村民意愿和村庄历史的了解，采用老稻种，恢复传统的地方农业种植文化并保护当地生态环境。但是村民在期望的同时也存有疑虑：放弃现代耕作方式会带来怎样的结果呢？产品重要的是带来收入，至于它是否蕴藏社会、文化、环境等元素，重要吗？为什么要从一种模式转变到另一种模式呢？为了解决这些问题，机构通过组织村民走出去参观生态农场，与城市居民互动，熟悉产品市场等手段，逐步帮助有意愿的村民组建起种植小组。随着小组的良性发展，激发了其他村民参与生态种植的热情，更多经历过城乡交流和交易的村民决定参与。两年后，平寨生态种植合作社正式成立。随后的几年中，在社会工作者的推动下，合作社的理事们开始参与、逐渐主导并在最后独立着手种植计划、病虫害防控方案、召集小组会议、接待对外交流、筹备合作社集体活动、分配产品订单、举办大型的城乡互动——丰收节等事务，使得完全由村民自愿参与组织起来的生态种植合作社走上了自主运作的道路。

扶贫对象自行运行组织，不仅标志着他们改变贫困的力量和能力，同时也为后代恢复村庄文化和独特的生活方式做出了贡献。

（三）“绿耕”的经验

1. 多层次干预。

第一，社工三大方法的融合。扶贫对象既是个体的存在，又是一个群体，同时社会工作还要考虑他们与村庄、国家、市场和社会的关系。因此，社工扶贫必然整合从个案、小组到组织的工作方法对贫困问题和扶贫对象在微观、中观及宏观层面进行综合干预。从精准性而言，既能对个体和小群体进行关注体现个别性、特殊性，又在宏观层面进行统筹、协商。这种方法的融合，在张和清等看来，就是一种整合的社会工作实践：“整合社会工作方法，就是围绕社区重建的目标和计划，整合地运用社区个案、家庭、小组、社区活动、资源链接等社区组织与能力建设的工作模式，推动社区的可持续发展。”

第二，社区工作模式的融合。传统的社区工作模式以 Rothman 总结的社区发展、社区组织和社会策划三大方法为基本内容。

从宏观整体而言，“绿耕”在乡村扶贫的工作目标是以组织建构网络。由于乡村组织资源贫乏、组织成员条件欠缺，机构首先以策划的方式展示出总体框架；然后在社区进行动员，构建出小组/组织层面的行动主体。这些行动主体在与社会工作者互动的过程中，逐步学习并在组织内部按照社区发展模式设计、实施生计发展项目。随着行为主体组织内的管理和运行步入正轨，机构借助组织间共同利益或资源共享契机再一次回到组织的方式，促进组织间的联系。

至于在具体社区中，哪种模式优先，选取哪些模式综合运用，并没有固定的模板。因此，必须充分认识社区，在社区拥有的资源基础之上，根据社区和扶贫对象的需求进行模式选择。

2. 综合发展目标。

第一，以村庄可持续性发展为基本。可持续生性计发展理念将社区作为一个系统，体现可持续性发展的代内伦理和代际伦理。因此“绿耕”在社会工作服务方案设计中充分依赖于社区自有资源，依循村寨的经济、社会、文化和环境脉络，培育不同人群的不同组织，并通过这些组织的成长逐步实现村寨的经济发展、生态完整性、社会公正、文化延续等多维目标。

第二，桥接城乡新关系。社区经济发展依赖于市场的发育，而城乡的隔离是主要障碍。主要做法有两个方面：一是在生产环节引进农科技术、介绍城市居民体验乡村生活，打破隔离；二是通过产品市场的建立，在城市和村寨之间建立信任的产销关系。

第三，从社区组织走向社会网络建构。“绿耕”以农村社会工作为机构重点。每当村寨的组织培育成熟，机构便开始促进组织间联系，直至合作或联盟。进而在社区、地区之间基于组织的共同追求形成更大的网络，实现乡村联结和城乡联结。在社会网络中孤立的社区组织被连接起来，越来越大的网络，越来越密集的结点伴随着新的社会关系形成和发展。

3. 以企业方式经营，实现双赢。“绿耕”与一般政府购买服务的机构不同的是，这是一家社会企业。它在为村寨提供社会公益服务的同时，为组织发展提供资金。当组织开始获利时回收成本和计提利润。这种利润：一是能够保证社工机构获得生存资本；一是其中一部分作为发展资金提供给其他组织；一是给整合培育的组织一定责任，促其成长。

五、扶贫社会工作应注意的问题

（一）与扶贫对象一道工作

1. 重新界定贫困。贫穷本身被新自由主义的全球化所形塑。这种新自由主义的反贫困范式激发出一种市场“双赢”局面的幻想：人们不仅能感受到经济增长带来的福利，而且它还将创造包括消减贫困的分配正义。自由主义全球化的反贫困范式是当今世界反贫困的主导范式，在它的影响下，形成经济改革和社会政策的脱钩，导致贫困者独立于群体、社会而独自在市场经济中为消除贫困而奋斗，社会疏离程度进一步加深。而且，作为对象的客体身份导致扶贫对象个性化的价值被忽视，一方面在扶贫攻坚中被同一化处理，不能达到精准；另一方面还使得他们置身度外，将扶贫作为他人的事业，与自己无关。这些现象是贫困地区发展极为不利的客观基础。

19 世纪末英国的奥克塔维亚·希尔（Octavia Hill）女士在为伦敦工人提供廉价住房时强烈反对“可以改进贫困者的住房而不需要提升贫困者”的说法。今天看来，她所持反对的观点在扶贫攻坚中的意义非同寻常。社会工作不仅只是改进贫困者的物质生活质量，更重要的是要塑造扶贫对象群体不服输、敢于创新和改变的精神。因此，和扶贫对象共同行动，消除贫困，要着眼于如何定义贫困、明晰消除贫困的障碍、培养扶贫对象的能力、鼓励他们积极行动。

2. 加强文化敏感性。社会工作者进入贫困社区，一个极其重要的环节就是保持高度的文化敏感性。“一道工作”在此的要求集中表现为了解、尊重和学习扶贫对象所拥有的本土知识。只有这样，社会工作者才能真正了解扶贫对象为何以不同的方式看待自己的社区、存在的问题和欲寻求的解决方案。这里仅以“时间”这个概念展开。

对于时间，城市一般人的理解，就是地球的自转和公转状况的记录，具有严格的科学意义。但是，现代时间系统包含典型的城市、工业特性。而农村时间系统却是根据月相来确定农时。因此，扶贫项目实施时间应该是社区的时间。以农村农民生活世界为中心，建构策略，并体现阶段性。以农村生态旅游为例，项目既要考虑经济效益、生态效益，还要反映农时农事即农业文化。在农忙时期，其项目设计以各种应时农事的观摩、参与为主，而在农闲阶段则以农民的休闲生活场景为主要内容。一方面呈现农业农民的真实面，另一方面通过游客与农户的互动增进城市居民对农村生活的体验和经验，真正理解和认识农村、农业和农民。目前，在一些贫困地区开展的旅游项目，主要是展示地方风情，特别是将地方文化或非物质遗产化约为歌舞，并为了迎合市场进行商品化，其结果常常是误导旅游者，一是误认为扶贫对象的生活就是唱歌跳舞；二是认为贫困者借着唱歌跳舞或开旅店、从事餐饮业，“随便唱一下跳一下就是钱”，似乎贫困问题可以在迎合城市人吃喝玩乐的需求中悄然消除。

（二）社会性别视角

人口是社区的基本要素，是专业工作的基础。近年来，社会变迁导致农村地区人口出现新的态势：（1）预期寿命延长和生育下降共同作用下的老龄化问题。在农村地区，由于中壮年人口的流出，人口老化问题日益严重。（2）家庭结构在生育和流动双重因素影响下，其完整性和规模受到极大影响，家庭养老问题突出。（3）男性流出导致乡村女性人口比重提升。

在新的人口形势下，社会工作介入反贫困，面临着新的问题：如何提供老年人服务？如何面对结构不完整的家庭？如何依靠老年人和女性推动社区发展和组织化？对于扶贫对象参与扶贫也存在一系列问题：谁参与？他们怎样投入参与？他们认为他们要做什么？他们能够做什么？他们实际做了什么？他们怎样看待反贫困政策？而对于这些问题的回答，不同的人口群体必然存在差异。

当今社会，女性、老人、儿童常被当作缺乏能力的群体，仍然是社会边缘人群，从当地伙伴关系结构中边缘化，被抛离在决策之外。然而，贫困社区人口的组成主要是这三组人群。因而，社会工作应该秉承“社会性别”视角，在贫困的性别分析框架下，开展扶贫组织化的工作。

1. 贫困女性化。贫困存在着性别差异，这是自 20 世纪 70 年代以来，贫困研究者普遍接受的话题。学者们观察到在经济领域，男性和女性存在明显的收入差异。M. Gimenez 指出，男性的贫困主要是因为失业，因而工作是解决贫困的良方，但是女性即使从事着全职工作，也可能仍然贫困。所以她提出警告，不能仅将性别作为产生贫困的重要变量，因为关于女性的角色和责任、男性和女性互动的方式、来自文化和社会结构的压力等因素共同形塑着人们的生活，特别是社会的、文化的性别角色导致妇女获得资源的可能性受制约，使她们比男性更容易陷入贫困。

社会性别分析视角的社会工作认为，社会性别议题与发展的效率和减贫具有紧密的联系；没有女性的充分参与，发展难以达到满意的结果；男性和女性有同样的权利参与经济活动并享受发展成果。在许多发展中国家，女性承担了大部分食物的生产，但是仍然受到歧视，因为她们不论在家庭或者在社会都没有足够的话语权。因此，贫困地区社会工作要充分考虑如何为贫困女性赋权和创造机会，使她们能够实现经济独立、获得同样的财产权、土地权和继承权；通过合适的项目设计使女性顺利获得金融、技术和市场的服务；在社区实践中，将女性传统的知识和实践经验整合到现代的社区治理之中。

2. 乡村治理传统的性别视角。传统社区主要靠血缘关系、地缘关系、习俗、共享的精神来维持自身存在。许多研究认为，在传统社会，除开士绅阶层的治权，乡村治理还依赖于两个因素：第一，社区古老的互助合作传统。这种互助以互惠互利为基本原则，是一种基于人情和关系的社会交换，既具有工具性理性，又是情感和道德义务的表达。通过钱财、人力等物质支持，情感、慰藉等精神支持，以及信息、门路等社会关系网络支持，互助构建起乡村社会非正式的乡村福利体系。这种积淀在历史文化中的互助合作传统，理应视为一种内生性组织资源，是贫困社区发展的内部动力。第二，传统的宗族、宗教组织。这些组织是传统社会实施自我管理的主要方式。其结构相对简单，但承担着乡村公益服务以及宗族宗教文化活动。通过制定村规民约规范成员行为，并在维护村庄安全、利益和稳定和谐等方面发挥了重大作用。沈红发现，在云南纳西族社区，宗教在民族群体认同、社区自组织等方面展示出独特力量。“东巴经”指引纳西人与自然构建出和谐共处的关系。时至今日，这一宗教继续在当地民间环境保护组织中产生积极影响。

近年来，在社会治理话语下，包括社会工作在内的许多社会力量纷纷关注、积极发掘乡村社会治理的传统组织元素。比如张和清等人在云南平寨实践中发现当地民族中存在的毕摩文化。社会工作者在运用这些传统组织元素时，性别视角的纳入很重要。这是因为，传统的乡村治理元素具有其特定的文化脉络，关于性别角色的话语很可能偏离性别主流化的时代要求。以祠堂文化为例，祭祖、续家谱等仪式重新回归社区和家庭生活，但是以其传统而论却存有鲜明的性别隔离特征。

（三）主体间性问题

根据涂尔干的理论，现代社会的基础是劳动分工。不同领域的劳动者，彼此之间相互依存，通过合作，实现社会凝聚和社会团结。这在社会工作价值观中表述为对“重视人际关系”的倡导。就哲学范畴而言，就是研究主体与他人主体之间的关系，即主体间性问题。

原子化情境中的主体性，以自我为中心，表现为人与人的竞争，回应解决这一问题，埃德蒙德·古斯塔夫·阿尔布雷希特·胡塞尔（Edmund Gustav Albcecht Husserl）认为，就是要求人回归生活世界，超越“自我”，走向“他者”，即从“主体性”走向“主体间性”。胡塞尔通过探究主体与他人主体之间，在经验感知意识上的“同感”和“陌生经验”来展现主体间性，并以此证明，任何主体意识都是在主体与他人主体交往中形成，而不可能孤立存在。因而主体是在关系中被确立。个体主体性不仅是指人作为主体与自身、与自然的相互作用，更重要的还是个人作为主体，与他人、群体、社会等他人主体的相互作用。

尤尔根·哈贝马斯（Jurgen Habermas）强调实践层面上人与人之间的交往关系促成主体间性。伊曼努尔·列维纳斯（Emmanuel Levinas）则从伦理责任角度加以阐释。他认为，根据共生性要求，主体间性应建立在对他人负责的伦理关系基础之上。个人的主体性实则表现为一种伦理责任，只有把自我和他人置于社会情境之中，依照关怀伦理谋求的和谐共存，由此才能产生关联，其间的情感、义务、责任才有所依靠。

社会工作以提升个人或群体福祉为其工作目标，但其评价标准依赖于该人或该群体对于此福利的积极态度，扶贫对象的主体性在此通过他自身显示出的兴趣、态度来表达。

但是，个体主体性发展是有限度的，个体主体性过度强化将导致公共空间的瓦解。所以，可以这样认为，对“他者”的关注，对主体间性问题的关注，实际上是用以匡正过于重视自我的个体主体性高涨危机，特别是针对目前扶贫对象“原子化”的事实。

因此，扶贫对象组织化不仅是致力于个体主体性的培育和实践，同时也是对主体间性的关注。这样，一方面可以避免扶贫对象自我疏离和自我封闭，另一方面就是加强人际关系，促进人的全面发展。然而，扶贫对象组织化作为主体性实践，更容易呈现出一种直观性的物质转换活动，导致人们往往更看重实践的客观性，而忽视实践的主体性；或者看重主体性的客观方面，而忽视主体性的主观方面。

在对欧盟20世纪90年代的社会政策进行分析后，R. Levitas 曾就欧盟出台的各种鼓励“社会整合”模式的政策提出质疑，认为这种模式实质上表现了市场和社会的分离，“社会整合”几乎等同于通过提供机会，实现贫困人群的劳动就业。从而，对社会排斥的理解与非受薪加以关联。就目前的情形看，包括扶贫对象在内的中国农民阶层，很大程度上没有与劳动市场结合，并不属于受薪阶层。因而，他们很容易成为被排斥的对象，并因此而自闭于农村社区，继续扩大城乡二元对立。社会工作在主体间性议题方面，不仅要动员贫困者进入社区，还要注重如何加强城市渗入的工作，通过理解、接纳和互助使扶贫对象进入更广泛的社会层面。

·第八章·

塑造扶贫新主体

改革开放以来，在农业化和城镇化的逐渐发展过程中，城乡二元对立的思维得以建立。在城乡关系中，城市居于核心地位，而乡村居于边陲地位。农村居民，特别是贫困人口被污名化为“能力低下者”“好吃懒做者”。受此影响，在我国扶贫开发的历程中形成了以政府为主的“输血型”模式，这种“输血型”的方式在特定历史条件下发挥了显著的益贫作用。但随着时代变迁，其故有的弊病不断显露，主要体现为贫困人口主体性、优势与能力受到忽略，国家财政负担增加，扶贫效用下降，贫困人口“福利依赖”思想加重。鉴于此，从党中央到学术界，纷纷提出了要由政府主导的“救济式”转变为贫困人口积极参与的“参与式”。所谓“参与式”，即把贫困人口从过去的“边缘性”地位中拉到“核心”地位上来，充分发挥贫困者自身的主观能动性与创造性，提高其自我管理水平和发展能力，使其积极参与到扶贫开发全过程中来，实现自我脱贫。但是受长期以来固有思维方式的影响，在扶贫开发实践中，贫困人口普遍被认为存在着严重的“等靠要”思想，扶贫开发项目参与意愿不强等问题。当前，我国扶贫开发正处于攻坚拔寨的冲刺期，如何调动贫困人口积极性，彰显贫困人口主体性，提高扶贫开发的组织性至关重要。在关于什么是主体性，如何构建主体性等方面进行讨论之后，本章将就扶贫对象作为扶贫主体，如何与其他扶贫主体建立新型关系提出相应的对策建议。

一、 塑造新型农民

长期以来，贫困人口被置于“弱者”的刻板印象中，处于被动接受帮扶的地位。所谓塑造新型农民，是指通过增强贫困人口的主体性意识，从私领域中走向公共领域，参与到扶贫开发的全过程中来，实现贫困人口与社会的现代化。

（一）自立、自信农民

农民现代化包括三个层面：生产方式的现代化、生活方式的现代化和价值观念的现代化。其中价值观念的现代化是最核心和最基本的层面。实现价值观念的现代化，就是要增强农民主体性意识，促使贫困人口知觉自己的主体价值，恢复发展信心，激发内在潜能，并主动参与实践他们的发展道路。在扶贫开发中，要帮助贫困人口构建起“我要脱贫”的决心与“我能脱贫”的信心，树立自立自信的农民新形象，培养出一支有文化、懂技术、善经营、会管理的新型农民队伍。

1. 树立敢于参与的反贫困精神。一个人的物质贫困不可怕，可怕的是缺乏反贫困的精神和斗志。在贫困文化的影响下，扶贫对象的主体性向内，导致人们形成了一种对扶贫对象的负面认识：“人穷志短”、烂泥扶不上墙。贫困群体思想上要从“要我脱贫”转变为“我要脱贫”，以外在促进和内在激发相结合，张扬脱贫的主体意识，培养一批乡土人才和新型贫困主体，拓展扶贫对象反贫困的公共空间，增强扶贫对象作为脱贫致富主体的自信心，提高依靠自身努力和艰苦创业，逐步增强自我积累、自我发展的能力。

一是作为反贫困主导的政府及其工作人员应确保以政策法规确立的扶贫对象主体地位得以贯彻并深入人心，在全社会树立贫困人口是反贫困治理主体和直接受益人的价值理念，尽快走出贫困农民只是被救助客体、没有治理贫困的能力、参与可有可无、参与和提高与反贫困效率有矛盾等认识误区，将贫困人口的生存发展权与社会福利权等主体性权利置于反贫困的核心位置，从贫困人口最关心、最迫切需要解决的问题出发，激发贫困人口积极参与贫困治理的主动性。

二是贫困人口自身也应该不断吸纳新知识，在反贫困实践中不断提高自身的持续发展能力和参与意识，走出自己只是被帮扶客体的消极状态，在承担反贫困的责任与义务的同时，提高分享扶贫资源与经济机会的能力，以积极的行动改变贫困状态。

三是要加大农村公共文化服务体系建设，省市级政府要积极向各贫困县的农家书屋补充配送科普类、文学类、法律类、乡土文化类等图书，引导贫困群众形成尊重知识的社会风气，推动贫困农民不断吸纳新知识、更新观念，增强主体意识，增强贫困地区融入外部经济发展的意识和适应能力，重塑贫困农村村民的心理结构，使他们在乡村文化重建过程中，形成一种积极向上的现代价值观念，以一种健康向上的精神投入到脱贫致富的变革中去。

四是实行扶贫村文化骨干人才制度，支持和帮助贫困村培养文化骨干、文化能人，协助贫困村组建群众业余文艺队伍。推动文化志愿服务向贫困地区发展，扩大贫困村受援点，增加贫困村支援帮扶的文化骨干和文化服务项目，大力宣传包含先进思想理论、积极价值观念、先进科学知识、文明作风习俗等的先进文化。实施贫困地区“优秀乡贤文化挖掘整理工程”，用鲜活生动的本土文化丰富贫困群众的精神生活，增强脱贫致富的意志和信心，实现“扶贫先扶志”的目的。

五是打破跨行政区域资源分散、体制分割、管理分治的局面，整合师资、设备等资源，依据现有基础，做好贫困地区职业教育网点的科学合理布局，避免专业设置同质化，突出办学特色，建设好实用技术实习实践基地，重点突出有利于本土生态、文化资源转化的技能教育和创意教育。

六是切实落实好“两免一补”相关政策，改革补助方法，降低义务教育阶段学生辍学率，确保每个孩子不因贫困而失学，都能均等地接受基础教育。二是探索建立适应贫困地区发展的新型教育方式，打破农村教育沿用城市以“升学”为目标的教育模式，稳步推广“9+1”教育模式，多建立有利于提高贫困人口基本技能、实用且见效快的“磁石学校”。量化政策措施，完善贫困地区教师职称、住房、工资等激励体系，提高薪酬待遇和补助标准，加快师资轮训步伐；通过返还学费、给予正式编制等优惠政策，吸引更多师范大学毕业生到贫困地区从事教育工作，建设好一支稳得住、留得下、安得心的高素质教师队伍。鼓励和引导社会资金参与片区高中、大学阶段贫困生的资助，降低贫困家庭教育负担，提高补助标准，确保贫困学生享有受教育的平等权利，增强他们“阻止贫困现象代际传递”的能力。

七是各级宣传文化、广播电视、新闻出版、共青团、妇联、文联、作协、社科联等政府机构和群团组织要善于挖掘乡贤文化资源，发现和培育读书脱贫的典型人物，编好脱贫故事，通过基层群众易接受的各种鲜活的形式广为传播，弘扬正能量，凝聚精准脱贫的精、气、神，坚定脱贫意志，刻苦操练脱贫技能，用志气和智慧摆脱贫困。各种新闻媒体要加大对读书致富典型案例的宣传，营造积极向上的文化氛围，塑造知识改变命运的主流文化价值，传播正能量。合理配置贫困地区文化资源，优化基层文化组织设置，构建覆盖片区比较完备的公共文化服务体系，提高农村文化教育设施的综合利用率。

八是通过社会工作介入调试贫困人口心理。社会工作起源于社会救助领域，一直以来，社会工作者秉持以人为本、助人自助、平等公正的职业价值观，运用专业的技能、知识与方法，以帮助特殊困难群体、恢复和发展社会功能为核心使命。将社会工作引入农村扶贫救济，能够有效发挥社会工作实践、专业和制度三种特质，在调试贫困人口心理方面发挥应有作用。社会工作者通过了解贫困人口心理状况，帮助贫困群体进行心理调适，调动贫困群体的积极性和主动发展的意愿，倡导积极健康的生活方式，充分赋权于贫困群体，挖掘其潜能，提升自我素质，最终实现脱贫目标。

九是干部起到带头作用，传递积极思想观念。干部是群众的领头羊，干部的作风直接影响到扶贫工作的成效，要增强贫困群众脱贫的自我意识，首先要从干部的脱贫意识抓起，要鼓励和选派思想好、作风正、能力强、愿意为群众服务且群众信得过的干部到贫困村工作，围绕脱贫扶贫目标扎实开展工作。用干部的精神面貌影响贫困群众，通过思想教育和国家扶贫政策的外力牵引，振奋贫困群众自力更生、艰苦奋斗的精神。

十是深入贫困群众基层，了解民众需求，切实维护好贫困群众利益。贫困群众最基本的需求得不到满足，就难以在思想上产生积极的想法，容易形成“得过且过”思想，要防止和改变这样的消极思想，就必须深入群众基层，关心贫困群众需求，把握导致贫困的症结，维护贫困群众的切身利益，从心理上安抚贫困群众，从认识上激励贫困群众。

2. 成为有能力的反贫困主体。提高贫困人口的自我发展能力，为贫困人口赋权增能，是树立贫困人口主体性意识的根本。只有提高贫困人口技能，开发其自力更生的能力，他们才有主动参与扶贫的信心。

一是做好贫困地区教育基础设施建设的顶层设计与项目安排，加大政策倾斜和资金扶持力度，完善评价体系，将教育投入与教育基础设施建设、脱贫实用人才培养、阻止贫困代际传递等直接挂钩。加快片区物质网络、信息网络、能量网络和数字教育等基础设施建设，使贫困地区的学生和群众能够均衡分享信息技术，缩小教育差距。加大资金投入，打造教育信息化网络智慧平台，实现贫困地区教学手段科技化、教育传播信息化、教育方式现代化，满足不同类型、不同学科教学需要。充分运用好国家相关政策，积极引导社会力量参与、支持贫困地区教育基础设施建设，形成整体合力，改善贫困地区教学条件。

二是教育主管部门要主动作为，联合政府相关职能部门，以农业院校和职业技术院校为载体，实施“贫困地区农村70后、80后实用人才培育工程”，遴选一批有一定文化基础和技能的70后、80后出生的农民，定期开展有针对性的实用技术培训，培养更多“造血式扶贫”应用人才和“能脱贫致富的知识性劳动者”，壮大贫困地区职业农民队伍。

三是各类职业技术学院、中等职校要主动承担起本地农民培训的重任，与当地产业发展相结合，做好与贫困地区农业产业园区的对接，在授课内容上，根据不同对象，分类授课。涉农培训方面要强化科学种养殖、卫生培训；农民转移培训则要强化在物业管理、宾馆服务员、保安员、电动缝纫工、餐厅服务员、家政服务等方面的培训。针对新型职业农民，要强化对现代信息技术、市场分析与预测能力、决策能力、财务管理能力、经营管理技能等方面的培训，使培训者能熟练掌握与现代生产和现代农业相关的实用技术，提高农民农业生产能力、转移就业能力和外出适应能力，提升贫困主体的自我组织、自我管理、自我发展的能力，构建贫困主体的组织意识、市场意识和竞争意识。

四是在培训方式上，按照“化整为零，精准服务”的思路，充分利用广播电视和远程教育等现代手段，采用专家送教上门、视频教学、网络化教学、微课堂、云课堂等多种方式，集中授课、集中培养与单独指导、个别教学相结合，课堂授课+户外实践相结合，提高职业教育效率，增强实用人才培养效果。在培训模式上，支持用人单位发展订单式培训。由用工企业向贫困地区劳动部门提供就业信息，明确所需工种、人数、薪金和技术要求等，输出地的劳动部门根据“订单”要求组织培训，最后将合格劳动力整体输送给企业。

五是推动科技扶贫与知识扶贫深度融合，建立“乡土人才信息库”，积极探索“科技特派员+科技专家大院+科技信息服务站+基地、园区、农户（企业）”模式，支持职业技术院校在贫困地区创办重点产业基地、科技示范园区，支持重点农业科技企业建立农业科技专家大院。农业科研院所、农业大中专学校要积极组建农业实用技术普及团队，定期深入贫困地区广大农村指导示范贫困农户，开展科技服务，传播新观念，培育新技术，培育壮大贫困地区青年职业农民队伍。

六是贫困地区年轻劳动力流失的现象普遍存在，且有逐年增加的趋势，大量劳动力的流失导致贫困地区土地荒废、闲置；留守老人、留守儿童等贫困人口大量存在，贫困地区人社局救济保障压力大。贫困地区各级政府应积极谋划新政策、新产业吸引外流劳动力返乡就业，鼓励在外有所成就的“乡贤”返乡创业，并提供土地、税收等政策优惠，利用好“乡贤”带回来的先进理念和技术，鼓励贫困地区企业不断创新、带动就业，增强贫困地区的活力。

3. 彰显自我价值。培育新型的自立、自信的农民，重点在于培育农民的主体性意识，提升农民的自我价值获得感。价值即是从实践出发对关系所做的主体性理解，价值的主体性包含两层含义：一是事物是否有价值由主体判定，价值是由主体创造的；二是满足人的需要的客体的属性、效用或功能是人创造的，人在创造客体价值的同时彰显并实现了自身价值。主体性活动具有超越性，故而价值具有超越性。产业作为一个地方经济发展的核心和基础，发展产业是增强贫困地区发展的内生动力，是帮助贫困人口获得持续收入，培养贫困人口能力，提升自我形象，彰显自我价值的重要突破口。

一是在产业发展的过程中，要挖掘本地资源，发挥贫困人口的本土智慧，增强贫困人口的自信心。在我国广大贫困地区，自然条件恶劣，但是往往保留着深厚的文化底蕴，丰富的民族资源、旅游资源、民俗资源与生态资源。因此，贫困地区在发展产业、培育新型农民的过程中，可以在保护当地生态环境的基础上，针对当地的旅游资源做文章，大力发展旅游扶贫和旅游经济，增加贫困地区百姓收入。在我国旅游产品同质化严重的现实情况下，做亮贫困地区旅游产品品牌，是拓展贫困地区旅游市场的关键。旅游品牌实质上是能给旅游者带来独特精神享受的一种利益承诺，它建立在旅游资源或旅游地域的独特性之上，同某个具体旅游产品或旅游产品群相关联，并且表明了此项承诺的来源与标准。贫困地区政府在产业发展选择和定位时应充分考虑拥有的旅游资源和优势，借助当地龙头旅游开发企业合理开发旅游产品，并借力新媒体、自媒体等新兴营销渠道做好旅游产品的宣传推广，做大旅游品牌，吸引增加游客数量，讲好贫困地区旅游经济发展的故事，使旅游经济发展带来的实惠和成果惠及当地的贫困户，提升贫困人口收入水平，提高自信心。

二是地方政府要科学合理地设计和开发旅游产品，确定好主导旅游产品，在统筹把握区域内旅游资源的基础上，适当范围内扩展和延伸贫困地区旅游产业链，如贫困地区特色的旅游手工艺品的设计开发和推广，完善旅游配套设施，以期逐步拉长旅游产业链，增加旅游发展带来的脱贫效益和成效。立足整个地区旅游发展的产业链条，审视并弥补旅游产业链中的缺失环节，系统整合旅游要求，让旅游符合不同游客以及乡村发展的综合需求。同时，加大贫困地区旅游产业链上不同企业的紧密程度，降低不同企业间的消耗，最大化地实现整体效益，推动地区脱贫产业发展。此外，要因地制宜，充分挖掘贫困地区的内生资源，推动贫困地区与发达地区的文化交流，加强先发地区对贫困地区的地方知识、智慧与文化的认识和了解，推动贫困群众认识自身价值，树立自尊自信的农民新形象。

三是土地资源的征收和使用是旅游开发中在所难免的问题，而贫困地区土地作为贫困家庭收入来源的最后防线，对于贫困户的生存至关重要，在旅游发展和贫困户生存间势必会产生关于土地征集的矛盾，因此，想要发展就需要化解景区贫困户对政府的误解，其中土地赔偿工作显得格外重要。经过多年的土地改革和发展，我国现行的土地征收赔偿制度趋于完善，贫困地区的政府在发展旅游扶贫的过程中需要严格遵循和践行国家的相关政策和制度，防止“欺上瞒下”“强征强压”等违规做法，要按照国家的规定科学评估、合理赔偿失地贫困户。同时，完善对地方政府的第三方监督制度，对违规占地等做法进行严惩，切实保障贫困户的权益。

四是贫困地区政府要按照“扶优、扶强、扶特、扶大”的原则，依托贫困地区的农业资源、区位优势以及劳动力成本等，通过不断完善财政、税收、土地、金融等方面的扶持政策，进一步优化龙头企业的发展环境，做强、做大龙头企业。选择一批辐射带动能力强、经营水平高、经济效益好的龙头企业，集中财力给予重点扶持。加强与区域内知名企业的交流与合作，大力引进发达地区农业产业化龙头企业；支持区域内优势企业整合种植、加工和品牌资源，扩大企业生产经营规模，带动贫困户就业。要以产业发展为契机，帮助贫困人口在“干中学”，提升自我能力。积极帮助当地贫困户发展特色农业、特色旅游业、特色种养殖业、休闲农家乐等，促进贫困人口在产业发展中增长见识，增强谋生本领，提升其自我发展和就业能力。

五是通过贫困主体参与扶贫项目组织实施的具体实践，提高贫困主体自我组织、自我发展的能力。在扶贫开发项目设置上，倾听贫困农户自身的观点，了解他们对本地反贫困的看法和建议，充分发挥他们的地方性知识，发动群众积极参与脱贫规划编制、项目选择和实施、资金使用管理等过程，充分调动群众的积极性和主动性，增强贫困群众自主脱贫的内在动力和自我发展能力。

六是由于缺乏有效的销售渠道，贫困地区特色农产品、手工艺品等产品滞销问题较普遍，严重影响着贫困家庭收入的提高和脱贫进度。电子商务是链接贫困地区特色资源与域外大市场的纽带，对打通贫困地区特色产品销售的“最后一公里”至关重要。贫困地区各级政府应深刻认识到贫困地区发展电子商务的重要性，借力国家电商扶贫的相关政策和规划，逐步提升贫困地区信息服务化水平，完善电商扶贫的行政推进体系，为电商扶贫项目的落地奠定基础。贫困地区各级政府要不断创造条件，定期举办电商扶贫创业带头人培训班，并借助驻村工作队对参与电商项目的农户进行指导培训。重点扶持发展电商扶贫试点项目，主动搭线与京东、阿里巴巴等国内知名电商制订合作计划，设立电商服务中心和村级服务站，积极探索电商扶贫涉及的各个关键环节和重点内容；制定电商扶贫战略合作框架协议，并在电商扶贫示范工程、农村电商人才培养等方面展开合作，打造集渠道建设、产品供应、品质保障、电商平台为一体的农村电子商务生态链和生态圈，加快贫困地区“互联网+”步伐，探索电商扶贫新模式，拓宽贫困人口收入渠道，培养自立、自信新型农民。

（二）主体性现代化

机会贫困理论认为，贫困的根源在于权利贫困，即个人因享有资源的有限，缺乏政治知情权、参与权、话语权及决策权，在政策制订过程中无法有效表达自身及所在团体的利益诉求，无法获得有利于其团体的政策，因而在社会中处于弱势地位。受长期的历史因素影响，我国广大农村贫困人口小农意识与封建意识浓厚，其关注焦点局限于自我与宗族等私领域，对社会事务的参与热情不高，对公共事务呈现出事不关己的冷漠态度。农民的现代化就是要培育农民的公共精神，提高其主动性和积极性，推动贫困人口主动参与扶贫开发与农村社会建设等各项事业，通过参与提升自我能力，表达自我诉求，实现自身的发展。

1. 创新体制机制，畅通表达渠道。机制体制不畅是当前制约贫困人口从私领域走向公领域的主要因素。贫困人口参与公共事务程度不高，除了其自身意愿不强之外，最根本的原因在于缺乏表达的渠道。因此，提高贫困人口参与积极性，关键在于创新体制机制，为贫困人口参与创造条件，提供渠道。

一是健全过程参与机制。转变政府职能，将政府的作用限定在宣传发动、制定规划、政策扶持、投入支持、技术服务与支持上，完善贫困政策制定过程中的民主机制，在贫困户识别、脱贫规划制定、扶贫路径选择、扶贫项目实施和扶贫项目监测等各个环节，让群众全过程参与，增强贫困者利益表达的机会与实效，保障群众知情权、决策权和监督权，调动积极参与意识，激发主动脱贫愿望。

二是丰富协商沟通机制。协商不仅是一种制度，更重要的是一种方法、手段，为扶贫提供技术支撑。在扶贫开发中，要建立健全沟通协调机制，创建沟通平台，通过发动和参与、对话与沟通、反馈与纠错、原则与变通等多重机制，确保贫困人口参与到扶贫标准、扶贫项目、扶贫措施等内容的协商中，为扶贫开发工作的各个环节提供技术支持，使农村贫困人口脱贫实践成为贫困人口参与和发挥主体性的过程。

三是创新决策权下移机制。充分发挥脱贫攻坚群众主体作用，利用群众对本地自然资源、生产生活条件深入了解的优势，让基层干部群众对扶贫项目享有足够的选择权和决定权，一切从实际出发，切实解决群众期盼较高、愿望较强的困难和问题，改变贫困农户“等靠要”思想，实现“给钱给物要我干”到“我要主动参与干”的转变，增强群众的认同感。

四是加入民意评价指标。在目前的政策实施和政策评价机制下，地方政府和官员“对上负责”有余，“对下负责”不足，这种不对称的单向评价机制使得民众难以对政府进行有效的制衡和约束，也就使得其他行动主体与地方政府之间难以产生真正的交流互动。通过将“民意指标”纳入扶贫绩效评估模式之中，让地方政府真正有“向下的视野”，这样既可以保证公民直接参与，创造富有意义的自主治理，同时，也可以保证政府的公共项目更富有弹性，能够回应变化。

2. 强化组织动员，提升参与意愿。在扶贫领域，经过长期的实践探索，我国逐渐形成了适应当时经济社会体制的以政府为主导、多部门参与、自上而下的扶贫模式。政府是扶贫工作的唯一主体和责任者，从扶贫目标、扶贫规划、扶贫策略到扶贫具体措施的实施都是政府“一手操办”。但随着经济社会的发展和扶贫形势的改变，政府主导型扶贫开发模式的缺陷开始显现，其难以激发贫困农户的主动参与性，忽略其他扶贫主体作用的发挥。因此，要转变政府工作方式，强化组织动员，鼓励更多扶贫对象参与到扶贫开发中来。

一是强化宣传，提高贫困户参与积极性。扶贫政策准确无误地解读、宣传到村到户是增强贫困群众参与积极性的有效途径。通过制作大型广告牌、宣传展板、宣传标语，设计制作扶贫政策简明手册、宣传海报，分发至村组农户，让所有农户了解扶贫基本政策。组织人员开展问卷调查和贫困户走访，听取贫困群众的所思、所想、所盼，及时发现和掌握扶贫动态中的苗头性问题、倾向性问题，全面消除扶贫政策的宣传盲区。通过多种形式的宣传活动，普及农村精准扶贫的基本知识，使农民真正了解参与的重要性，主动提高其参与的积极性。加强村务公开，提高扶贫对象知情度。充分利用村务公开栏，根据政策时效性，固化公开扶贫政策，及时发布扶贫动态信息，宣传脱贫攻坚先进典型，让农户及时知晓。加强进村入户宣讲，组织村组干部、帮扶人员进村入户，填写发放简明易懂的政策明白纸，并开好院坝会、田坎会、火铺会，用群众听得懂的语言面对面进行政策解读，克服部分群众不识字、不理解的困难。

二是培育扶贫对象公共精神。公共精神是一种综合品质，它既与国家意志相关，亦与农民的生产、生活、社会交往密切相关，扶贫对象公共精神一定程度的缺失显示了外部制度嵌入的必要性和紧迫性。针对前期农民文化生活中出现的“泛市场化”“去核化”“盲目化”倾向，现阶段要强化政府在公共文化服务体系建设中的责任，提高其对农民文化生活的导向作用，优化农民公共精神培育的嵌入机制。要通过有效的制度建构，依托乡镇文化站、村级社区文化、村民自办的文化活动，来推动政府组织、民间组织及村民自发组织的文化活动的相互配合与协调，保持农民文化生活的先进性和多样性，激发农村文化活动的活力，切实提高村庄综合治理能力，改进工作方式方法，加快建设村级综合性文化服务中心，发挥文化广场、农家书屋、文化下乡等服务在农民公共精神培育中的功效。

三是注重交往文化质量。韦伯认为中国人的集体观念建立在血缘共同体的基础之上，现代性的嵌入又使中国人的集体观念越来越多地建立在利益共同体的基础之上，这决定了村庄共同体中的村民只有依靠日常的交往与互助合作来形成认同感，自觉达成具有一定“默契”的关系理性意义上的公共精神。虽然在传统向现代转型的村庄中，公共领域中的血缘共同体意识被逐渐打破，但村民仍然自觉不自觉地通过自发组织和日常交往中的文化活动来形成精神纽带，因此，挖掘村庄交往文化生活中的守望相助等传统资源，可以强化农民公共精神培育的内生机制，并与现代契约理性意义上的公共精神留下对接的空间。如依托当地资源基础和积极分子的带动作用，扶持农民自发组织的文化活动，培养民间艺人、文化能人、文化骨干，通过农民喜闻乐见的形式来提高农民的主体意识、文化自觉水平和文化参与能力，满足他们的文化需求，激发农民公共精神。

四是注重扶贫对象能力的培养。参与式扶贫的核心在于发动扶贫对象参与扶贫项目、参与项目决策、实施与监督。作为参与主体，扶贫对象需要具备一定的参与能力才有可能达到在参与过程中表达自己的声音，这就需要加强对贫困者的政治文化和综合素质培训，增强贫困群体利益表达和参与政策过程的素养，并帮助他们自觉、自发地形成脱贫的意识与能力。同时培养他们的权利意识、责任意识、法治意识，学会与他人协作的品格，拓宽公共生活，加深学习和锻炼，在长期的实践中形成与他人更为密切的关系，增强民众对社区的归属感。

二、重建乡村关系

当前，我国社会正经历着巨大的社会转型，农村社会结构已经发生了重大改变。中国的农村社会正经历从传统向现代的转变。传统的农村社会是以家族为依托形成的一种合力，承担着扶贫救济功能，是开展共同行动的单位；现代农村社会，出于降低风险以及进行农业生产合作的考虑，农户之间还通过结社的方式，形成了农业生产合作社。这些传统的和现代的组织单元各具自身的规则习惯，但同时存在于中国农村社会的当下。如何借助这些规则，使基层农村社会得以规范化、组织化运作，是当前扶贫攻坚不能回避的现实背景。

市场经济背景下，随着个体理性和私人利益的崛起，原有村庄社会规则不断弱化，乡村自有组织体系解体，村庄进入一种分散、无序、离心的“原子化”状态，农民内部的组织性被消解，贫困人口成了具有“碎片化”和“原子化”的个体小农。新时期扶贫开发，需要重视乡村社会的多种力量，要通过增强贫困人口的自主性，强化多元化力量的合作，构建起相互依存、互惠互利的新型乡村关系，把分散的贫困小农变成有组织的现代小农，使其成为扶贫开发的载体。

（一）自我管理

乡村治理体系现代化的逻辑前提是关于如何认识农民。传统农民理论认为，农民不能“自我代表”“自我组织”，需要“别人代表”与“组织农民”。这种理论忽视了农民的内生力量。实践证明，农民内部是具有自组织力量的，是能够进行自我管理的，农民合作社、村民组织与威望能人都是可以进行自我管理的。在扶贫开发中，要以提高扶贫对象组织化程度为导向，发挥能人效应，联动推进贫困村专业合作社、互助社等合作组织以及扶贫对象自治组织的发展。如何将扶贫对象连接起来，构建协调的乡村关系，更好地服务扶贫开发，需要探索贫困户之间的合作互助机制，鼓励贫困农户自主合作、资源互补，鼓励先富户、脱贫户与贫困户之间形成合作帮扶机制，通过政策激励发挥先脱贫户对贫困户的示范带动作用。

1. 重视乡村能人。乡村能人是指乡村中在创业、营销与技术等方面德才兼备的群体。乡村能人按照不同的标准有着不同的分类，主要有创业能人、技术能人、村干部能人等。他们具有“领头雁”的示范效应与集聚扩张效应，能够有效将农民联合起来进行组织动员。因此，在扶贫开发中，要充分发挥“领头雁”这个群体的领导作用，提升他们的能力，培养他们的社会责任，探索建立以农民来示范带动农民的机制，形成对扶贫对象的示范带动，同时就近创造更多的农村就业与增收机会。

一是全面调查摸底，建立完善能人信息库。为引导能人大户充分发挥自身优势，强化宣传，通过老友带老乡，建立能人 QQ 群、微信群，制作联系卡，召开座谈会等形式，多方摸底排查，按照政治面貌、主要致富途径、兴办实事、个人作用发挥等方面分门别类进行登记造册，建立农村实用人才动态储备库，实行统一管理。

二是健全激励机制，增强能人扶贫主动性。为激励更多的能人大户投身精准扶贫事业当中去，可以出台一系列针对性优惠政策。如帮扶成效显著的大户，政策范围内予以产业信贷支持和优惠；政治素质强的能人大户，可列为党员发展对象，推荐为村级后备干部；各类项目建设，在政策允许条件下，优先承包给参与精准扶贫的能人大户等。调动能人扶贫的积极性和主动性，使他们真正成为群众致富路上的“领头羊”。

三是实施“招贤引智”工程，鼓励在外有所成就的“乡贤”，本地政、商、学各界精英与能人志士等返乡创业，发挥家乡情结与人文情怀，鼓励他们回归家乡、建设家乡，顺应当前“城归”新趋势，实施“回引工程”，引导和鼓励返乡农民工、中高等学校毕业生、退役士兵等回乡或返乡创业，充分发挥他们的模范带头作用，先富带动后富。

四是用好能人。利用他们在外建立的社会关系网络与信息资源网络，通过搭建多种活动平台，如建立扶贫产业基地，组建粮食高产创建、新品种试验示范、特色经济作物、高效设施蔬菜、高科技畜牧养殖、农产品加工等各类现代专业合作社、家庭农场，领办兴办涉农企业等，构建能人与贫困人口的利益连接机制与能人企业对农户的吸收机制，发挥能人带头引领作用，带领村民成为产业大户、技术能手。

五是多层级培训育好能人。根据能人不同类别和不同需要，整合各类培训资源，通过“请进来集中培训、走出去共享优势资源、送下去搞好普惠教育”三种方式，全方位、多层次开展科技下乡、职业农民、基地实训、实践锻炼、学历提升、实用技术等各类免费培训，培养企业经营型、农业生产型、生产能手型、能工巧匠型等多元化农村能人，实行“能人库”动态管理并及时进行调整补充，建立农村梯度能人队伍。要加大对贫困地区农村专业人才、创业致富带头人的培养和支持，鼓励技术能人发展特色产业。

2. 农民合作社。农民合作社是在农村家庭承包经营基础上，同类农产品的生产经营者或者同类农业生产经营服务的提供者、利用者，自愿联合、民主管理的互助性经济组织。农民合作社是弱势群体联合成立的互助性经济组织，制度安排天然地具有益贫性的组织特征，是市场经济条件下农村贫困人口脱贫的理想载体，也被视为反贫困最有效率的经济组织。与此同时，合作社还能够起到维持、重建、发展农村社区和文化作用，为政治民主化奠基的重要作用。在农民逐利化、原子化的形势下，通过重建农民合作社，有利于发挥合作社熟人社会的组织与运行逻辑，解决“怎么扶”的问题。

农民合作社作为由农户联合组成的互助性发展组织，有利于提高农民组织化程度，是贫困农户主动参与产业扶贫的重要平台，在地方政府指导下代表贫困农户群体与龙头企业合作，并对地方政府和龙头企业进行监督。

一是要鼓励村集体领头，组建农民合作社，强化合作社在村规民约中的规范功能，鼓励合作社降低门槛，承担起帮扶贫困农户的社会责任，吸纳贫困农户加入合作社，加强合作社与贫困农户之间的利益联结机制，发挥农民合作社对农村贫困人口的组织和带动作用，提高贫困农民的组织化程度，畅通利益表达渠道与申诉渠道，提高贫困农户的话语权，确保贫困群众能够有效参与到扶贫项目的决策、监督中来。

二是要发挥合作社的信息传递作用。定期召开会议，向贫困人口普及精准扶贫政策，提高扶贫项目的知晓率与认可度，激发群众参与的积极性，主动为本村扶贫实施方案提出意见，选择适宜的扶贫项目，参与扶贫项目的监督。

三是依托农民合作社，提高贫困人口的知识文化水平与农业生产技能。合作社要大力实施科技扶贫工程，向农民提供农业科技技能培训项目，通过开展技能培训，提高农民的务农技能和科技素质，帮助农民掌握先进的农业科学技术，提高知识水平，让其有能力参与到扶贫建设中来。使农民由过去“散兵游勇”式的个体参与转变成有效的组织化参与。

四是重建合作社互助传统。吴重庆认为，农村地区本来有一套自己的规则、文化认同和价值体系，但是，在现代化、城市化和消费主义的冲击下，这套体系目前正在瓦解，中青年农民转而认同城市的文化，认同所谓现代的东西，农村文化的主体性正在消失。乡村互助的传统，作为乡村主体性社会和文化方面的重要特征，也渐趋丧失。守望相助是农村地区最可宝贵的品质之一，这是农民在漫长的年代里与自然打交道的过程中逐渐形成的，因为仅靠一个人的力量根本无法在多变的自然中生存下去，他必须得到他人的帮助。

3. 村民组织。村民委员会是村民自我管理、自我教育、自我服务的基层群众性自治组织。村民组织是村民自治的基本保障，加强村民组织建设对提升农民参加参与式扶贫的积极性具有重要的战略意义。纵观当前许多扶贫工作进展缓慢、效果低微的贫困地区，一个普遍存在的问题就是基层组织涣散无力、缺乏有工作能力的领头人物和核心领导集体，很难带领广大村民参与到扶贫事业当中来。

一是贫困地区的村民自治组织要真正发挥农民的自治作用，将贫困人口的组织愿望与当地传统的互动模式结合起来，进而产生自下而上的组织性合力，提升乡村社会与外部权威性干预主体之间的关系协调能力，构建多元行动主体共同参与反贫困实践的局面。按照组织程序把那些作风正、有文化、敢担当的中青年优秀共产党员选拔到党支部书记或村主任的位置上来，不断强固扶贫攻坚“主心骨”的作用。借助“两学一做”集中开展整风整改活动，依法依规严惩那些贪污腐败、欺压百姓的“苍蝇”，建设好农村基层干部队伍。

二是采取分类施治、对症下药的方式，针对软弱涣散基层党组织中存在的不同问题，建立县级领导挂号督办制度，重点从人力、物力、财力、智力上进行帮扶，有针对性地整改提高，强力巩固贫困地区软弱涣散的基层党组织整改成果。结合党员民主评议，针对企业、农村、机关事业党员新制订出共性和个性的不合格党员认定标准，采取“三分法九步法”措施，妥善开展不合格党员处置行动，进一步纯洁党员队伍，强健党组织的肌体活力，走出一条基层治理体系和治理能力现代化的新路子。

三是积极鼓励城市有实力的工商资本到贫困地区兴办农业产业园区，整合资金发展扶贫产业等，吸引在外务工的中青年回流领办实业，创办专业合作社等，提升农村人气，增强乡土活力，不断培育壮大新型职业农民队伍，为农村基层组织培养、储备、输送高素质人才。探索贫困地区产业园区、经济实体、有规模的农业专业合作社等与村组共同组建党支部，相互兼职共同治理贫困地区农村的新模式，发挥农村党组织和党员的先锋模范作用。

四是共青团、妇联等组织要定期组织开展“大学生村官扶贫攻坚建功立业活动”，动员一切力量投身脱贫攻坚主战场，在扶贫一线抓基层组织建设、培育深谙精准扶贫、精准脱贫工作之道的复合型人才，铸就农村干部过硬的工作作风。重点从外出的务工、经商人员、农村能人、大学生村干部、村医村教中选拔懂技术、善管理、会经营、有资源的能人式干部。实施贫困地区区县“万名实用人才工程”，优化政策，每年从农业高等院校、科研院所招录一批思想好、作风正、敢担当、懂技术的大学毕业生、研究生、中青年优秀共产党员选拔到村主任的位置上来，不断强固党支部扶贫攻坚“主心骨”的作用，建设好农村基层队伍，来有效团结广大贫困群体。

五是村委会要坚持公开、公平、公正的原则。在扶贫开发中，村委会承担着扶贫对象识别、致贫情况摸底调查、实施帮扶措施、扶贫对象退出等任务。在这个过程中，村委会要坚持不搞裙带关系，不权力寻租，杜绝“扶富不扶贫”现象。在扶贫项目安排上，要切实为贫困农户着想，兼顾项目的可行性、可持续性、风险性，构建相互信任的干群关系，以更好地将贫困群众团结起来。

六是围绕精准扶贫中心工作，充分发挥引导、联络和协调作用，通过送政策、引项目、争资金，引导贫困村进一步提升基础设施和公共服务水平，构建优势特色产业发展格局，带领更多贫困人口主动参与到精准扶贫中来。

（二）相互依存

扶贫开发要在明确各方参与地位的基础上，建立共享的制度规范和信任感，综合考虑各方利益，建立政府、市场、社会与贫困农户自身的相互依存关系，明确各主体界限与责任，强化他治与自治的嵌入，实现多元主体的良性互动。

多元主体的合作可以基于可持续性生计发展展开。首先是强化促进可持续性生计的政策和行动：通过合理的政策、益贫性经济增长，有效的、规范的市场发育，保障扶贫对象进入土地、资源和市场的权利；其次提倡善治和保障基本人权，以消除性别歧视、预防和解决社会冲突。而产品市场的扩张应以扶贫对象市场获利为基本原则，或者保证扶贫对象通过现有产品或新产品的成功转型实现利益，或者通过新的或扩大的企业就业机会增进扶贫对象就业可能。具体而言，各方可以从以下方面实现合作，协力消除贫困。

1. 政府。政府是我国扶贫开发的重要主体，代表国家的正式合法权威，承担着扶贫开发的规划、组织、执行与实施等作用。建立扶贫开发的组织性，需要以政府为主导，发挥政府在组织动员与资源整合方面的作用，调动广大贫困群众的积极性，通力合作，实现各方力量的有序衔接。

一是各级政府需重新审视自身在扶贫中的角色定位，转变和拓宽政府扶贫脱贫的工作思路。在以往的扶贫实践中，我国贫困地区贫困家庭难以凭借自身能力实现脱贫，需要依靠外部力量的帮助。由于我国拥有可以集中力量办大事的体制性优势，因此政府可以从宏观大局出发，对扶贫工作进行系统性的把控和安排。毋庸置疑，这种政府占绝对领导，地位的扶贫模式对贫困地区脱贫产生了重要的影响，但扶贫模式的效用呈递减趋势。进入到扶贫攻坚期，我国贫困人口逐渐减少，扶贫任务有所变化，这种政府绝对领导，既不能灵活地适应精准扶贫要求，还会造成大量资源的浪费。同时也不利于扶贫对象主体性的成长和实践，不利于社会治理多元主体的发育。因此，在现阶段政府应重新审视其在扶贫工作中的定位，在脱贫的过程中不单是重视扶贫资金投入、工作推进力度等，而是要将脱贫纳入贫困地区发展规划，要在制定地区发展思路的初期就要考虑到贫困者如何受益的问题，从领导者转化为政策、资源的主导者，成为扶贫场域中市场、社会力量的合作者。

二是政府需要加强组织领导与协调，提高贫困地区区县政府履职能力，扶贫相关部门与涉农部门既要各司其职，又要联动作战，形成扶贫合力。不断完善扶贫政策规划，在深刻调研各地方的实际贫困情况及现有资源基础上制定符合各地实际发展需求、符合民众需求的政策。如此，才能推动贫困民众积极参加到扶贫工作中来。此外，基层政府必须建立强有力的扶贫领导小组及其办事机构，在现有的重点乡镇设立的扶贫领导小组和扶贫办公室基础上，强化村级组织建设，明确专人负责，有意识地培养贫困村的村级领导班子，选准领头人，发挥带头人作用；对重点工作的贫困村设置专门的村级扶贫领导小组，与外派的扶贫工作队、帮扶单位、扶贫督查组一起，完成扶贫任务。各级扶贫办事机构在扶贫开发具体工作中，要成为主动承担扶贫任务的表率。只有这样，才能真正形成以专项扶贫为主导，行业扶贫为主体，社会扶贫为补充的“大扶贫、大开发”格局，有效整合扶贫资源，真正形成扶贫开发合力，努力提高扶贫开发整体效益。

三是要充分调动乡镇政府的工作积极性，乡镇政府是开展主要扶贫工作的具体实施单位，是扶贫工作不可缺少的主力军，是政府扶贫工作真正的发力者。因此，要科学认知乡镇政府在扶贫攻坚中的作用，将扶贫脱贫工作作为乡镇政府自身发展的一个必经阶段。明确乡镇政府是扶贫攻坚的第一责任主体，要签订责任状，设定经济薄弱村的集体经济发展目标，要把村里贫困户运作的扶贫项目收益直接与镇政府领导者工作成果挂钩，而且保证至少五年的关联性，以减少镇政府领导人员变动对扶贫工作的影响。积极发展村级经济，通过盘活水面、林地、集体土地等资源，引进二、三产业项目等方法，拓宽脱贫攻坚项目带动等途径，着力推动经济薄弱村增加村级积累，不断加快后进村转化步伐。

四是要构建政府、市场与社会三位一体的扶贫格局，充分发挥三者的比较优势，形成精准脱贫合力，在具体帮扶过程中，强化三者之间的协商，形成一方牵头、多方配合、相互监督的工作机制。全面整合贫困地区的自然资源、文化资源、生态资源、经济资源，形成一个整体，打造品牌，形成品牌效应。

五是政府要出台税收等优惠政策，鼓励和引导民营企业承担社会责任，发挥资金、技术、市场、人才和管理等优势，采取“一企一村”“一企多村”“一村多企”等结对方式，通过合作开发、基地建设、促进就业、公益捐助、扶贫济困等途径，帮助经济薄弱村加快发展步伐。在全省范围内组织规模较大的民营企业，特别是受到表彰的优秀民营企业、优秀民营企业家所在的企业，以及省级以上农业龙头企业，带头落实帮扶责任，发挥示范引领作用。各市、县（市、区）人民政府要组织受表彰的民营企业及其他企业就地就近参与挂钩帮扶。

六是政府应引进第三方社会力量广泛参与扶贫开发。为了解决政府自身多元角色冲突困境，政府在当下的发展中，应当引进社会力量及第三方的参与评估，而不是由自己监督自己。在扶贫资金、项目、成效的审核之上，应该设立新机制，引进专业性社会组织、高校科研机构、知名社会企业等社会力量进行监督和评估，将监督权、评估权放权到社会力量的手中。同时政府还应该建立信息公开的透明机制，将扶贫项目执行贯彻的资金使用、项目规划、操作守则等信息，适当地向社会公众开放，给予社会公众一定的知情权和监督权，特别是对处于贫困地区受到扶贫覆盖的群众，要让他们充分了解有关他们自身利益的具体信息，这不仅有利于激发扶贫对象的主体能动性、主动参与监督，还有利于上级政府结合基层意见反馈进行审核评估，规避以往政府单一主体评估验收的主观性和不规范性。革新政府内部监督管理机制，建立起一套先前没有的扶贫绩效奖惩机制，以此有效约束不同层级扶贫官员的扶贫积极性和实效性。

七是政府应当激发扶贫对象积极参与扶贫开发。鼓励扶贫对象参与，采取措施将贫困地区的群众切实融入扶贫中来。以往政府在扶贫中占据绝对领导的地位，没有很好地动员贫困地区群众参与，没有很好地将群众的意愿与行动融入政策设计与执行中来。作为扶贫对象的贫困人口，其主体作用被忽视，监督权力被剥夺，扶贫工作变成了政府单方面的工作，缺少了扶贫受益主体的参与监督，必然导致许多政府行为的异化问题。因此，在今后的工作中，应着重培育基层贫困户的参与度与主体意识，提升扶贫对象的内生力，保证地区发展与群众发展的可持续性，并通过群众的参与，与政府形成双向互动、双向监督、双向促进的良好作用。

八是政府要协调各方关系。具体而言，政府要从具体的实践操作中让位出来，通过采用各种直接或间接的方式，为参与到扶贫工作的各种社会力量譬如企业、社会组织及贫困户家庭提供鼓励和支持，进行有效规范，使他们更好地发挥自身作用，从而推动扶贫工作的顺利开展。另外，整个扶贫政策实践工作是一项非常复杂且牵涉者众多的大工程，这其中各方都有其各自的利益立场，就必然会出现某些冲突，此时政府就要扮演协调者的角色，协调好各方的利益与行动，为最终的目标而服务。

2. 市场。市场作为现代市场经济中的不可或缺的要素，在促进经济增长和社会进步方面发挥着重要的作用，是推动社会前进的“轮子”。在扶贫开发中，也要强化市场思维，充分运用市场机制，强力推进扶贫攻坚行动。

一是实行产业带动与村企共建的市场参与扶贫模式。企业要强化社会责任感，主动担当起扶贫救济的社会重任，结合自身主要业务，到与之相关的贫困地区投资兴业、投资建厂。在进行产业规划时，要结合当地资源优势，发掘利用农村经济资源与农村社会文化资源，保护农村生态环境，并加强与省、市层面“十三五”规划、脱贫攻坚规划、新农村建设规划、新型城镇化建设规划、美丽乡村建设规划等的衔接，推动贫困地区资源要素与市场要素相结合，激发贫困地区发展潜能，带动贫困农户发展产业实现增收脱贫以及促进贫困农户实现非农收入增长。

二是大力扶持龙头企业，强化产业扶贫引领作用。扶贫龙头企业，是指以农产品加工或流通为主业，或以贫困地区劳动力为就业主体的，通过各种利益联结机制带动贫困农户进入市场、促进贫困地区产业结构和就业结构调整、在规模和经营指标上达到规定标准并经扶贫办认定的企业。要加大对扶贫龙头企业的资金支持。金融机构应有针对性地对农业产业化龙头企业给予信贷支持，与普通工商企业区别对待，合理确定贷款额度、贷款期限，放宽贷款条件，降低贷款门槛。构建“龙头企业+专业经济合作组织+基地+农户”的农业产业链条，增强龙头企业的竞争能力和带动能力，助推农业产业化、规模化、现代化发展。注重发挥龙头企业科技创新的辐射带动作用，企业要用科技引导产业，促进产业发展，增强协作的科技含量，保证产业可持续发展。

三是要建立利益共享机制，让贫困人口分享发展带来的红利。可采取产业合作模式，通过某一特大产业将农户组织起来，实行农产品生产、加工、销售一体化，延长产业链条，贫困人口通过交易额提成或按股份分红获取收益或通过股份合作模式，按照股份制和合作制的基本原则，允许农户以资金、土地、劳动、技术等多种要素入股，委托合作社经营，农户按照股份获得收益。

四是实行金融扶贫。利用金融杠杆的作用，鼓励符合条件的企业通过参股村镇银行，设立小额贷款公司，对企业在贫困地区兴办产业扶贫项目给予重点支持，为农村经营组织和农户实施产业扶贫开发提供金融服务，推进各类市场主体到贫困地区投资兴业。通过开展“金融扶贫示范县”活动，推动“助农贷”等金融创新产品，激发市场主体参与扶贫的动力，推进金融扶贫进程。

3. 社会力量。当前精准扶贫采取的依然是政府主导的模式，要求政府对贫困人口进行“靶向瞄准”，进行个性化帮扶。但政府力量毕竟有限，为了完成任务，往往采取变通方式来加以处理，导致了政府干预措施缺乏效率等“政府失灵”现象。非政府组织（NGO）具有非营利性、民间性、志愿性、服务性、民主性和专业性等特点，在精准扶贫精准脱贫中的作用不容小觑，可以发挥分工协作、资源互补、相互促进、相互监督等作用，成为精准扶贫的直接参与者。

一是在长期开展项目的过程中，NGO 的工作人员逐步积累经验、知识和技能，成为扶贫各个领域的专家，他们比各级政府的工作人员更熟悉业务，同时也更深入基层，能够更直接和有效地针对不同地区、不同人群、不同贫困层的不同问题开展具体的、有针对性的扶贫活动。在项目开展的过程中，社会组织通过走访农村家庭，运用专业的评估方法，了解农村家庭生计情况，精准识别贫困人口，明确贫困者的问题与需求，作为政府扶贫的有效补充，及时提供对策建议。通过政府与社会组织的有效对接与良性互动，突出贫困治理主体的协同性，实现贫困治理方式的多元化，从根本上促进精准扶贫工作的开展。

二是要发挥社会组织的亲近民主、运作灵活的优势与特点，在与扶贫人口对接的过程中，将大量有用的信息和技术技能传授给受益人，使他们通过参加学习和直接应用，努力掌握这些技术技能，从手段和方式上改变贫困人口的生活状态。强化公民社会责任意识和民众的自治精神，为非政府组织的健康有序发展赢得广泛社会支持，并使其主动接受社会监督。

三是社会组织有赖于政府在法规上的支持。国家要在《社会团体登记管理条例》与《民办非企业单位登记管理条例》的基础上，尽快出台非政府组织参与精准扶贫、社会救助等专项法律法规，确保它们的合法权益受到制度保障。同时，尽快营造有利于非政府组织涉足扶贫开发的社会氛围，进一步强化慈善公益宣传力度，加快慈善公益道德建设步伐；政府要全力扶持非政府组织发展，促使其真正成长为可以发挥独特作用的独立社会部门；要培育公民的社会责任意识和民众的自治精神，使非政府组织的发展获得广泛的社会支持。另外，社会也要对非政府组织的工作进行监督。社会组织作为国家扶贫开发的有效补充，协助并监督各级政府贯彻执行有关扶贫开发的方针政策，一方面作为政府实施扶贫工程的具体执行人，发挥其专业性和深入基层的优势，更好地落实扶贫政策，另一方面作为中央政府和地方各级政府之间的中介，协调有关政策并监督其实施，确保扶贫政策的落实。

四是作为企业和发达地区对贫困地区救助、支援的中介机构和专业机构，一方面要更多地动员社会资金用于扶贫开发的活动，特别是动员企业开展社会慈善活动；另一方面要通过实际操作各种项目确保善款、善资能够落实到扶贫开发的各项活动中去，并切实起到扶贫开发的作用。

4. 区域合作。

一是贫困地区扶贫、脱贫过程中不仅需要依靠自己力量，也要注重加强地区间、全国甚至国际范围的社会力量在扶贫开发领域中的交流与合作。在扶贫开发领域积极开展与国际社会的交流与合作，要大力借鉴国外贫困地区扶贫脱贫的立法经验。如针对贫困家庭和人口，美国采取了综合的扶贫与救助政策，包括贫困家庭短期救济和就业补贴、低收入家庭和个人课税减免优惠、低收入人群住房及营养援助、收入援助、教育和培训援助、社区援助、卫生保健援助、农村发展援助等。每一项援助项目又进行细化，做到针对不同贫困状况的精准扶贫。如贫困线130%以下的享受食品券、免费午餐扶持，150%以下的享受取暖补助，180%以下的享受住房优惠，185%以下的孕妇享受低龄儿童补贴，对低收入贫困家庭提供经济发展贷款或担保等。目前，我国在重建乡村关系，塑造扶贫新主体的过程中，可以借鉴成功的国内外经验，针对每个贫困家庭的致贫原因，制定差别化的扶持政策和采取有针对性的帮扶措施。

二是充分利用社会主义制度的优势，合理调动发达地区的资源，支持贫困地区发展，缩小地区间的差距。要继续贯彻实施对口支援政策，并不断地深化和完善，加大统筹指导和协调区域发展力度，加大东西扶贫合作力度。目前，我国在推动东部、中部和西部各区域发展方面，国家层面缺乏统一的专门机构，仅依靠东西扶贫协作的单纯层面，以及连片特困地区综合治理等手段。为提高区域发展政策的针对性和有效性，促进区域之间的合作交流，要增强扶贫系统对东西扶贫协作的指导力度和赋予其相应职责，扩大东西扶贫协作的范畴，增加对东西扶贫协作的政策覆盖，如针对东西扶贫协作出台资源开发方面覆盖贫困人口的优惠政策，赋予东西合作双方地方政府更大的自主权。东西部合作资源开发，可由东部投入资金，西部资源入股，以提高资源税赋比例等方式，增加地方政府经济收益，提升地方自我扶贫能力和水平，在对口支援工作机制方面，进一步发挥地方政府主体作用，更加注重保护和支持地方政府的自觉性、创造性和主动性。

三是进一步完善区域发展机制。逐步建立以“政府引导，市场运作，企业主体，社会参与”为主要内容的区域协调发展促进减贫机制。要进一步放开市场准入条件，鼓励支持外商和民营企业参与区域发展与扶贫开发，除了政府直接投资以外，还可以采取设立开发基金等方式，会同企业和社会机构，整合各方面资源，共同推动特困片区区域经济发展。政府通过挖掘特困地区资源，设置优惠条件，吸引外商和民营企业投入开发参与减贫。

四是从国家层面探索区域合作方式推进扶贫工作，以经济区和片区结对合作形式开展帮扶或扶贫协作。如珠江三角经济区的省市与滇黔桂石漠化片区的省市结对，长江三角经济区与武陵山区结对，环渤海经济区与燕山太行山区结对等，也可一对多或多对一结对帮扶协作。帮扶或协作的方式可为资源开发、产业培育、市场开拓、就业促进、人才流动等。通过全方位的协作，逐步推动建立扶贫协作联合体、共同体，形成帮扶协作双方政府组织发动、要素顺畅流动、市场辐射带动、产业转移推动、社会民间互动的工作格局。

参考文献

中文期刊

［1］边燕杰. 城市居民社会资本的来源及作用：网络观点与调查发现［J］. 中国社会科学，2004（3）.

［2］卞国凤，刘娜. 乡村互助传统及其变化与乡村社会福利建设［J］. 未来与发展，2010（6）.

［3］包巧英，黄立志. 试论社会主义市场经济对农村社会的影响［J］. 重庆科技学院学报（社会科学版），2010（17）.

［4］陈波，张志良，原华荣. 甘肃中部干旱山区人口——向河西绿洲迁移的可行性研究［J］. 中国人口科学，1990（5）.

［5］陈方南. 中国农民主体性问题考察与路径构建［J］. 求索，2010（8）.

［6］陈胜云. 社会发展与代价意识［J］. 上海行政学院学报，2003（1）.

［7］陈蔚. 村民自治空壳化根源分析和思路探讨［J］. 云南行政学院学报，2007（2）.

［8］陈至发，程利仲. 政府主导、农民主体与全社会参与——嘉兴市新农村建设的推进机制及其绩效的实证分析［J］. 农业经济问题，2007（11）.

［9］陈志良. 再释主体性原则［J］. 哲学动态，1991（3）.

[10] 程连生，冯文勇，蒋立红. 太原盆地东南部农村聚落空心化机理分析 [J]. 地理学报，2001，56（4）.

[11] 程同顺. 农民究竟应该怎样表达自己的利益 [J]. 乡镇论坛，1996（1）.

[12] 程同顺，黄晓燕. 中国农民组织化问题研究：共识与分歧 [J]. 教学与研究，2003（3）.

[13] 程为敏. 关于村民自治主体性的若干思考 [J]. 中国社会科学，2005（3）.

[14] 邓湧，冯进展，杜艳艳. 新型职业农民经营管理能力构成与培训策略研究 [J]. 农业经济，2015（7）.

[15] 杜毅，肖云. 扶贫开发政策与农村最低生活保障制度运行衔接研究 [J]. 西北人口，2012（5）.

[16] 高振岗. 政治主体性的历时性演进及逻辑建构 [J]. 人文杂志，2012（5）.

[17] 古学斌，张和清，杨锡聪. 地方国家、经济干预和农村贫困：一个中国西南村落的个案分析 [J]. 社会学研究，2004（2）.

[18] 关信平. 社会工作介入社会救助的需求、能力及体制机制分析 [J]. 湖南师范大学社会科学学报，2017（1）.

[19] 辜胜阻，杨艺贤，李睿. 推进科教扶贫 增强脱贫内生动能 [J]. 江淮论坛，2016（4）.

[20] 顾东辉. 社会治理及社会工作的同构演绎 [J]. 社会工作与管理，2014（1）.

[21] 顾东辉. “治理型增能”：治理理念在流动人口增能中的应用 [J]. 西北师大学报（社会科学版），2015（3）.

[22] 顾东辉. 精准扶贫内涵与实务：社会工作视角的初步解读 [J]. 社会工作，2016（5）.

[23] 郭广银. 中国共产党人民主体思想的理论演进与实践发展 [J]. 中共中央党校学报，2013 (5).

[24] 郭湛. 从主体性到公共性——当代马克思主义哲学的走向 [J]. 中国社会科学，2008 (4).

[25] 韩庆祥. “以人为本”的科学内涵及其理性实践 [J]. 河北学刊，2004 (5).

[26] 何艳玲. “回归社会”：中国社会建设——与国家治理结构调适 [J]. 开放时代，2013 (3).

[27] 贺来. “主体性”批判的意义及其限度，江海学刊 [J]，2011 (3).

[28] 贺闱，刘顺. “农民”：主体性身份的“他者” [J]. 绥化学院学报，2006 (4).

[29] 贺雪峰. 村庄精英与社区记忆理解村庄性质的二维框架 [J]. 社会科学辑刊，2000 (4).

[30] 贺雪峰. 公私观念与农民行动的逻辑 [J]. 广东社会科学，2006 (1).

[31] 胡传明，周跃龙. 农民主体性“嵌入”：建设社会主义新农村的关键 [J]. 湖南师范大学社会科学学报，2007 (1).

[32] 黄承伟，刘欣. 新中国扶贫思想的形成和发展 [J]. 国家行政学院学报，2016 (3).

[33] 黄承伟，向家宇. 科学发展观视野下的连片特困地区扶贫攻坚战略研究 [J]. 社会主义研究，2013 (1).

[34] 黄承伟，徐丽萍. 中国包容性增长与减贫：进程与主要政策 [J]. 学习与实践，2012 (7).

[35] 黄枬森. 关于主体性和主体性原则 [J]. 哲学动态，1991 (2).

[36] 黄冬娅. 组织化利益表达：理论假设与经验争论 [J]. 中山大学

学报（社会科学版），2013（1）.

［37］黄陵东. 新农村建设中的主体性困境及其应对［J］. 福建论坛（人文社会科学版），2007（2）.

［38］黄润柏. 农村劳动力流动对壮族乡村文化的影响——以广西板隆村为例［J］. 广西民族研究，2008（4）.

［39］黄晓星，林滨. 共同体的治理：社会管理创新的逻辑理路［J］. 教学与研究，2013（5）.

［40］贾鹏飞. 关于马克思主义信仰大众化的几点思考［J］. 思想政治教育研究，2015（1）.

［41］匡和平. 论农民政治社会化的主体性原则［J］. 长白学刊，2006（1）.

［42］简成熙. 理性与主体性的多元思考［J］. 求是学刊，2013（6）.

［43］焦长权. 2010，政权"悬浮"与市场"困局"：一种农民上访行为的解释框架［J］. 开放时代，2010（6）.

［44］晋军，何江穗. 碎片化中的底层表达——云南水电开发争论中的民间环保组织［J］. 学海，2008（4）.

［45］赖伟军，吴志明. 底层中国的主体性建构：一个研究评述［J］. 中国农业大学学报（社会科学版），2011（3）.

［46］黎中. 简论三西地区开发性扶贫移民问题［J］. 西北人口，1991（4）.

［47］李德顺. 价值思维的主体性原则及其意义［J］. 湖北大学学报（哲学社会科学版），2013（4）.

［48］李德顺，王金霞. 论当代中国的"人民主体"理念［J］. 哲学研究，2016（6）.

［49］李含琳. 邓小平的贫困与反贫困思想探讨［J］. 农业经济问题，1997（4）.

[50] 李海鹏，梅傲寒. 民族地区贫困问题的特殊性与特殊类型贫困研究［J］. 中南民族大学学报（人文社会科学版），2016（3）.

[51] 李君，李小建. 河南中收入丘陵区村庄空心化微观分析［J］. 中国人口资源与环境，2008，18（1）.

[52] 李俊. 市场经济与当前我国农村发展中的三大悖论［J］. 经济问题探索，2013（6）.

[53] 李兰芬. 国家治理现代化的伦理秩序建构［J］. 哲学动态，2015（1）.

[54] 李强. "丁字型"社会结构与"结构紧张"［J］. 社会学研究，2005（2）.

[55] 李强，葛天任. 社区的碎片化——Y市社区建设与城市治理的实证研究［J］. 学术界，2013（12）.

[56] 李琦. 自组织视阈下应急管理的社会参与［J］. 理论月刊，2016（8）.

[57] 李秋零. 主体生成论的意义［J］. 武汉大学学报（人文科学版），2010（5）.

[58] 李慎明. 以人为本的科学内涵和精神实质［J］. 中国社会科学，2007（6）.

[59] 李文. 十一届三中全会前后农村经济体制改革的历程及基本经验总结［J］. 毛泽东邓小平理论研究，2011（7）.

[60] 李晓明. 贫困代际传递理论述评［J］. 广西青年干部学院学报，2006（2）.

[61] 李小云等. 参与式贫困指数的开发与验证［J］. 中国农村经济，2005（5）.

[62] 李兴平. 论农民政治主体性缺失与非制度政治参与［J］. 理论与改革，2015（3）.

［63］李雪萍，陈艾. 社区组织化：增强社区参与达致社区发展［J］. 贵州社会科学，2013（5）.

［64］李友梅. 文化主体性及其困境：费孝通文化观的社会学分析［J］. 社会学研究，2010（4）.

［65］李玉栓. 中国古代的社、结社与文人结社［J］. 社会科学 2012（3）.

［66］廖文伟. 文化自觉与社会行动者［J］. 河北师范大学学报（哲学社会科学版），2013（6）.

［67］林毅夫. 小农与经济理性［J］，农村经济与社会，1988（3）.

［68］刘国光，董志凯. 新中国 50 年所有制结构的变迁［J］. 中南财经大学学报，2000（1）.

［69］刘鸿渊. 贫困地区农村“空心化”背景下的基层党组织建设研究［J］. 求实，2011（3）.

［70］刘家鑫. 城市农民工保障问题初探［J］. 长江论坛，2002（4）.

［71］刘建平，陈文琼. “最后一公里”困境与农民动员——对资源下乡背景下基层治理困境的分析［J］. 中国行政管理，2016（2）.

［72］刘琳. 差异性社会的伦理逻辑与包容性增长的实现［J］. 苏州大学学报（ 哲学社会科学版），2011（2）.

［73］刘森林. 主体：在自我性与社会性之间［J］. 社会科学战线，2008（11）.

［74］刘彦随，刘玉. 中国农村空心化问题研究的进展与展望［J］. 地理研究，2010（1）.

［75］刘彦随，刘玉，翟荣新. 中国农村空心化的地理学研究与整治实践［J］. 地理学报，2009，64（10）.

［76］刘泽华. 论从臣民意识向公民意识的转变［J］. 天津社会科学，1991（4）.

[77] 刘祖云，武小龙. 农村“空心化”问题研究：殊途而同归——基于研究文献的理论考察 [J]. 行政论坛，2012 (4).

[78] 刘祖云，曲福田. 由“碎片化”走向“组织化”——中国新农村建设的战略构想 [J]. 社会科学，2007 (6).

[79] 龙柏林. 个人主体性发展限度：概念诠释与双重证明 [J]. 宁夏社会科学，2003 (2).

[80] 龙柏林. 个人主体性探析 [J]. 理论与改革，2003 (4).

[81] 陆益龙. 引导性制度变迁与农村市场发展——安徽小岗村的经验分析 [J]. 天津社会科学，2013 (1).

[82] 陆汉文，杨永伟. 发展视角下的个体主体性和组织主体性：精准脱贫的重要议题 [J]. 学习与探索，2017 (3).

[83] 吕佳翼. 主体性、非主体性与主体间性——李泽厚哲学的发展脉络与三重维度 [J]. 科学　经济　社会，2016 (1).

[84] 马良灿. 项目制背景下农村扶贫工作及其限度 [J]. 社会科学战线，2013 (4).

[85] 闵桂林，祝爱武. 新农村建设中农民主体地位实现机制研究 [J]. 江西社会科学，2007 (11).

[86] 莫振良. 发展的主体性与人的自主地位 [J]. 天津大学学报（社会科学版），2006 (3).

[87] 潘宁. 马克思人民主体思想的理论意蕴 [J]. 社会科学家，2014 (12).

[88] 潘毅. 社会主义国家发展经济的初衷是什么——煤矿工人话语权及主体性消逝的忧思 [J]. 学术前沿，2014 (1).

[89] 庞超. 当代中国农民政治参与中的主体性特征及其优化 [J]. 求是，2014 (7).

[90] 秦晖. 农民需要怎样的“集体主义”——民间组织资源与现代

国家整合［J］. 东南学术，2007（1）.

［91］秦其文. 农民思想道德素质与农户家庭贫富——农民民生问题的一种研究视角［J］. 江西财经大学学报，2008（4）.

［92］邱建生，方伟. 乡村主体性视角下的精准扶贫问题研究［J］. 天府新纶，2016（4）.

［93］渠敬东，周飞舟，应星. 从总体支配到技术治理——基于中国30年改革经验的社会学分析［J］. 中国社会科学，2009（6）.

［94］渠彦超，张晓东. 共享发展理念的理论特质［J］. 理论月刊，2016（5）.

［95］瞿州莲. 扶贫项目的新思路：向传统生计的回归——以湖南古丈断龙山乡为例［J］. 云南师范大学学报（哲学社会科学版），2013（6）.

［96］沙健孙. 毛泽东对人民民主政治建设的若干战略性思考［J］. 马克思主义研究，2003（5）.

［97］沙垚. 新中国农民文化主体性的生成机制探讨——基于20世纪50年代关中农村皮影戏的实证研究［J］. 开放时代，2016（5）.

［98］邵秦. 以河西之利济定西之贫——谈甘肃“两西”移民［J］. 经济科学，1990（6）.

［99］沈红. 扶贫传递与社区自组织［J］. 社会学研究，1997（5）.

［100］沈红. 穷人主体建构与社区性制度创新［J］. 社会学研究，2002（1）.

［101］沈瑞英，王敏捷. 略论中国公共领域中的社会行动者［J］. 上海大学学报（社会科学版），2012（5）.

［102］沈晓珊，李林昆. 主体性概念试析［J］. 哲学动态，1991（8）.

［103］盛凌振. 论权力主体的多元主体性［J］. 东南大学学报（哲学社会科学版），2009（5）.

［104］石磊. 解析一个企业化的社区组织：华西村［J］. 学海，2000

(3).

[105] 史普原. 科层为体、项目为用：基于中央农口项目运作的探讨 [J]. 2014 未刊稿.

[106] 隋玉杰. 城市社区治理结构：三种理论视角的探讨 [J]. 探索，2014 (4).

[107] 孙健. 从《实践论》到科学发展观：主体性原则的价值理性回归 [J]. 求索，2008 (1).

[108] 孙立平. 过程-事件分析与当代中国国家-农民关系的实践形态 [J]. 清华社会学评论特辑，2000.

[109] 谭德宇. 乡村治理中农民主体意识缺失的原因及其对策探讨 [J]. 社会主义研究，2009 (3).

[110] 陶富源. 论主体及主体性 [J]. 安徽师范大学学报（人文社会科学版），2003 (5).

[111] 陶鹏，薛澜. 论我国政府与社会组织应急管理合作伙伴关系的建构 [J]. 国家行政学院学报，2013 (3).

[112] 田毅鹏，吕方. 社会原子化：理论谱系及其问题表达 [J]. 天津社会科学，2010 (5).

[113] 汪晖. 两种新穷人及其未来——阶级政治的衰落、再形成与新穷人的尊严政治 [J]. 开放时代，2014 (6).

[114] 汪习根. 免于贫困的权利及其法律保障机制 [J]. 法学研究，2012 (1).

[115] 王国敏，邓建华. 重塑农民主体性是破解“三农”问题的关键 [J]. 现代经济探讨，2010 (9).

[116] 王国敏，罗浩轩. 中国农业劳动力从“内卷化”向“空心化”转换研究 [J]. 探索，2012 (2).

[117] 王海洋. 心灵的困缚与挣脱：论古代戏曲创作中的自我体验的

角色意识［J］. 江淮论坛，2002（6）.

［118］王浦劬. 国家治理、政府治理和社会治理的基本含义及其相互关系辨析［J］. 社会学评论，2014（3）.

［119］王瑞芳. 告别贫困：新中国成立以来的扶贫工作［J］. 党的文献，2009（5）.

［120］王三秀. 农村贫困治理模式创新与贫困农民主体性构造［J］. 毛泽东邓小平理论研究，2012（8）.

［121］王胜临. 甘肃两西地区移民初探［J］. 西北人口，1991（1）.

［122］王思斌. 社会服务的结构与社会工作的责任［J］. 东岳论丛，2014（1）.

［123］王思斌. 社会工作在构建共建共享社会治理格局中的作用［J］. 国家行政学院学报，2016（1）.

［124］王曙光. 中国的贫困与反贫困［J］. 农村经济，2011（3）.

［125］王树人. 关于主体、主体性与主体间性的思考［J］. 江苏行政学院学报，2002（2）.

［126］王伟勤. 西部地区农村空心化风险及其治理探析［J］. 西北大学学报（哲学社会科学版），2014，44（5）.

［127］王文彬. 协同治理视角下农村精准扶贫路径探析［J］. 地方财政研究，2016（8）.

［128］王志刚. 差异的正义：社会主义城市空间生产的价值诉求［J］，思想战线，2012（4）.

［129］王志章，刘天元. 连片特困地区农村贫困代际传递的内生原因与破解路径［J］. 农村经济，2016（5）.

［130］宋爱忠. 社会主义公民主体性的双维困境——从中国社会组织发育的视角［J］. 福建论坛（人文社会科学版），2014（10）.

［131］温铁军. 农民社会保障与土地制度改革［J］. 学习月刊，2006

(19).

[132] 吴重庆. 内发型发展与开发扶贫问题 [J]. 天府论坛, 2016 (6).

[133] 夏学銮. 社会工作的三维性质 [J]. 北京大学学报 (哲学社会科学版), 2000 (1).

[134] 向德平. 包容性增长视角下中国扶贫政策的变迁与走向 [J]. 华中师范大学学报 (人文社会科学版), 2011 (4).

[135] 向德平. 社区民间组织的本土化及其发展模式 [J]. 中南民族大学学报 (人文社会科学版), 2013 (5).

[136] 徐贵权. 主体性: 当代中国人生存方式嬗变的根本向度 [J]. 毛泽东邓小平理论研究, 2010, 31 (9).

[137] 徐行, 陈永国. 主体性困境: 农村协商民主进一步发展的障碍 [J]. 长白学刊, 2016 (2).

[138] 徐勇. 村民自治: 中国宪政制度的创新 [J]. 中共党史研究, 2003 (1).

[139] 徐月宾, 刘凤芹, 张秀兰. 中国农村反贫困政策的反思——从社会救助向社会保护转变 [J]. 中国社会科学, 2007 (3).

[140] 阎全山, 娄彬彬. 西部贫困地区环境移民研究 [J]. 中国人口科学, 1988 (2).

[141] 闫威, 夏振坤. 利益集团视角的中国 "三农" 问题 [J]. 中国农村观察, 2003 (5).

[142] 严瑞珍, 龚道广, 周志祥, 毕宝德. 中国工农业产品价格剪刀差的现状、发展趋势及对策 [J]. 经济研究, 1990 (2).

[143] 严泽胜. 从 "主体位置" 到 "欠缺的主体" ——拉克劳、墨菲后马克思主义政治话语理论的 "主体" 问题 [J]. 马克思主义与现实, 2012 (3).

［144］杨麟慧，粟迎春．毛泽东人民主体价值观教育［J］，人民论坛，2016（2）．

［145］杨敏．历史视域下的社区文化建设新趋势［J］，华中师范大学学报（人文社会科学版），2015（9）．

［146］杨善华，侯红蕊．血缘、姻缘、亲缘与利益——现阶段中国农村社会中“差序格局”的理性化趋势［J］．宁夏社会科学，1999（6）．

［147］杨善华，苏红．从代理型政权经营者到谋利型政权经营者［J］．社会学研究，2002（1）．

［148］杨宇，谭祖雪，李奕萱．社会工作介入脱贫攻坚战略的优势和策略［J］．中国社会工作，2016（22）．

［149］叶富春．村民自治的历程、意义与问题［J］．哈尔滨学院学报，2003（5）．

［150］叶扬兵．美好的远景和过高的预期——农业合作化高潮形成的原因之一［J］．当代中国史研究，2006（1）．

［151］尹浩．碎片化社区的多维整合机制研究［J］．社会主义研究，2015（5）．

［152］尹浩，陈伟东．整体性社区：城市基层社会治理的可行性分析［J］．深圳大学学报（人文社会科学版），2015（6）．

［153］于建嵘．当代中国农民维权组织的发育与成长［J］．中国农村观察，2005（1）．

［154］于建嵘．利益表达、法定秩序与社会习惯——对当代中国农民维权抗争行为取向的实证研究［J］．中国农村观察，2007（6）．

［155］俞可平．治理和善治：一种新的政治分析框架［J］．南京社会科学，2001（9）．

［156］袁贵仁．主体性原则与马克思主义哲学［J］．人文杂志，1993（1）．

[157] 袁祖社. 现代“公民文化”对传统“臣民文化”的扬弃与超越[J]. 齐鲁学刊, 2003 (3).

[158] 詹艾斌. 论人的主体性 [J]. 社会科学研究, 2007 (2).

[159] 詹艾斌. 李泽厚的主体性思想要论 [J]. 社会科学家, 2005 (2).

[160] 张春娟. 农村“空心化”问题及对策研究 [J]. 唯实, 2004 (4).

[161] 张海波, 尹铭磊. 应急响应中的突生组织网络——“鲁甸地震”案例研究 [J]. 公共管理学报, 2016 (2).

[162] 张康之. 论主体多元化条件下的社会治理 [J]. 中国人民大学学报, 2014 (2).

[163] 张奎良. “以人为本”的哲学意义 [J]. 哲学研究, 2004 (5).

[164] 张鹏, 孔佑树, 隋世江. 我国农民专业合作组织发展历程与政策建议 [J]. 农业经济, 2010 (11).

[165] 张学东. 以民生改善为导向的农村社会政策重构——基于河北省农村的实证分析 [J]. 文史博览: 理论, 2009 (11).

[166] 张志良, 王广洲. 甘肃中部定西土地承载力及缓解人口压力的对策 [J]. 西北人口, 1992 (4).

[167] 张志良, 张涛, 张潜. 移民推拉力机制理论及其应用 [J]. 中国人口科学, 1997 (2).

[168] 张志胜. 土地流转视域下的“空心村”治理我国农民专业合作组织发展历程与政策建议 [J]. 新视野, 2009 (2).

[169] 赵丽江, 马广博, 刘三. 民生政治: 当代中国最重要的意识形态 [J]. 武汉大学学报 (哲学社会科学版), 2012 (3).

[170] 赵树凯. 乡村治理: 组织和冲突 [J]. 河北学刊, 2003 (6).

[171] 赵旭东, 赵伦. 警惕“底层冤化”——也谈信访制度 [J]. 探

索与争鸣，2012（3）.

［172］赵越.“扶志”与“治懒”是扶贫攻坚的关键［J］. 开发研究，1997（4）.

［173］折晓叶，陈婴婴. 项目制的分级运作机制和治理逻辑——对“项目进村”案例的社会学分析［J］. 中国社会科学，2011（4）.

［174］郑杭生，冯仕政. 中国社会转型加速期的义利问题：一种社会学的研究范式［J］. 东南学术，2000（2）.

［175］郑有贵. 公有制的建立是新中国经济发展奇迹的基石——基于社会主义改造历史地位的分析［J］. 马克思主义研究，2016（7）.

［176］钟晓华. 可行能力视角下农村精准扶贫的理论预设、实现困境与完善路径［J］. 学习与实践，2016（8）.

［177］周飞舟. 从汲取型政权到“悬浮型”政权——税费改革对国家与农民关系之影响［J］. 社会学研究，2006（3）.

［178］周飞舟. 财政资金的专项化及其问题：兼论“项目治国”［J］. 社会，2012（1）.

［179］周沛. 农村社区发展道路与模式比较研究——以华西村、南街村、小岗村为例［J］. 南京社会科学，2000（10）.

［180］周雪光，练宏. 中国政府的治理模式：一个“控制权”理论［J］. 社会学研究，2012（5）.

［181］周雪光. 项目制：一个“控制权”理论视角［J］. 开放时代，2015（2）.

［182］周怡. 贫困研究：结构解释与文化解释的对垒［J］. 社会学研究，2002（3）.

［183］朱德生. 从主体性说起，哲学研究［J］. 1990（2）.

［184］朱霞，周阳月，单卓然. 中国乡村转型与复兴的策略与路径——基于乡村主体性的视角［J］. 城市发展研究，2015（8）.

［185］朱晓阳. 反贫困的新战略：从“不可能完成的使命”到管理穷人［J］. 社会学研究，2004（2）.

［186］朱小玲，陈俊. 建国以来我国农村扶贫开发的历史回顾与现实启示［J］. 生产力研究，2012（5）.

［187］左停，杨雨鑫，钟玲. 精准扶贫：技术靶向、理论解析和现实挑战［J］. 贵州社会科学，2015（8）.

中文报纸

［1］胡锦涛. 合力应对挑战、推动持续发展［N］. 人民日报，2009-11-15（1）.

［2］黄家亮，郑杭生. 国外社会治理的基本经验［N］. 人民日报，2014-05-04（5）.

［3］吕学芳. 扶贫先扶志 治穷先治心［N］. 光明日报，2001-04-03（C03）.

［4］唐炜，马小勇. 新农村建设为什么必须尊重农民意愿［N］. 人民日报，2007-05-30（9）.

［5］廖永安，刘青. 构建全民共建共享的社会矛盾纠纷多元化解机制［N］. 光明日报，2016-04-13（13）.

中文专著

［1］蔡宏进. 社区原理［M］. 台北：三民书局，1985.

［2］陈广胜. 走向善治［M］. 杭州：浙江大学出版社，2007.

［3］陈越. 哲学与政治：阿尔都塞读本［M］. 长春：吉林人民出版社，2003.

［4］费孝通. 费孝通文集：第15卷［M］. 北京：群言出版社，2001.

[5] 高宣扬. 布迪厄的社会理论 [M]. 上海：同济大学出版社，2004.

[6] 郭湛. 主体性哲学——人的存在及其意义（修订版）[M]. 昆明：云南人民出版社，2011.

[7] 何道风，卫丽莉. 小额信贷与中国扶贫开发方式的变革 [M]. 北京：中国经济出版社，2001.

[8] 贺善侃. 实践主体论 [M]. 上海：学林出版社，2009.

[9] 胡鞍钢. 中国战略构想 [M]. 杭州：浙江人民出版社，2002.

[10] 黄季焜. 21 世纪的中国农业与农村发展 [M]. 北京：中国农业出版社，2006.

[11] 黄宗智. 华北的小农经济与社会变迁 [M]. 北京：中华书局，2000.

[12] 金耀基. 人际关系中的“人情”之分析 [M] //杨国枢. 中国人的心理. 台北：桂冠图书出版公司，1988.

[13] 杨善华. 当代西方社会学理论 [M]. 北京：北京大学出版社，1999.

[14] 李惠斌，杨雪冬. 社会资本与社会发展 [M]. 北京：社会科学文献出版社，2000.

[15] 李小云等. 参与式发展概论 [M]. 北京：中国农业大学出版社，2001.

[16] 李泽厚. 批判哲学的批判——康德述评（附：《我的哲学提纲》）[M]. 合肥：安徽文艺出版社，1994.

[17] 林闽钢，刘喜堂. 当代中国社会救助制度完善创新 [M]. 北京：人民出版社，2012.

[18] 刘俊祥. 人本政治论：人的政治主体的马克思主义研究 [M]. 北京：中国社会科学出版社，2006.

[19] 刘森林. 实践的逻辑 [M]. 北京：社会科学文献出版社，2009.

[20] 罗威廉. 救世：陈宏谋与十八世纪中国的精英意识 [M]. 北京：中国人民大学出版社，2013.

[21] 马克思恩格斯全集：第25卷 [M]. 北京：人民出版社，1974.

[22] 马克思恩格斯文集：第2卷 [M]. 北京：人民出版社，2009.

[23] 马克思恩格斯选集：第1卷 [M]. 北京：人民出版社，2012.

[24] 毛泽东选集：第3卷 [M]. 北京：人民出版社，1991.

[25] 毛泽东文集：第3卷 [M]. 北京：人民出版社，1996.

[26] 彭聃龄. 普通心理学（第3版）[M]. 北京：北京师范大学出版社，2004.

[27] 宋晓杰. 政治主体性、绝对内在性和革命政治学：奈格里政治本体论研究 [M]. 北京：人民出版社，2014.

[28] 孙立平. 转型与断裂：改革以来中国社会结构的变迁 [M]. 北京：清华大学出版社，2004.

[29] 孙立平. 博弈：断裂社会的利益冲突与和谐 [M]. 北京：社会科学文献出版社，2006.

[30] 李培林等. 中国社会分层 [M]. 北京：社会科学文献出版社，2004.

[31] 铁锴. 公民政治及其在当代中国的逻辑建构：主体性视域下的理性思考 [M]. 北京：人民出版社，2010.

[32] 王卫平. 社会救助学 [M]. 北京：群言出版社，2007.

[33] 王小强，白南风. “富饶的贫困” [M]. 成都：四川人民出版社，1986.

[34] 王亚南. 中国官僚政治研究 [M]. 北京：商务印书馆，2010.

[35] 向德平，黄承伟. 中国反贫困发展报告（2016）[R]. 武汉：华中科技大学出版社，2016.

[36] 徐震，李明政. 社会工作伦理［M］. 台北：五南图书出版股份有限公司，2010.

[37] 许纪霖等. 中国现代化史：第一卷［M］. 上海：三联书店，1995.

[38] 阎云翔. 私人生活的变革：一个中国村庄里的爱情、家庭与亲密关［M］. 上海：上海书店出版社，2006.

[39] 于建嵘. 岳村政治：转型期中国乡村政治结构的变迁［M］. 北京：商务印书馆，2001.

[40] 虞崇胜. 政治文明论［M］. 武汉：武汉大学出版社，2003.

[41] 张和清等. 社区为本的整合社会工作实践［M］. 北京：社会科学文献出版社，2016.

[42] 张乐天. 告别理想：人民公社制度研究［M］. 上海：上海人民出版社，2012.

[43] 郑全全. 社会认知心理学［M］. 杭州：浙江教育出版社，2008.

[44] 中共中央文献研究室. 建国以来重要文献选编：第4册［M］，北京：中央文献出版社，1993.

[45] 中共中央党史研究室. 中国共产党历史：第二卷［M］. 北京：中共党史出版社，2011.

[46] 中国社会科学院，中央档案馆. 1949—1952中华人民共和国经济档案资料选编：农业经济体制卷［M］. 北京：社会科学文献出版社，1992.

[47] 祝灵君. 授权与治理：乡（镇）政治过程与政治秩序［M］. 北京：中国社会科学出版社，2008.

[48] 朱玲. 转型国家贫困问题的政治经济学讨论［C］//中国扶贫基金会. 中国扶贫论文精粹. 北京：中国经济出版社，2001.

译著

［1］汉娜·阿伦特. 极权主义的起源［M］. 林骧华，译. 台北：联经出版事业公司，1983.

［2］汉娜·阿伦特. 耶路撒冷的艾希曼［M］. 孙传钊，译. 企鹅图书公司，1987.

［3］汉娜·阿伦特. 人的条件［M］. 竺乾威，译. 上海：上海人民出版社，1999.

［4］艾斯平-安德森. 福利国家的三个世界［M］. 台北：巨流出版公司，1999.

［5］肯·奥莱塔. 美国底层阶级［M］. 聂振雄，蒋伟明，译. 上海：上海译文出版社，1991.

［6］曼库尔·奥尔森. 集体行动的逻辑［M］. 陈郁，等，译. 上海：三联书店 1995.

［7］齐格蒙·鲍曼. 立法者与阐释者［M］. 洪涛，译. 上海：上海人民出版社，2001.

［8］皮埃尔·布尔迪厄. 言语意味着什么［M］. 褚思真，等，译. 北京：商务印书馆，2005.

［9］布尔迪厄，华康德. 实践与反思——反思社会学导引［M］. 李蒙，李康，译. 北京：商务印书馆，2015.

［10］皮埃尔·布尔迪厄. 实践感［M］. 蒋梓骅，译. 南京：译林出版社，2012.

［11］罗伯特·达尔. 现代政治分析［M］. 王沪宁，陈峰，译. 上海：上海译文出版社，1987.

［12］彼得·德怀特. 理解社会公民身份［M］. 蒋晓阳，译. 北京：北京大学出版社，2011.

［13］哈特利·迪安. 社会政策十讲［M］. 岳经纶，温卓毅，庄文嘉，

译. 上海：格致出版社，上海人民出版社，2009.

[14] 吕西安·戈德曼. 隐蔽的上帝 [M]. 蔡鸿滨，译. 天津：百花文艺出版社，1998.

[15] 中国社科哲学研究所. 哈贝马斯在华讲演集 [M]. 北京：人民出版社，2002.

[16] 戴维·A. 哈德凯瑟，社区工作理论与实务（第2版）[M]. 晏凤鸣，夏建中，译. 北京：人民出版社，2008.

[17] 安东尼·哈尔，詹姆斯·梅志里. 发展型社会政策 [M]. 罗敏，译. 北京：社会科学文献出版社，2006.

[18] 约翰·汉尼根. 环境社会学（第二版）[M]. 洪大用，译. 北京：中国人民大学出版社，2009.

[19] 艾伦·内廷等. 社会工作宏观实务 [M]. 刘继同，等，译. 北京：中国社会出版社，2004.

[20] 鹤见和子. 内发的发展论的展开 [M]. 东京：东京筑摩书局，1996.

[21] 安东尼·吉登斯. 现代性的后果 [M]. 田禾，译. 南京：译林出版社，2011.

[22] A. 卡尔. 积极心理学 [M]. 郑雪，等，译. 北京：中国轻工业出版社，2008.

[23] 曼纽尔·卡斯特. 认同的力量 [M] . 夏铸九，等，译，北京：社会科学文献出版社，2003.

[24] 卡尔·科恩，论民主 [M]. 聂崇信，朱秀贤，译. 北京：商务印书馆，1988.

[25] 弗兰茨-克萨韦尔·考夫曼. 社会福利国家面临的挑战 [M]. 王学东，译. 北京：商务印书馆，2004.

[26] 埃弗里特·M. 罗吉斯. 乡村社会的变迁 [M]. 王晓毅，王地

宁，译. 杭州：浙江人民出版社，1988.

[27] 埃德加·莫兰. 方法：天然之天性 [M]. 吴泓渺，冯学俊，译. 北京：北京大学出版社，2002.

[28] 迪帕·纳拉扬等. 谁倾听我们的声音 [M]. 付岩梅，等，译. 北京：中国人民大学出版社，2001.

[29] 鸟越浩之. 环境社会学——站在生活者的角度思考 [M]. 宋金文，译. 北京：中国环境科学出版社，2009.

[30] 奈杰尔·帕顿，帕特里克·奥伯恩. 建构性社会工作：迈向一个新的实践 [M]. 梁昆，译. 上海：华东理工大学出版社，2013.

[31] 克莱夫·庞廷. 绿色世界史：环境与伟大文明的衰落 [M]. 王毅，张学广，译. 上海：上海人民出版社，2002.

[32] 丹尼斯·萨利比. 优势视角：社会工作实践的新模式 [M]. 李亚文，杜立婕，译. 上海：华东理工大学出版社，2015.

[33] 阿马蒂亚·森. 以自由看发展 [M]. 任赜，于真，译. 北京：中国人民大学出版社，2002.

[34] 詹姆斯·斯科特. 农民的道义经济学 [M]. 程立显，译. 南京：译林出版社，2001.

[35] 世界银行，2006 年世界发展报告：公平与发展 [M]. 北京：清华大学出版社，2006.

[36] 西奥多·舒尔茨. 改造传统农业 [M]. 梁小民，译. 北京：商务印书馆，1987.

[37] 西奥多·舒尔茨. 论人力资本投资 [M]. 吴珠华，等，译. 北京：北京经济学院出版社，1990.

[38] 安娜·玛丽·史密斯. 拉克劳与墨菲——激进民主想象 [M]. 付琼，译. 南京：江苏人民出版社，2011.

[39] 乔纳森·H. 特纳. 社会学的理论结构 [M]. 吴曲辉，译. 杭

州：浙江人民出版社，1987.

［40］迈克尔·谢诺登. 资产与穷人——一项新的美国福利政策［M］. 展敏，译. 北京：商务印书馆，2005.

［41］约瑟夫·A. 熊彼特. 资本主义、社会主义与民主［M］. 吴良健，译. 北京：商务印书馆，1999.

［42］费雷德里克·詹明信. 晚期资本主义的文化逻辑［M］. 陈清乔，译. 北京：三联书店，1997.

英文期刊

［1］AGARWAL B. Rethinking Agricultural Production Collectivities［J］. Economic and Political Weekly，2010，45（9）.

［2］AKRAM S，EMERSON G，MARSH D.（Re）Conceptualising the third face of power：insights from Bourdieu and Foucault［J］. Journal of Political Power，2015，8（3）.

［3］BACHRACH P，BARATZ M S. The two faces of power［J］. American Political Science Review，1962，56.

［4］BECKER G，NIGEL T. Human capital and the rise and fall of families［J］. Journal of Labor Economics，1986，4（3）.

［5］BIAN YANJIE. Bringing Strong Ties Back In：Indirect Connection，Bridges，and Job Searches in China［J］. American Sociological Review，1997（62）.

［6］EVELINE M，BURNS. The Beveridge Report［J］. The American Economic Review，1943，vol. 33（3）.

［7］DES CASPER. Human Rights，Human Needs，Human Development，Human Security：relationships between Four Internationa" Human" Discourses［J］. Forum for Development Studies，2007，34（1）.

［8］ CHASKIN R. Building Community Capacity：A Definitional Framework and Case Studies from a Comprehensive Community Initiative ［J］. Urban Affairs Review，2001，36 （3）.

［9］ CHAMBERS R. Poverty and Livelihoods：Whose Reality Counts? ［J］. Environment and Urbanisation，1995，7 （1）.

［10］ CLARKE J. SIMEON. The British Government and the Beveridge Report：Public Assistance versus Social Insurance ［J］. Social Service Review，1945，6，vol. 19 （2）.

［11］ COLEMAN J S. Social capital in the creation of human capital ［J］. American Journal of Sociology，1988 （94）.

［12］ MARY CORCORAN，GREG J. DUNCAN，GERALD GURIN，PATRICIA GURIN. Myth and Reality：The Causes and Persistence of Poverty ［J］. Journal of Policy Analysis and Management，1985，4 （4）.

［13］ DAVID L. HARVEY，MICHAEL H. REED. The Culture of Poverty：An Ideological Analysis ［J］. Sociological Perspectives，1996，39 （4）.

［14］ DAVID DOLLAR，TATJANA KLEINEBERG，ART KRAAY. Growth Still Is Good for the Poor ［J］. European Economic Review，2016，vol. 81 （1）.

［15］ DAVID EDGERTON. War，Reconstruction，and the Nationalization of Britain （1939 – 1951），Past and Present（2011） ［J］. Supplement 6.

［16］ EISENBERGER R，HUNTINGTON R，HUTCHISON S，SOWA D. Perceived organizational support ［J］. Journal of Applied Psychology，1986，71 （3）.

［17］ RICHARD J. ESTES. Toward Sustainable Development：From Theory to Praxis ［J］. Social Development Issues，1993，15 （3）.

［18］ FAGG J，CURTIS S，STANSFELD S，et al. Area social fragmentation，social support for individuals and psycho-social health in young adults：evidence from a national survey in England [J]. Social Science & Medicine, 2008 (66).

[19] PAUL MICHAEL GARRETT, Social Work and the Just Society Diversity: Difference and the Sequestration of Poverty [J]. Journal of Social Work, 2002, 2 (2).

[20] GALBRAITH. By the Numbers [J]. Foreign Affairs, 2002, vol. 81 (4).

[21] GIMENEZ MARTHA. The Feminization of Poverty: Myth or Reality? [J]. Insurgent Sociologist, 1987, 14 (3).

[22] GIRVETS H. Welfare state, in International Encyclopedia of the Social Science [J]. 1968, vol. 16, S. 512

[23] GRANOVETTER MARK. The Strength of Weak Ties [J]. American Journal of Sociology, 1973 (78).

[24] MERILEE S. GRINDLE. Good Enough Governance: Poverty Reduction and Reform in Developing Countries [J]. Governance: An International Journal of Policy, Administration, and Institutions, 2004, 17 (4).

[25] HARVEY D L, REED M M. The culture of poverty: An ideological analysis [J]. Sociological Perspectives, 1996, 39 (4).

[26] JOHAL S, MORAN M, WILLIAMS K. Power, politics and the city of London after the great financial crisis [J]. Government and Opposition, 2014, 49.

[27] HAZEL JOHNSON, LINDA SHAW. Rethinking rural co-operatives in development: introduction to the policy arena [J]. Journal of International Development, 2014 (26).

[28] ANEEL KARNANI. Markets of the: opportunities and limits [J]. International journal of rural manage, 2012, 8 (1&2).

[29] SKOCPOL T, GANZ M, MUNSON Z. A Nation of Organizers: The Institutional Origins of Civic Voluntarism in the United States [J]. The American Political Science Review, 2000, vol. 94 (3).

[30] LASSE KRANTZ. The Sustainable Livelihood Approach to Poverty Reduction An Introduction [J]. Swedish International Development Cooperation Agency, 2001.

[31] Noticeboard. Contraception is the best development [J]. the lancet, 1992, vol. 304 (7).

[32] MIRIAM J. LANDSMAN. Pathways to Organizational Commitment [J]. Administration in social work, 2008 , 32 (2).

[33] LEVITAS R. The concept of social exclusion and the new Durkheimian hegemony [J]. Critical Social Policy, 1996 (16).

[34] LIN NAN. Building a network theory of social capital [J]. Connections, 1999 (22).

[35] LIN TONGQI, LI MINGHUA. Subjectivity: Marxism and "The Spiritual" in China Since Mao [J]. Philosophy East and West, 1994 (4).

[36] LUDWIG J, MAYER S. "Culture" and the Intergenerational Transmission of Poverty: The Prevention Paradox [J]. The Future of Children, 2006, 16 (2).

[37] ALI MADANIPOUR, MARK SHUCKSMITH, HILARY TALBOT. Concepts of poverty and social exclusion in Europe [J]. Local Economy, 2015, vol. 30 (7).

[38] ABRAHAM MASLOW. A theory of human motivation [J]. Psychological Review, 1943, 50 (4).

[39] MEGILL K A. The Community in Marx' s Philosophy [J]. Philosophy and Phenomenological research, 1970, 30 (3).

[40] FEDERICA MISTURELLI, Claire Heffernan. The concept of poverty: a synchronic perspective, progress in development studies [J]. 2010 (10).

[41] JAMES H. MITTELMAN. Beyond Impoverished Anti-Poverty Paradigms [J]. Third World Quarterly, 2008, vol. 29 (8).

[42] ALAIN NOËL. The new global politics of poverty [J]. global social policy, 2006 (3).

[43] ALAIN NOËL. Martin C. La démocratisation du social [J]. Lien social at politicizes, 2002 (48).

[44] SEYMOUR PARKER, ROBERT J. KLEINER. The Culture of Poverty: An Adjustive Dimension [J]. American Anthropologist, New Series, 1970, 72 (3).

[45] NIHAL PERERA. People' s spaces: familiarization, subject formation and emergent spaces in Colombo [J]. Planning Theory, 2009, 8 (1).

[46] DOUGLAS D. PERKINS, MARC A. ZIMMERMAN, Empowerment theory, research, and application [J]. American Journal of Community Psychology, 1995, 23 (5).

[47] PAUL E. PETERSON. The Urban Underclass and the Poverty Paradox [J]. Political Science Quarterly, Winter, 1991-1992, vol. 106 (4).

[48] ALEJANDRO PORTES. Social capital: its origin and applications in modern sociology [J]. Annual Review of Sociology, 1998 (24).

[49] PUTNAM R D. The prosperous community: social capital and public life [J]. American Prospect, 1993 (13).

[50] PUTNAM R D. Bowling alone: America´s declining social capital [J]. Journal of Democracy, 1995 (6).

[51] RAPPAPORT JULIAN. Terms of Empowerment/Exemplars of Pre-

vention: Toward a Theory for Community Psychology [J]. American Journal of Community Psychology, 1987, vol. 15 (2).

[52] EROL R. RICKETTS, ISABEL V. SAWHILL. Defining and Measuring the Underclass [J]. Journal of Policy Analysis and Management, 1988 (7).

[53] ROBINSON S E, BERRETT B, STONE K. The development of collaboration of response to Typhoon Katrina in the Dallas area [J]. Public Works Management & Policy, 2006 (10).

[54] ROTHMAN J. Multi Modes of Intervention at the Macro Level [J]. Journal of Community Practice, 2007, 15 (4).

[55] VIVIEN A. SCHMIDT. Does discourse mater in the politics of welfare in the politics of welfare state adjustment? [J]. Comparative Political Studies, 2002 (2).

[56] RONI STRIER. Community Anti-Poverty Strategies: A Conceptual Framework for a Critical [J] //Stallings R A, Quarantelli E L. Emergent Citizen Groups and Emergency Management. Public Administration Review (Special Issue), 1985 (45).

[57] Discussion [J]. British Journal of Social Work, 2009 (39).

[58] TARROW S. Making Social Science Work Across Space and Time: A Critical Reflection on Robert Putnam' s Making Democracy Work [J]. The American Political Science Review, 1996, vol. 90 (2).

[59] ROLAND L. WARREN, The Good Community—What Would It Be? [J]. Journal of the Community Development Society, 1970 (1).

[60] WATSON A. The reform of agricultural marketing in China since 1978 [J]. China Quarterly, 1988 (113).

[61] WEIL M O. Community building: Building community practice [J].

Social Work, 1996, 41 (5).

[62] MICHAEL WOOLCOCK, DEEPA NARAYAN. Social Capital: Implications for Development Theory, Research, and Policy [J]. World Bank Research Observer, 2000, vol. 15 (2).

[63] VENEKLASEN L, MILLER V. Power and empowerment [J]. PLA Notes, 2002 (43).

[64] ZHAO DINGXIN. Ecologies of Social Movements: Student Mobilization during the 1989 Pro - democracy Movement in Beijing [J]. American Journal of Sociology, 1998 (103).

[65] SLAVOJ ZIZEK. A leftist plea for "Eurocentrism" [J]. Critical Inquiry, 1998, 24 (Summer).

[66] GIRVETS H. Welfare state [J]. In International Encyclopedia of the Social Science, 1968, vol. 16, 512.

英文著作

[1] HANNAH ARENDT. The human condition [M]. Chicago and London: The University of Chicago Press, 1958-1998.

[2] KENNETH A. ARMSTRONG. Governing Social Inclusion. Europeanisation Through Policy Coordination [M]. Oxford: Oxford University Press, 2010.

[3] ALBERT BANDURA. Self-efficacy in changing societies [M]. New York: Cambridge University Press, 1995.

[4] WILLIAM BEVERIDGE. Social insurance and allied services [M]. London: HMSO, 1942.

[5] PIERRE BOURDIEU. The forms of capital. in Handbook of Theory and Research for the Sociology of Education [M]. New York: Greenwood, 1985:

241-58.

[6] PIERRE BOURDIEU. Practical Reason - On the Theory of Action [M]. Stanford University Press, 1998.

[7] BRADSHAW J. The taxonomy of social need, problems and progress in Medical Care [M]. Oxford: Oxford University Press, 1972.

[8] DAVID L. BROWN, MARK H. MOORE. Accountability, Strategy and International Non-Governmental Organizations: A Situational Analysis of NGO Governance and Leadership in Eastern, Southern, Central and Western Africa [M]. Harvard: Harvard University, 2011.

[9] CHAMBON A, IRVING A, EPSTEIN L. Reading Foucault for social work [M]. New York: Columbia University Pres, 1999.

[10] MICHEL CHOSSUDOVSKY. The Globalization of Poverty and The New World Order [M]. Second Edition. Global Research, 2003.

[11] Commission on Global Governance. Our Global Neighborhood [M]. Oxford University Press, 1995.

[12] ROBERT ALAN DAHL. Who governs? Democracy and power in an American City New Haven [M]. Yale University Press, 1961.

[13] DFID. Eliminating world poverty: A challenge for the 21st century [M]. Department for International Development. 1997.

[14] DFID. Sustainable Livelihoods Guidance Sheets [M]. London, 1999.

[15] ETZIONI A, LEHMAN E W. A sociological reader on complex organizations [M]. Holt, Rinehart and Winston, New York, 1980.

[16] MIKE FEATHERSTONE. Undoing Culture—Globalization, Postmodernism and Identity [M]. London: Sage, 1995.

[17] FERMAN B. Governing regimes, urban arenas and opportunities for neighborhood mobilization, in Challenging the growth machine: Neighborhood

politics in Chicago and Pittsburgh [M]. University Press of Kansas, 1996.

[18] FRAZER E. The Problems of Communitarian Politics: Unity and Conflict [M]. Oxford: Oxford University Press, 1999.

[19] JOHO FRIEDMANN. Empowerment: The Politics of Alternative Development [M]. Cambridge, MA: Blackwell, 1992.

[20] FRANCIS FUKUYAMA. Trust: The Social Virtues and the Creation of Prosperity [M]. New York: Free Press, 1995.

[21] DOROTHY N. GAMBLE, MARIE WEIL. Community practice skills: local to Global Perspectives [M]. Columbia University Press, 2009.

[22] MARTI GILENS. Affluence and Influence: Economic Inequality and Political Power in America [M]. Princeton University Press, 2012.

[23] ANNE MAVIE GOETZ, ROB JENKINS. Reinventing Accountability: Making Democracy work for Human Development [M]. Basingstoke, UK: Macmillia, 2005.

[24] MARK GRANOVETTER. Problems of explanation in economic sociology. Networks and organizations: Structure, form, and action [M]. Harvard Business School Press, 1992.

[25] GRILLO R D, STIRRAT R L. Discourses of development: Anthropological perspectives [M]. Oxford: Berg Press, 1997.

[26] HEMERIJCK A, SCHLUDI M. Sequences of policy failures and effective policy responses, welfare and work in the Open Economy, from Vulnerabilities to Competitiveness [M]. Oxford: Oxford University Press. 2000, vol. I, 125 - 228.

[27] IFE J. Human rights beyond the "Three Generations", activating Human Rights [M]. Columbia University Press, 2006.

[28] JIM IFE. Human Rights and Social Work: Towards Rights-Based

Practice (Revised Edition) [M]. Cambridge University Press, 2008.

[29] IFE J, TESORIERO F. Community Development: Community-Based Alternatives in an Age of Globalization [M]. Frenchs Forest, NSW: Pearson Education, 2006.

[30] JONATHAN ISHAM. The Effect of Social Capital on Technology Adoption: Evidence From Rural [M] //LIN NAN. Social Capital: A Theory of Social Structure and Action. New York: Cambridge University Press, 2001.

[31] JESSOP B. State Theory: putting capitalist states in their place [M]. Pennsylvania: the Pennsylvania State University Press, 1990.

[32] JOHNSON DOYLE P. Contemporary Sociological Theory: An Integrated Multi-Level Approach [M]. Springer, 2008.

[33] HYLAN LEWIS. Culture of Poverty? What Does It Matter? in The Culture of Poverty: A Critique [M]. New York: Simon and Schuster, 1971.

[34] OSCAR LEWIS, LA VIDA. A Puerto Rican Family in the Culture of Poverty-San Juan and New York [M]. New York: Random House, 1966.

[35] OSCAR LEWIS. The culture of poverty, in Man in adaptation [M]. Chicago: Aldine, 1968.

[36] OSCAR LEWIS. The Culture of Poverty, in On Understanding Poverty [M]. MI: University of Michigan, 1971.

[37] STEVEN LUKES. Power: a radical view [M]. Basingstoke: Palgrave Macmillan, 2005.

[38] WEBER M. Economy and Society: An Outline of Interpretive Sociology [M]. New York: Bedminister Press, 1968.

[39] MIZRAHI T. Community organizing principles and practice guideline, social workers' desk reference [M]. NewYork: Oxford Press, 2002.

[40] CAROLINE MOSER. Confronting Crisis: A Comparative Study of

Moynihan, Daniel Patrick. States Department of Labor [R]. Office of Policy Planning and Research. 1965.

[41] JEAN-LUC NANCY, ROBERT RICHARDSON, ANNE O'BYRNE. Being singular plural Trans [M]. Stanford, CA: Stanford University Press, 2000.

[42] DEEPA NARAYAN, DAVID NYAMWAYA. Learning from the Poor: A Participatory Poverty Assessment in Kenya [R]. Washington, DC: The World Bank, 1996.

[43] KEVIN J O'BRIEN, Li Lianjiang. Rightful Resistance in Rural China [M]. New York and Cambridge: Cambridge University Press, 2006.

[44] ROBERT O'BRIEN, ANNE MARIE GOETZ, JAN ART SCHOTLE, Williams M. Contesting global governance: multilateral economic institutions and global social movement [M]. Cambridge: Cambridge University Press, 2000.

[45] CHARLES PERROW. Complex Organizations: A Critical Essay [M]. New York: Random House, 1973.

[46] ROBERT D. PUTNAM. Bowling Alone: The Collapse and Revival of American Community [M]. New York: Simon & Schuster, 2000.

[47] RIGDON S M. The Cultural Facade [M]. Chicago: University of Chicago Press, 1988.

[48] ROOM G. Poverty and social exclusion: The new European agenda for policy and research beyond the Threshold [M]. Bristol: Policy Press, 1995.

[49] RUBIN HERBERT J, IRENE RUBIN. Community organizing and development [M]. Pearson, Allyn and Bacon, 2007.

[50] AMARTYA SEN. Development as Freedom [M]. Anchor, 1998.

[51] AMARTYA SEN. Equality of what? [M] //STERLING M. MACMURRIN. The Tanner lectures on human values. 2nd ed. Cambridge: Cambridge

University Press, 2010.

[52] SHAW. World Food Security [M]. Palgrave Macmillan, 2007.

[53] BARBARA SOLOMON. Black empowerment: social work in oppressed communities [M]. Columbia University Press, New York, 1976.

[54] CHARLE TAYLOR. The dangers of soft despotism [M]. The Essential Communitarian, 1998.

[55] CHARLOTTE TOWLE. Common Human Needs [M]. New York, NY: National Association of Social Workers, 1965.

[56] TOWNSEND J, ZAPATA E, ROWLANDS J, ALBERTI P , MERCADO M. Women and power: fighting patriarchies and poverty [M]. London: Zed Books, 1999.

[57] TYLER I. Revolting subjects: social abjection and resistance in Neo-liberalism [M]. Britain London: Zed Books, 2013.

[58] MARIE WEIL, DOROTHY GAMBLE. Evolution, models and the changing context of community practice, the Handbook of Community Practice [M]. Thousand Oaks, CA, Sage Publications, 2005.

[59] VALENTIN C. Culture and poverty [M]. Chicago: University of Chicago Press, 1968.

[60] ASHUTOSH VARSHNEY. Ethnic Conflict and Civic Life: Hindus and Muslims in India [M]. New Haven: Yale University Press, 2000.

[61] IMMANUEL WALLERSTEIN. The End of the World as We Know It: Social Science for the Twenty-First Century [M]. Minneapolis, MN: University of Minnesota Press, 1999.

[62] MICHAEL WALZER. Spheres of justice [M]. New York: Basic Book, 1983.

[63] ANDREW WEBSTER. Introduction to the sociology of development

[M] // LARS ENGBERG-PEDERSEN. In the Name of the Poor: Contesting Political Space for Poverty Reduction. London and New York: Zed books, 2002.

[64] WEIL M. Introduction: Contexts and challenges for 21st-century, the Handbook of Community Practice [M]. Thousand Oaks, CA, Sage Publications, 2005.

英文论文及报告

[1] BRADSHAW T. Theories of Poverty and Antipoverty Programs in Community Development [C]. RPRC Working Paper No. 06 - 05, 2006.

[2] ROBERT CHAMBERS, GORDON CONWAY. Sustainable Rural Livelihoods: Practical concepts for the 21st Century [C]. IDS Discussion Paper, IDS, Brighton, UK, 1992, 2.

[3] SCHAFFT KAI. Grassroots Development and the Reconfiguration of Local Political Institutions: Local Minority Self-Governance as a Political and Economic Resource for Hungary's Roma Population [R]. Paper presented at the Graduate Student Conference on International Affairs, George Washington University, 1998.

[4] BREUER D. Community Participation in Local Health and Sustainable Development: a working document on approaches and techniques European, Sustainable Development and Health Series [R]. World Health Organization, 1999.

[5] JAMES P GRANT, CHARLES PAOLILLO. Employment, growth and basic needs: a one - world problem [C]. Overseas Development Council (USA), New York, 1978.

[6] ILO. Activities of the ILO, 1976: Report of the Director-General (Part 2) [R]. International Labour Office, Geneva, 1977.

[7] IMF. A Guide — The IMF's Approach to Promoting Good Governance and Combating Corruption [R]. International Monetary Fund, June 20, 2005.

[8] KIM Y M. The Re-examination of East Asian Welfare Regime, paper presented at the Workshop on East Asian Social Policy [R]. UK: the University of Bath, January 13-15, 2005.

[9] Household Responses to Poverty and Vulnerability in Four Poor urban Communities Washington [R]. DC: The World Bank, 1996.

[10] Tanzania. Paper presented at the annual meeting of the American Economic Association [D]. New York City, 1999.

[11] World Bank. World development report: the state in a changing world [R]. New York: Oxford University Press, 2001.

[12] Economic and Social Council. Human rights dimensions of poverty [R]. 2001.

[13] Economic and Social Council. Poverty and economic growth: Challenges to human rights [R]. 2005.

电子资源

[1] 陈行甲. 精准扶贫中，自强感恩教育要跟上 [EB/OL]. (2016-11-09). http://www.crnews.net/xw/htysj1/46054_20161109103921.html.

[2] DAVE BECKWITH, CRISTINA LOPEZ. Community Organizing: People Power from the Grassroots [J/OL]. http://comm-org.wisc.edu/papers97/beckwith.htm.

[3] 孔子书包励志助学公益活动走进广西百色凌云县后龙小学 [N/OL]. (2017-11-07). http://gd. qq. com/a/20171107/035286. htm.

[4] 盛大林. “扶志”和“扶智”是扶贫的“双剑” [EB/OL]. (2018-01-02). http://hlj. rednet. cn/c/2018/01/02/4518788. htm.

[5] 学习中国. 习近平的“三扶”脱贫论 [EB/OL]. (2015-09-11). http://www. xinhuanet. com/politics/2015-09/11/c_ 128220460. htm.

后记

本书是“中国扶贫攻坚前沿问题研究”丛书中的一种，其主要任务是把扶贫对象作为反贫困主体，重新探讨新时代扶贫攻坚策略。

本书认为，研究扶贫对象主体性的意义在于：首先，扶贫对象作为扶贫主体的认同有利于精准地理解贫困，识别贫困人口的普遍性和特殊性的需求，提升减贫行动的效率和效果。因为在第一层面上，主体性视角的思考能将贫困与贫困者分离，从物质的、客观的世界来理解贫困，以回应规范需求从而应对贫困。就第二层面来讲，它将促使我们正视扶贫对象作为贫困的经历者这一事实，承认他们对贫困的主观感受同样影响着贫困的界定。虽然规范需求具有普遍性或基本标准，但是各族群因其独特的文化、习俗、制度和组织形态，往往在对贫困和救助的评价和心理方面表现出自身的群体特征；不仅如此，每一个个体也必然在需求评估以及能够接受回应策略的类别和程度等方面存在差异。其次，建构和实践扶贫对象主体性就是在社会治理语境下激发社会活力，培育扶贫对象成为贫困治理和社区治理的行动主体，通过实现造血能力来消除贫困：一方面他们可以作为社会普通成员的一部分，将贫困作为社会不良现状进行改造，另一方面则是作为贫困者这一特殊群体，通过参与消减贫困的具体行动，提升问题解决能力，实现自我变革。

因此，围绕着关键词“扶贫对象主体性”，本书通过八个章节，以扶贫实践中存在的实际问题和案例为根据，从解释主体性的基本含义出发，梳理了扶贫对象主体性建构的历史及现状，并针对学界普遍主张的该群体“主体性缺失”的观点，利用相关社会理论从主体性被遮蔽和内向化两个角度分别进行了剖析和解读。在此基础之上，我们进一步探讨了扶贫对象主体性重构的动力，提出以组织为载体，借助社会工作专业手法，促进扶贫对象组织化，实践扶贫对象主体性，最终构建扶贫对象及其社区与社会其他群体，与国家、城市的新型关系。

全书由林曾、梅红拟定大纲，梅红统稿。各章节具体安排及参写人员如下：

第一章　概述　撰写人：林曾、梅红

第二章　扶贫对象主体建构历程　撰写人：梅红

第三章　扶贫对象主体性问题　撰写人：梅红

第四章　扶贫对象主体性建构的动力　撰写人：李梦竹、刘天元、梅红

第五章　扶贫对象主体性实践：组织化　撰写人：梅红

第六章　扶贫对象组织化的反思　撰写人：梅红

第七章　社会工作参与扶贫对象组织化　撰写人：梅红

第八章　塑造扶贫新主体　撰写人：林曾、李梦竹、刘天元

本书写作过程中，在行文结构、写作风格等方面多次获得国务院扶贫办全国扶贫宣传教育中心黄承伟教授、武汉大学社会学系向德平教授的改进建议，而湖南人民出版社黎红霞等编辑则在语言的准确性、严谨性和可读性等方面给予了巨大帮助。正是来自多方的专业督促和鼓励，本书才最终得以顺利完成。在此，本书著者对以上各位表示诚挚的谢意！我们同时也对未能完全罗列出的、为了本书出版而付出努力的众多其他相关工作人员一并表示感谢！

图书在版编目（CIP）数据

扶贫对象主体性与组织化 / 林曾，梅红著. —长沙：湖南人民出版社，2018. 7
（中国扶贫攻坚前沿问题研究丛书 / 黄承伟主编）
ISBN 978-7-5561-1743-7

I. ①扶… II. ①林… ②梅… III. ①扶贫—研究—中国 IV. ①F126

中国版本图书馆CIP数据核字（2017）第293711号

FUPIN DUIX ANG ZHUTIXING YU ZUZHIHUA

扶贫对象主体性与组织化

著　　者　林　曾　梅　红
责任编辑　黎红霞
装帧设计　黎　珊

出版发行　湖南人民出版社［http://www.hnppp.com］
地　　址　长沙市营盘东路3号
邮　　编　410005

印　　刷　长沙超峰印刷有限公司
版　　次　2018年7月第1版
　　　　　2018年7月第1次印刷
开　　本　710 mm × 1000 mm　1/16
印　　张　20. 75
字　　数　270千字
书　　号　ISBN 978-7-5561-1743-7
定　　价　68.00元

营销电话：0731-82683348　（如发现印装质量问题请与出版社调换）